장애인복지론

강용규 · 김수림 · 박선혜 · 이태희 · 조미정

KNOWLEDGE COMMUNITY 공동체

머리말

UN의 예측치에 따르면 2015년부터 2030년 사이에 전 세계적으로 고령자(60세 이상)가 9억 명에서 14억 명으로 증가할 것이며, 기대수명이 급격하게 증가할 것으로 예상된다. WHO(World Health Organization)는 고령자의 증가와 더불어 만성질환, 심혈관계 질환 및 정신건강과 연관된 만성질환의 증가로 인하여 장애인의 수가 지속적으로 증가할 것으로 예측하였다. 현대사회에서 우리는 누구나 장애인이 될 수 있는 '잠재적 장애인'이며, '현재의 장애인'은 현대 산업사회에서 가지고 있는 생활위험의 원인으로 발현된 것뿐이다.

우리들이 살아가는 이 사회는 빠르게 변화하고 있다. 특히 사회복지의 주요 관심 분야인 장애, 장애인, 장애인복지, 장애인정책은 복지 환경도 다양하고 광범위하게 변화하고 있다. 오랜 시간 장애인복지와 관련된 강의를 하면서 사회복지를 전공하는 학생들에게 장애인의 완전한 사회통합을 알려주고 싶었고, 졸업 후 사회복지 실천현장에서 가슴 따뜻한 사회복지사가 되기를 간절히 바라는 마음을 이 책에 싣고자 한다.

장애인복지 공부는 장애인을 바라보는 관점과 인식의 변화를 위한 것이다. 장애인을 동정적 시각이 아니라 비장애인과 같은 인권을 가진 사람으로 보는 기본이념을 이해해야 하며, 장애는 개인의 잘못이 아니라 '손상'으로 만들어진

결과라는 관점을 먼저 인식해야 한다. 이러한 관점을 바탕으로 본 서는 광범위한 분야를 다루고 있다. 먼저, 장애인복지의 전체적인 흐름과 분야별 현황, 관련된 정책, 인권 등을 살펴볼 수 있다. 또한 지금 우리나라에서 시행되고 있는 장애인복지 서비스 및 관련 제도를 폭넓은 관점에서 이해하고 평가하며, 앞으로의 장애인복지론의 발전방향을 고민해 보는 시각을 기대한다.

본 서는 총 14장으로 구성되었다. 제1장에서는 장애의 개념과 정의, 제2장에서는 장애의 유형과 특성을 살펴보고 장애인과 장애인복지에 대한 개념을 다질 수 있도록 하였다. 제3장에서는 장애인의 재활, 제4장에서는 지역사회재활, 제5장에서는 교육재활, 제6장에서는 심리적 재활, 제7장에서는 재활상담에 대하여 살펴봄으로써 다방면에서 이루어지는 장애인재활에 대한 내용을 담았다. 제8장에서는 장애인복지정책, 제9장에서는 장애인 소득보장, 제10장에서는 선진국의 장애인복지, 제11장에서는 여성장애인과 사회복지, 제12장에서는 장애인활동지원제도, 제13장은 장애인차별금지법을 다루었고, 마지막 제14장에서는 장애인 인권을 다루어 장애인복지가 궁극적으로 나아가야 할 방향을 제시하였다.

비장애인과 장애인의 구별과 장벽 없이 '모든 사람이 행복한 사회'를 구현하기 위하여 본 서가 장애와 장애인에 대한 인식 향상과 더불어 사회복지제도와 사회복지서비스의 개선과 발전을 위한 기본 지침서가 되기 바란다.

2024년 2월

저자 일동

차 례

Chapter

01

장애의 개념과 정의

1. 장애의 개념
2. 장애인복지의 개념
3. 장애인복지의 이념
4. 장애인 문제의 내용과 범위

Chapter 01

장애의 개념과 정의

1. 장애의 개념

'장애'라는 용어가 의미하는 바는 다양하며, 장애의 유형 및 바라보는 관점 및 시각에 따라 다양하게 접근될 수 있다. 그러므로 장애에 대한 개념은 시대나 문화의 차이에 따라 그 정의를 달리할 수 있다.

장애에 대한 개념을 구체적으로 살펴보면, 첫째, 해부학적 신체 구조적, 지능적 및 심리적 기능에 이상이 있거나 상실한 상태, 둘째, 신체 구조적 또는 심리적 과정에서 야기되는 만성적인 질환, 즉 기관지염, 천식, 관절염, 결핵, 뇌전증, 신경정신장애 등의 상태, 셋째, 기능적인 면에서 어떤 질병에 의하든 자기 혼자서 일상생활을 해나가는 데 필요한 기능을 완전히 발휘하지 못하는 상태, 넷째, 행동규범을 중심으로 일종의 장애를 소유하고 있는 당사자가 자기의 장애에 대해 특수한 반응을 보이는 상태, 다섯째, 사회적 태도나 편견, 차별 등의 사회적 장애를 가진 상태라고 정의할 수 있다.

권선진(2005)은 장애의 정의를 의학적 정의, 사회적 정의, 직업적 정의, 법적 정의로 분류하고 있으며, 장애의 의학적 정의를 정상의 범위에서 벗어난 신체 정신의 구조, 기능 등 해부학적 측면의 손상이나 결함으로, 장애의 사회적 정의를 사회적 역할에 대한 의미로서 장애인에 대한 사회적 시각을, 장애의 법적 정의를 한 사회에서 법으로 정해진 장애로서 장애인복지법이나 관련 법률에서 장애를 정의하고 종류를 열거하고 있듯이 국가마다 장애 관련법에 따라 명시되어 있는 장애라고 정의하였으며, 가장 이상적이며 포괄적인 장애정의를 사회적 정의로 규정하고 있다.

UN 총회에서 결의한 '장애인의 권리선언'에서는 "장애는 선천적이든 후천적이든 신체적 · 정신적 능력의 불완전으로 인하여 일상의 개인적 또는 사회적 생활에서 필요한 것을 자기 자신으로서는 확보할 수 없는 상태"라고 규정하고 있다.

국제노동기구(ILO)는 '신체 장애인의 직업복귀에 관한 권고' 제99조에서 장애를 "신체적 또는 정신적 결함의 결과로 적당한 직업을 확보, 유지해 나갈 전망이 없는 상당히 손상을 받은 상태"라고 규정하고 있다.

일반적으로 장애의 범위와 관련해서 가장 중요한 것은 장애의 개념과 의미의 규정이라고 할 수 있다. 장애의 정의와 관련하여 '질병'과 '장애'를 구분할 수 있어야 하는데, 질병(disease)이나 상해(injury)는 치유 가능성이 있는 것으로 간주되는 반면, 장애(disability)는 신체 · 정신적 구조나 기능의 상실이 영구적으로 남는 경우를 의미한다고 볼 수 있다. 질병과 장애의 경계를 명확히 구분하기는 쉽지 않으나 이는 일련의 과정 또는 연속적인 개념으로 이해되어야 한다. 왜냐하면 국제적으로 장애의 범주가 점차 확대되고 있기 때문이다.

〈표 1-1〉 장애의 개념구분과 의미

구 분		의 미
질병	질병(disorder/ disease)	특정 부위(구조)가 정상에서 벗어난 상태
장애	기능장애(impairment)	특정 부위의 기능 제한
	능력장애(disability)	특정한 일을 수행하는 데 있어서의 능력 제한
	사회적 불리(handicap)	사회적 기능의 제한

출처 : Duckworth, D.(1983). The Classification & Measurement of Disablement, HMSO, 권선진(2005). 장애인복지론. 청목출판사, p. 22 재인용.

장애의 의미를 협의와 광의로 구분할 때, 협의의 장애는 신체 또는 정신 기능의 저하 · 이상 · 상실 또는 신체 일부의 결손 등과 같은 의학적 차원의 개념이다. 따라서 지체장애, 시각장애, 청각장애, 지적장애 등은 협의의 장애에 속한다. 광의의 장애는 협의의 장애를 포함하여 이로 인해 발생하는 생활 곤란까지를 포함하는 개념이다. 즉, 의학적 차원은 물론 사회적 차원까지를 말하는 포괄적 개념이다.

장애개념은 의료적 모델에서 사회적 모델로 발전되어 왔는데, 장애는 신체적 손상만을 가리키는 것이 아니라 신체적 손상 여부와 관계없이 사회적 환경과의 관계에 따라 생기는 장벽(barrier)을 의미한다. 반면 우리나라의 장애개념을 국제적인 추세에 비교해 본다면, 우리나라의 경우는 장애를 신체적 · 정신적 손상에 의한 일상활동, 소득활동에 제한받는 사람으로 정의하고 있는데, 이를 구체적으로 제시하기 위한 의미로는 하위 범주가 너무 협소하며, 또한 장애개념을 환경과의 상호적인 관계 속에서의 포괄적인 장애로 규정하지 못하고 있다.

2. 장애인복지의 개념

장애인복지는 사회복지의 한 분야로서 심신의 손상(impairment)으로 인한 사회생활의 곤란에 대하여 의료적 · 교육적 · 직업적 · 사회적 · 심리적 재활서비스를 제공하고 동시에 사회적 인식의 개선과 물리적 환경을 조성하여 모든 분야에서 사회생활이 보장되고 심리적으로 안정된 삶을 영위하도록 원조하는 국가 및 사회의 조직적 노력의 총체라고 정의할 수 있다.

세계보건기구(WHO)는 1980년 장애의 계층적 개념을 제창하면서 국제장애분류(International Classification of Impairments)에 있어서 장애의 계층적 분화를 정의하였는데, 장애인에 대한 일반적인 개념을 손상(impairment), 능력장애(disability), 사회적 불리(social handicap)로 구분하고 있다.

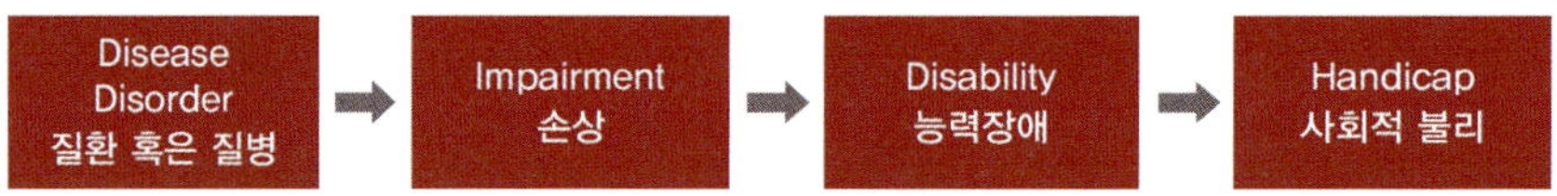

|그림 1-1| ICIDH(1980)

결국 장애에 대한 정의는 그 나라의 사회문화적 · 경제적 수준을 반영하는 지표가 될 수 있다. 이를 위해서는 장애에 대한 개념을 설명함에 있어 장애가 가지고 있는 특성이 무엇인지 살펴보아야 한다.

1) 손 상

손상은 심리적 · 생리적 · 해부학적 구조나 기능의 일부가 상실한 상태를 말하는 것으로 사지, 기관, 피부 또는 정신적 기능체계를 포함한 신체의 구조적 비정상, 결손 또는 손실의 발생이나 존재를 포함하는 것으로 병리적 상태가 표면화된 것을 의미한다. 예를 들면, 시각, 청각, 언어, 지체, 정신, 정서 등의 장애 상태를 말한다. 기능장애의 대분류에는 지적장애, 심리적 장애, 언어장애, 청각장애, 시각장애, 내부장애, 골격계장애, 기형장애 등이 포함된다.

2) 능력장애

능력장애란 '기능장애로부터 야기된 것으로 인간에게 정상적인 것으로 간주되는 범위 내에서 또는 그러한 방식으로써 활동을 수행하는 능력의 제약 또는 결여'를 의미한다. 능력장애는 기능장애의 결과로 인하여 나타나는 정상이라고 생각할 수 있는 범위에서 행하는 능력이 제한을 받거나 결여된 상태이다. 능력장애는 일상적으로 기대되는 활동수행, 행동과다 또는 결핍이 특징이다. 이러한 과다 · 결핍은 일시적 · 영구적일 수 있고 회복이 가능하거나 불가능할 수도 있으며 진행적이거나 퇴행적일 수 있다.

능력장애는 기능장애의 직접적 결과 또는 신체적, 감각적, 다른 기능장애에 대한 개인적 반응으로서 일어날 수 있다. 이는 기능장애가 객관화된 것을 의미하며, 개인적 수준에서의 방해를 반영한다.

3) 사회적 불리

사회적 장애인 사회적 불리(handicap)는 선천적 또는 노령, 질병, 사고 등으로 인하여 신체적 · 정신적 상태가 일시적 또는 영구적으로 손상되고, 그 결과 독립성, 교육, 취업 등이 저해되는 것을 말한다. 뿐만 아니라 사회적 장애로 야기되는 사회적 편견, 장벽 등을 총칭하며, 기능상실과 사회적 장애는 상대적인 의미를 가지고 있어서 한 개인의 사회적·경제적·교육적 배경 내지는 성격 구조에 따라서 사회생활을 영위하는 과정에서 제한의 요소가 될 수도 있고 그렇지 않을 수도 있다. 기능장애, 즉 능력장애(disability)에는 문제가 없으나 신체적 손상으로 사회적인 반응, 사회·물리적인 혹은 환경적인 장벽으로 인해 활동에 어려움을 겪거나, 일반인들의 선입견, 편견의식으로 인해 그의 사회생활이나 활동에 지장을 받게 되었을 때 겪는 장애를 사회적 장애(social handicap)라고 할 수 있다.

WHO는 장애인이 경험할 수 있는 사회적 불리를 다음과 같이 제시했다(정영숙·이현지, 2003 : 24-25). 여기에는 신체적인 자립성 불리(타인의 보호를 필요로 하는 상태), 직업상의 사회적 불리, 사회적 소외의 불리, 경제적 자족 불리, 이동성 불리, 지향성의 불리가 있다. '신체 자립의 불리'는 사회적으로 낮은 위치의 평가 대상을 유발하며, '직업상의 불리'는 직업, 교육 등에서 비장애인들과의 참여와 관련된 불리를 말한다. '사회적 소외의 불리'는 사회활동, 사회적 참여가 어려운 불리를 의미하며, '경제적 자족의 불리'는 경제생활 자립의 어려움을 나타낸다. '이동성 불리'는 교통수단과 문화적 생활을 영위하지 못하는 어려움을 의미하며, '지향성의 불리'는 외부세계에서 적절히 반응하지 못하는 데서 오는 어려움을 말한다.

〈표 1-2〉 사회적 불리의 분류

분 류	내 용
생존역할	1. 지향성 장애 2. 신체적 독립장애 3. 이동장애 4. 점유장애 5. 사회적 통합장애 6. 경제적 자족장애
기타장애	7. 기타 장애

출처 : WHO(1980). International Classification of Impairments, Disabilities, and Handicaps.

사회적 불리는 앞서 고찰한 능력장애[1])와 사회적 장애[2])가 통합된 장애의 총체로써 형성된다. 따라서 장애인복지 과정에서 해결되어야 하는 '장애'는 개인적 및 사회적 장애만이 아니라 모든 장애 요인이 통합된 인간적 문제로서 최종적으로 형성된 사회적 불리이다. 다시 말하면 사회적 불리는 모든 장애 요인의 통합에 의해서 형성된 장애의 총체로 사회적으로 불리한 입장에 처한 상태를 말하며 장애인복지 과정에서 해결해야 하는 복지대상이다.

3. 장애인복지의 이념

장애인복지의 기본 이념은 인간의 가치실현이다. 뿐만 아니라 장애인복지를 정당화하는 1차적 근거는 인간의 존엄성이다. 장애인은 인간으로서 지니는 모든 권리를 가지며, 그 권리의 양과 질은 다른 사람과 동일하다.

각 인간은 존중받을 만한 가치를 지니며 또한 민주사회 내에서 생계를 유지할 수 있는 천부의 권리를 부여받았다. 미국의 경우 장애인복지에 관한 이념적 바탕으로 다음 세 가지를 제시하고 있다(McGowan & Porter, 1967 : 67).

첫째, 기회의 균등이 모든 미국 시민에게 보장되어야 한다. 이 원리는 미국 시민으로 하여금 장애인에게 특별한 서비스를 제공하게 해서 그들이 취업과 함께 비장애인으로서 시민의 권리와 의무에로의 참여를 준비하게끔 한다.

둘째, 인간은 전인격적 존재이다. 다시 말하자면 인간은 신체적, 정신적, 사

1) 능력장애 : 신체장애와 의식장애가 통합된 장애로 개인이 가지는 장애의 총체

2) 사회적 장애 : 물리적 장애, 문화적 장애 및 사회심리적 장애가 통합된 장애로 사회가 가지고 있는 장애의 총칭

회적, 직업적 또는 경제적 부문으로 구분될 수 없다는 것이다. 인간은 하나의 완전한 개인이며, 개개의 각 부분이 전체를 형성하는 다른 부분과 상호작용한다.

셋째, 모든 인간은 독특한 존재이다. 장애에 대한 심리적 · 개인적 반응은 개인에 따라 제각기 다르다. 어느 누구도 완전히 똑같은 욕구나 잠재능력을 가지지 않는다. 즉, 각 개인마다 독특한 요구와 소질, 대처방법 및 목표가 있다.

위의 세 가지 사항은 UN의 1971년 '정신지체인의 권리선언', 1975년 '장애인의 권리선언', 1976년 '세계장애인의 해 선언', 1980년 '세계장애인의 해 행동계획', 1983년 '장애인 10년의 장애인에 관한 세계행동계획', 1992년 '아 · 태장애인 10년 선언문' 등에서 나타나고 있는 이념들이다. 특히 이러한 UN의 선언과 행동계획에서 강조하고 있는 것은 첫 번째의 기회균등화(equalization of opportunities)로, 이는 물리적 · 문화적 환경, 주택과 교통, 사회, 보건, 교육과 취업, 스포츠와 레크리에이션 시설을 포함한 사회재활 전반에 걸쳐 사회제도를 모든 사람들이 이용할 수 있도록 하는 것을 말한다. 이와 같은 미국이나 국제적인 움직임을 종합해 볼 때 장애인복지 이념은 인권존중, 생명존중, 전인격의 존중, 사회통합의 존중, 평등의식의 존중 등으로 정립해 볼 수 있다.

1) 인권의 존중

장애인 재활의 이념을 정립하기 위해서는 장애인의 사회적 평가가 오랜 역사의 과정에서 편견이나 차별이 있었다는 사실의 인식과 장애인이 한 사람의 인간으로서의 존엄 위에 당연한 권리와 의무를 가지고 있다는 인간존중의 이념이 있었다는 사실을 알아야 한다. '세계인권선언'에도 장애인은 자유와 존엄의 권리에서 평등하다고 하였고, '장애인의 권리선언'에서도 장애인은 인간으로서의 존엄이 존중되고 같은 연령의 시민과 동등한 기본적 권리를 가지고 있다고 하고 있다.

이와 같은 권리는 우리나라 헌법을 비롯하여 장애인복지법 등에도 강하게 규정되어 있다. 특히 사회의 소수집단으로서의 장애인이 인간으로서의 당연한 권리를 주장하면서도 그것을 지켜주지 못한 사실에 대해서 사회 전체가 분명하게 인식하지 않으면 안 된다. 사회 속에서 장애인의 인권을 존중하는 것은 사회 전체의 인권을 존중하는 것이 된다.

2) 생명의 존중

장애인에 대한 각종 처우는 인간생명에 대한 존중과 인격에 대한 기본적인 신뢰로부터 시작되어야 하며, 어떤 상태에 처한 사람이라도 다른 어떤 것과도 교환되지 않는 존재로서 존귀한 가치가 있으며 삶의 권리에 있어서도 경중이 있을 수 없다는 인식이 있을 때만이 그러한 대책들이 정당한 가치를 부여받게 된다.

오늘날 어떻게 하면 개인차가 있는 모든 사람이 행복한 상태로 인간다운 생활을 할 수 있는 사회로 만들 것인가 하는 기본 명제를 가진 사회에서만이 장애인 재활대책의 정당성이 인정될 것이다. 독일의 '바이마르 헌법'은 제151조에서 "경제생활의 질서는 모든 사람에게 사람다움에 상응하는 생활을 보장하는 것을 목적으로 하여야 함"을 규정하고 인간의 생존권과 복지이념을 최초로 실정법으로 명확하게 밝히고 있다. 이리하여 현대국가는 모든 국민에게 건강하고 문화적인 최적의 생활을 영위할 수 있는 권리를 기본적으로 설정하게 되었다.

생존권은 최저생활 보장을 요구하는 긴급성을 띤 생존권보다 인간다운 생활

수준의 유지향상을 위한 국가적 노력을 요구하는 생활권으로 확대되게 되었다. 최근 장애의 중증화, 중복화 경향에 따라 더욱 장애인의 생명을 존중할 수 있는 재활이념의 확립이 요구된다.

3) 전인격의 존중

우리 사회가 장애인을 보는 시각은 장애를 통하여 그 사람의 전체를 장애인으로 규정하고 있다. 그러나 깊이 생각해 보면 장애라는 것은 그 사람이 지닌 신체의 일부이며 건전한 사람의 한 부분에 더해진 하나의 특징으로서 받아들여져야 한다. 즉, 커다란 사람 뒤에 작은 장애가 더해진 상태라고 할 수 있다. 그리고 장애인은 전체적으로 보아야 한다. 개인은 분할된 단순한 기계적 집합체가 아니라 유기적인 하나의 전체이다. 따라서 개인은 분명히 특수한 독자의 존재이고 무엇과도 바꿀 수 없는 존재이다. 마찬가지로 장애인도 현상으로는 장애를 가지고 있으나 한 인간으로서 하나의 전체적인 것이다. 그러므로 장애를 지닌 신체의 일부에 주목하여 사람으로서의 본질을 잘못 보아서는 안 된다. 장애는 결손기능이나 잔존기능만이 아니고 장애라는 특징을 포함하는 전체적으로 보는 전인격을 존중하는 이념의 확립이 절실하다.

4) 사회통합의 존중

장애인 재활의 이념 가운데 특히 강조되는 것은 '일반화(normalization)'라는 것이다. 이것은 장애를 가진 사람을 장애인으로 취급하는 것이 아니라 그 전에 한 사람의 인간으로서 보통의 생활환경 속에서 정상의 생활을 하도록 하는 사회의 실현을 꾀하려는 생각이며, 지역사회에서는 어떠한 장애인이라도 함께 존재하는 것이 정상적인 사회라는 것이다. 그러므로 장애인이 지역사회에 살고 있는 한 시민으로서 일상적인 생활을 할 수 있도록 정신적 · 물리적인 환경을 조성해 나가자는 것이다. 이것은 일반사회 속에 당연히 수용해야 한다는 통합화(integration)의 개념과 직결된다. 이와 같이 비장애인과 함께 생활한다는 정상화나 비장애인과 장애인을 통합적으로 처우한다는 통합화는 장애인 재활의 이념으로서 매우 중요한 이념이다.

5) 평등의식의 존중

오랜 역사적 소산으로서 존재하는 장애인에 대한 편견과 차별 속에 현재도 많은 장애인들이 생활하고 있다. 어느 나라를 불문하고 장애인이 직면하고 있는 근본적인 문제 중의 하나는 편견이나 차별의 구조적인 문제이다. 장애인에게 있어서 장애가 엄연한 것으로 존재하는 이상 그것은 확실히 중요한 문제이다. 그러나 장애를 극복하였다고 할지라도 장애를 가졌다는 이유만으로 사회로부터 의도적인 배제를 당하는 일은 많은 장애인들이 감내하기 힘든 어려움이다.

이러한 편견이나 차별은 복지선진국에서도 완전히 불식되지 못하고 있다. 그러나 인간존중의 오랜 역사의 배경 속에 장애인의 인권을 존중하는 이념은 우리나라와는 비교가 되지 않을 정도로 진전되어 있다. 우리나라의 장애인은 이중의 고통을 수반하고 있다. 하나는 장애를 가진 것이고, 다른 하나는 사회의 이해 부족과 편견 및 차별을 상대하지 않으면 안 된다는 것이다. 전통적으로 장애에 뿌리 깊이 내재되어 있는 편견이나 차별에 대하여 평등의식이 존중되지 않는 한 장애인복지의 발전은 없을 것이다.

4. 장애인 문제의 내용과 범위

일반인들과 마찬가지로 사회를 살아가는 장애인들 또한 가족, 친구, 지역사회 등과 같은 지원체계를 필요로 한다. 하지만 장애인이 필요로 하는 지원체계의 경우 지원의 특성, 정도, 그리고 범위에 있어 비장애인들과 다를 수 있다. 특히 심각한 장애를 지닌 사람들의 경우 이들에게 필요한 다양한 서비스를 확인하고 연결해 주는 공식적인 지원체계 없이 일반 사회생활에 적극적으로 참여한다는 것은 거의 불가능한 일이다.

여기에서는 장애인이 장애를 가짐으로써 경험하는 문제들에 관하여 미시적 · 개인적인 측면, 즉 장애인 개인이 장애로 인해 경험하는 심리적 파급, 가족 및 친구관계의 형성과 그 중요성에 관해 중점적으로 소개하고자 한다.

1) 심리적인 문제

인간이 태어나서 성장 발달하는 데 있어서 주변의 사회문화적인 환경과 배경이 중요한 영향을 미친다는 것은 프로이트(S. Freud)를 중심으로 한 여러 심리학자들이 주장해 왔다. 따라서 장애인의 심리적인 발달과 그들의 사회생활의 적응을 논의할 때, 먼저 장애인의 사회문화적인 환경, 즉 그들이 속한 사회가 장애에 대한 인식과 태도가 장애인들의 심리적 발달에 영향을 미친다는 것을 같이 고려할 필요가 있다. 장애인에게 있어서 장애는 선천적이든, 후천적이든 간에 그들의 삶에 상당한 영향력을 가지며, 이러한 장애가 어떻게 그들의 심리적인 발달에 영향을 주는가에 대하여 논의한다.

에릭슨(E. Erikson)은 프로이트에게 많은 영향을 받은 학자로서, 그의 주요한 업적은 인간의 생활주기 전반을 총괄하여 이해할 수 있는 개념적 틀을 제시한 것이다. 에릭슨의 인간 발달에의 심리사회적 접근은 개인과 그 환경에 초점을 두고 8단계의 생애주기에 따라 변화하는 환경과 연관시켜서 설명한다. 에릭슨 이론의 핵심은 위기 개념으로서 각 단계마다 인간은 정체성 위기에 놓이게 되며, 위기는 반드시 부정적인 상태를 의미하는 것이 아니라 오히려 변화나 발달의 가능성을 높일 수 있는 기회가 될 수 있다고 주장한다. 예를 들면, 위기에 놓인 사람이 진취적 · 긍정적으로 위기를 극복할 경우 그는 다음 단계로의 변화를 경험하면서 더 안정된 자아정체감을 가질 것이며, 위기를 부정적으로 해결하지 못한 경우는 필요한 변화를 위한 준비가 미흡한 상태인 것이다. 에릭슨은 다음과 같은 단계별 양상을 제시하였다.

(1) 1단계 구강기(0~1세) : 신뢰 대 불신(trust vs mistrust)

돌보는 이의 일관성, 신뢰성을 통해 적절한 욕구충족을 경험한 아동의 경우 신뢰감을 발전시키나 그렇지 않은 경우 불신감을 형성하게 된다. 유아에게 있어서 중요한 것은 적절한 비율의 신뢰와 불신 모두의 경험이며, 적절한 불신의 경험은 분별력 있는 신뢰 형성에 필수적이다.

(2) 2단계 항문기(2~3세) : 자율성 대 의심(autonomy vs doubt)

이 시기에 아이들이 혼자서 무언가를 할 수 있다는 것을 인정받고 이를 반복해서 시도하면 스스로 통제할 수 있는 자율성을 발전시킨다. 이 시기에 형성되는 자율성은 아동의 생물학적 발달에 따른 내부적인 요구에 의해 시도되는 것이나, 반동으로 경험할 수 있는 수치와 회의는 사회적인 기대와 압력에 의하여 생겨난다. 특히 장애아동의 경우 부모의 과보호로 인해 부모가 아동이 할 수 있는 일을 대신해 주게 되면 아동은 다른 사람 눈에 자신이 좋게 보이지 않는다는 수치와 회의의 감정을 지속적으로 갖게 되기 쉽다.

(3) 3단계 남근기(4~5세) : 주도성 대 죄의식(initiative vs guilt)

이 시기에 아동은 주도적으로 계획을 세우고 목표를 설정하고 달성하고자 하는 노력을 보이는 시기이다. 따라서 부모가 아동이 계획하고 주도하는 활동에 긍정적인 반응을 보임으로써 주도성이 발전할 수 있는 반면 그렇지 않은 경우 죄의식을 가지기 쉽다. 특히 장애아동의 경우 이 시기에 주도적으로 활동하려고 시도하나 비장애아동에 비해 성취감보다 실패를 더 많이 경험하게 되는데 이는 아동의 창의성이나 주도성을 위축시키고 죄의식을 지속적으로 갖게 하기 쉽다.

(4) 4단계 잠복기(6~11세) : 근면성 대 열등감(industry vs inferiority)

이 시기는 자아성장의 결정적인 단계로서 아동은 중요한 인지적 · 사회적인 기술을 익힌다. 이 시기의 아동은 또래들과 함께 어울리고 의미 있는 작업을 하는 법을 배우면서 근면성을 발전시키는데, 이때 부모나 학교의 태도가 부정적이고 부적절할 경우 아동에게 열등감을 유발하여 심어주게 된다. 특히 장애아동의 경우 부모를 중심으로 한 학교와 지역사회의 부정적인 태도가 장애아동의 근면성 발달을 방해할 수도 있다.

(5) 5단계 사춘기(12~18세) : 정체감 대 역할 혼돈(identity vs confusion)

이 시기에는 많은 내적 문제가 일어나고 거대한 사회 속에서 자신의 위치를 확인하려는 정체감 확립을 시도하면서 동시에 새로운 사회적 갈등과 요구, 급격한 신체적 성장으로 인하여 역할과 정체감의 혼돈을 경험하기도 한다. 이 시기에 내 · 외부적인 변화로 인해 정체감 확립을 시도하나 정체감 형성은 개인의 전 생애에 걸친 과정이며, 정체감은 일의 성취를 통해 발달된다. 특히 장애아동의 경우 내적 변화가 많고 미래사회의 참여에 관한 많은 것이 문제가 되는 이 시기에 지속적으로 참여할 수 없는 자신에 대해 정체감 형성의 위기를 맞을 수 있다.

(6) 6단계 성인기 : 친밀감 대 고립감(intimacy vs isolation)

이 시기는 에릭슨에 의해 처음으로 소개되었으며, 친밀감의 발달은 사춘기 단계에서 자아정체감 형성을 확립한 사람만이 가능한 것으로서 확고한 정체감을 가진 사람만이 타인과의 상호관계를 유지할 수 있다고 해석한다. 결국 그 전 단계에서 정체성을 확립하지 못하면 고립의 결과를 경험하게 된다. 장애인의 경우에도 일반 사회 내에서의 자신의 위치와 역할에 관한 정체감이 확립되지 못한 경우 비장애인보다 고립감을 더 지속적으로 갖기 쉽다.

(7) 7단계 중년기 : 생산성 대 자아침체(generativity vs self-absorption)

이 시기의 성인은 자신 이외의 다른 사람을 위해 더 나은 사회를 만들어 주는 데 기여하게 되는데 이를 생산성이라 한다. 생산성을 발전시키지 못한 사람은 자신의 욕구에만 관심을 두는 자아침체 상태에 빠지기 쉽다.

(8) 8단계 노년기 : 자아통정 대 절망감(integrity vs despair)

이 시기는 인간 생애의 마지막 단계로서 죽음에 직면한 자신의 일생을 수용하고 받아들이면서 사람은 자아통정감을 가지기 시작하며 또한 자신의 삶이 자신의 책임임을 인정하면서 만족감을 느낀다. 반면 자신의 삶을 실패와 기회 상실의 연속이라 보고, 있는 그대로를 수용하지 못할 경우 이 시기 노인들은 자신의 삶을 혐오하고 절망감을 느끼게 된다.

에릭슨의 이론이 건강한 개인의 자아발달 단계를 제시한 반면, 크레이트(M. A. Crate)는 장애인의 장애에 관한 적응의 다섯 가지 단계를 제시하였다. 이 이론적 단계는 선천적인 만성질환이나 장애에 관한 장애인의 심리적인 적응 단계를 제시하여 전문가들이 장애인의 심리적인 어려움을 이해하는 데 도움을 준다.

1단계는 불신(disbelief)의 단계로서 장애인들이 장애를 부정하고 그것의 영향을 최소화하려는 노력을 의미한다. 특히 이 시기는 선천적인 장애인보다 사고로 인한 후천적인 장애인에게서 많이 볼 수 있으며, 그 불신기간도 길다.

2단계는 자각의 발달(developing awareness) 단계로서, 장애인들은 결국 자신이 장애를 가진 사람이라는 자각이 생겨난다. 이 시기에 자주 볼 수 있는 증상들로서는 분노, 우울증, 절망감 등을 들 수 있다.

3단계는 재조직(reorganization)의 단계로서, 이 시기에 장애인은 자신의 한계를 있는 그대로 받아들이기 시작한다. 이는 장애인들이 주변의 다른 사람과의 관계를 수정하는 계기가 된다.

4단계는 결단(resolution)의 단계로서, 이 시기에는 자신의 장애로 인한 손상과 능력의 상실을 깨닫고 자신의 주변을 새로운 변화에 맞춰 재정비함과 동시에 자신과 같은 장애를 지닌 사람들과 동일시하기 시작한다.

5단계는 마지막 정체성 변화(identity)의 단계로서, 이 시기에는 과거에 형성된 정체성을 새로운 변화에 따라 변화를 시도하는 시기이다. 장애를 수용하고 이러한 상황을 고려한 생활계획을 수립하고 목표를 달성함으로써 정체감 형성에 새로운 상태에 따른 수정을 가한다.

2) 가족관계

가족성원 중 한 사람이 장애를 가짐으로써 장애가 그 가족과 개인의 삶에 주는 영향력은 상당하다. 가족성원 중 장애인이 있는 가족은 다른 유형의 가족에 비해 심리적·정서적인 갈등관계가 쉽게 형성되며, 재활을 위한 의료비를 지출하며 그만큼 경제적인 어려움이 가중되는 경향이 있다. 특히 가족성원의 장애 정도가 심각해서 타인의 보호가 반드시 필요한 경우, 주보호자가 되는 가족성원의 정신적·육체적 스트레스는 매우 심각하다. 예를 들면, 지적장애인 자녀를 돌보는 부모들은 상당한 양의 감정적인 스트레스를 경험한다는 연구결과가 있다. 장애인 가족의 주보호자의 경험에 관한 다른 연구들은 주보호자들이 경험하는 정신적·육체적인 특성들로서 우울증, 질병, 낮은 삶의 만족도를 제시했다(S. Gallagher, 1994 : 567-578).

이러한 가족성원의 정신적·육체적 안녕과 장애로 인한 구성원 간의 문제들을 해결하기 위해서 장애인인 성원과 다른 가족성원들 쌍방 간의 노력이 요구된다. 예를 들면, 장애인인 가족성원은 가족 안에서 자신의 역할과 위치를 파악하여 잘 수행함으로써 자신의 존재를 가족성원들로부터 인정받을 수 있는 가족관계 조성을 위해 노력하여야 하며, 다른 가족성원들은 장애인 가족성원을 불편하고 폐만 끼치는 존재로만 인식하는 것에서 벗어나도록 노력하여야 한다.

그럼에도 불구하고, 대부분의 장애인과 그 가족들은 장애문제로 인한 고통과 어려움에 함께 대처하려고 시도한다는 점에서 가족은 자연적인 지원체계로서 장애인 개인의 삶에서 매우 중요한 의미를 가진다. 예를 들면, 장애인 가족은 자신들의 문제를 가족 내의 사적인 일로 유지하기를 원하며, 자신들의 정서적인 욕구를 이해하지 못한다고 생각되는 외부의 사람들에게 도움을 청하기를 거부하는 경향이 짙다. 그래서 특히 장애인들과 그 가족들은 자신의 정서적인 욕구를 표현하고 또 이들로부터 이해받고 격려받을 수 있는 비슷한 가족 유형의 사람들과 관계를 갖기를 선호한다. 그러므로 장애인 개인의 지역사회 통합과 참여라는 목적을 달성하기 위해서는 복지정책과 서비스의 대상이 장애인 개인뿐만 아니라 장애인 가족 전체를 지원하는 방향으로 고려되어야 할 것이다.

3) 친구관계

친구란 정서적으로 연결된 사람들의 연대로서, 인간은 누구나 친구관계를 형성하며 경험한다. 친구관계는 공동의 관심, 이익, 가치, 배경 등을 기반으로 주로 시작되며 점진적인 과정을 통해 발달된다. 사람의 일생에서 친구의 중요성은 언급할 필요조차 없으며, 장애인 또한 마찬가지이다. 특히 장애인에게 장애인과 비장애인 모두의 친구관계 형성은 중요하며, 장애인의 발달에 중요한 의의를 지닌다. 퍼스크(Perske)는 장애인의 친구관계의 필요성에 관해 제시했는데, 친구는 가족과 사회복지사가 해줄 수 없는 것을 제공해 주고, 역할 모델이 되며, 상호 보완적이고, 스트레스의 피난처가 되기도 한다고 설명하고 있다.

장애아동이 정상적인 사회성원으로 성장하기 위해서는 그 시기에 습득해야 할 문제들이 많다. 이는 운동기능을 위시하여 언어, 생활학습 및 인간관계의 습득 등이며 그것들은 정서의 정상적인 발달 등 장차 사회인으로서 갖추어야 할 사항이다. 이러한 것들은 대다수가 친구들 사이의 사귐이나 놀이를 통해서 습득되는 것들이다. 팔다리의 기능을 치료하고 훈련할 때 오랜 기간 병원에 입원하거나 특수한 환경 속에 있어야 하는 장애아동에게 같은 장애인 간의 친구관계는 장애문화를 공유하고 발달시킬 수 있는 기회를 제공한다. 또한 장애인 간의 친구관계는 그들의 사회화와 정체성 확립에도 중요한 역할을 담당하게 된다. 장애인 간의 친구관계는 비장애인과의 친구관계보다 공통의 능력과 관심을 기초로 자연스럽게 발생하며, 그들의 사회적인 망에 중요한 부분을 차지하게 된다.

이와 마찬가지로 장애인과 비장애인과의 친구관계도 사회적으로 다양한 이익을 창출해 내는 것으로 나타난다. 예를 들면, 장애인과의 친구관계는 비장애인의 장애인에 대한 인식과 태도를 개선시키는 데 상당히 기여할 수 있다. 장애인 친구를 사귄 비장애인에 관한 연구결과에 의하면, 비장애인들의 사회적 지각능력과 다른 사람들에 대한 관용과 이해가 증가되었으며, 자신과 다른 모습, 형태를 지닌 사람들에 대한 두려움이 감소되었다고 보고했다. 장애인의 경우, 비장애인과 사귀면서 지역사회에 참여할 수 있는 기회를 높일 수 있게 되고 비장애인 친구로부터 정서적 · 사회적인 지원을 받을 수 있다. 결국 이러한 친구관계는 장애인에 관한 편견과 선입견에서 벗어난 인식의 변화를 초래하며, 차이에 대한 관용을 촉진함으로써 장애인복지의 목표인 장애인의 지역사회 통합에 기여한다.

미시적 · 개인적인 측면에서 장애인의 지원체계는 주로 자연적인 사회관계인 가족, 친지, 친구, 이웃에 의해 직 · 간접적으로 제공되는 것이며, 이는 종종 장애인과 그의 가족이 장애에 의해 발생한 어려움에 대처하고 또한 가족, 학교, 지역사회에서 학습하고 성공하는 것을 돕는 데 있어서 중요한 역할을 담당한다. 예를 들면, 학교를 마치고 취업하는 장애인들은 가족과 친구의 네트워크를 통해 일자리를 발견하는 경우가 많다. 그러므로 같은 장애를 경험하는 사람일지라도 그들이 지니고 있는 자연적인 지원체계에 의해서 장애인이 느끼는 소외의 정도와 능력 개발의 정도가 달라질 수 있다.

Chapter 02

장애의 유형과 특성

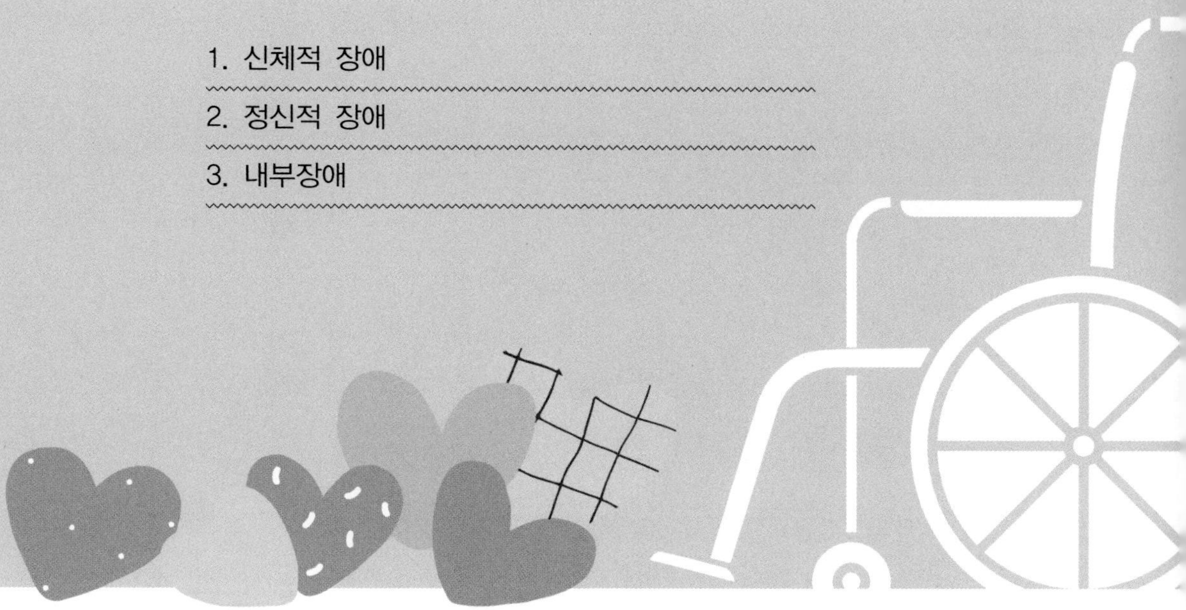

Chapter 02

장애의 유형과 특성

장애인복지법(2023)에 의하면, 장애유형은 크게 신체적 장애와 정신적인 장애로 분류된다. 신체적 장애에는 지체장애, 뇌병변장애, 시각장애, 청각장애, 언어장애, 신장장애, 심장장애, 호흡기장애, 간장애, 안면장애, 장루 · 요루장애, 뇌전증장애가 있으며, 정신적 장애에는 지적장애, 자폐성장애, 정신장애가 있다. 장애는 또한 심신의 손상 정도에 따라 1~3급의 장애 정도가 심한 장애인, 4~6급의 장애 정도가 심하지 않은 장애인으로 구분하고 있다.

1. 신체적 장애

1) 지체장애

지체장애란 사지(팔과 다리)와 몸통의 운동기능장애를 의미하는데, 운동기능장애란 운동기관이 있는 중추신경계, 근육 및 뼈, 관절 등의 부상이나 질병으로 인하여 장기간 일상생활에서 자기 혼자 활동하는 것이 곤란한 상태의 장애를 말한다. 일반적으로 장애 종류 가운데 가장 다양한 유형과 종류를 나타내며, 인구 규모에 있어서도 가장 높은 비중을 차지하는 장애이다. 지체장애의 유형은 크게 관절운동이나 절단, 마비, 변형 등의 형태로 구분된다.

(1) 원인

지체장애의 원인은 장애 발생 시기에 따라서 선천적 원인과 후천적 원인으로 크게 구분할 수 있다. 선천적 원인은 장애가 출산 전인 태아 때 이미 발생한 것이며, 후천적 원인은 출산 후에 발생된 것인데, 대부분 지체장애는 후천적 원인에 의한다. 특히 성인이 되어 사회활동을 영위하는 중에 장애가 발생한 경우를 '중도장애'라고 한다. 신체적 기형의 경우는 태어나는 즉시 알 수 있지만 경미한 뇌성마비와 같은 경우는 비록 출생 전 태아 때 이미 발생하였더라도 흔히 출산 후 수개월이 지나야 비로소 이상이 발견되는 수도 있다. 그러므로 장애 종류에 따라서는 정확한 원인을 찾지 못하는 경우가 많다.

신체적 원인 중 대표적인 것으로는 유전, 염색체의 이상, 심한 대사장애, 임신 중 흡연, 약물복용, 방사선, 매독, 풍진 등에 의한 감염, 조산 또는 난산, 혈액형 부조화 등을 들 수 있다. 최근 선진국에서는 외상보다는 당뇨병, 혈액순환 장애, 관절염 등 만성질환이 장애 원인의 70~80%를 차지하고 있으며, 우리나라의 경우도 만성질환에 의한 원인이 점차 증가하는 추세이다. 이처럼 지체장애의 원인은 척추신경계, 골격관절계, 근육운동계 장애와 선천성 기형, 외상 등 다양하며, 이를 다시 선천성 기형, 출생 시의 각종 손상, 감염 중독, 각종 질환에 의한 손상, 교통사고로 인한 재해, 산업재해, 전상 등으로 구별할 수 있다.

(2) 종류

지체장애의 종류는 절단, 지체기능장애, 관절장애, 변형으로 구분된다.

절단은 상지나 하지의 일부분을 잃어버린 상태로 부위에 따라 다시 세분된다. 서구에서는 하지절단이 약 80%로 많으며, 우리나라의 경우에도 마찬가지지만 서구에 비해서는 상지절단이 상대적으로 많다. 절단의 원인으로는 당뇨합병증이나 혈액순환장애에 의한 절단, 산업재해, 교통사고 등 외상(外傷)에 의한 절단 등이 있다. 하지절단의 경우에는 각종 질환에 의한 비율이 높으나 상지절단의 경우에는 사고로 인한 비율이 상대적으로 훨씬 높게 나타난다. 상지의 경우에는 한 손의 셋째, 넷째, 다섯째 손가락을 모두 잃은 사람을 최저장애(6급 3호)로 정하고 있으며, 하지의 경우에는 한 다리를 리스프랑 관절 이상 부위에서 잃은 사람을 최저장애(6급 4호)로 구분하고 있다.

지체기능장애는 팔, 다리, 척추장애로 구분되는데, 팔·다리의 기능장애는 팔 또는 다리의 전체 기능에 장애가 있는 경우를 말한다. 마비에 의한 팔, 다리의 기능장애는 주로 말초신경계의 손상이나 근육병증 등으로 운동기능장애가 있는 경우이며, 감각손실은 포함하지 아니한다. 팔 또는 다리의 기능장애가 마비에 의한 경우 근력이 어느 정도 남아 있지만 기능적이 되지 못할 정도이어야 하며, 관절강직에 의하는 경우에는 팔이나 다리의 3대 관절 중 두 개 이상 침범되어야 한다. 근력은 주로 도수근력검사(Manual Muscle Test)로 측정하며, 관절운동 범위는 관절운동측정기(Goniometer)로 측정한다. 다리의 기능장애 판정은 근력, 관절운동 범위의 측정치를 판정자료로 활용하되, 일상생활동작능력(ADL)을 고려하여 종합적으로 판단한다. 마비의 경우는 완전마비와 불완전마비로 구분하고 형태와 부위에 따라 대마비(paraplegia),[1] 편마

1) 양쪽 상지(上肢) 또는 양쪽 하지(下肢)가 좌우 대칭적으로 마비를 일으키는 상태로 경직형이나 강직형이 많다.

비(hemiplegia),[2] 삼지마비(triplegia),[3] 사지마비(quadriplegia)[4] 등으로 구분된다.

〈표 2-1〉 근력등급표

등 급	근력상태
5등급(Normal)	최대의 저항에 대해서 능동적인 관절운동이 가능한 상태
4등급(Good)	어느 정도의 저항에 대해서 능동적인 관절운동이 가능한 상태로서 정상근력의 약 75% 정도
3등급(Fair)	중력에 대항하여 능동적인 관절운동이 가능한 상태로서 정상근력의 약 50% 정도
2등급(Poor)	중력을 제거한 상태에서 능동적인 관절운동이 가능한 상태로서 정상근력의 약 25% 정도
1등급(Trace)	약간의 근 수축은 있으나, 능동적인 관절운동은 불가능한 상태로서 정상근력의 약 10% 정도
0등급(Zero)	근 수축이 전혀 일어나지 않는 상태

출처 : 보건복지부(2023). 장애등급판정기준.

관절장애는 신체의 운동이 관절의 움직임으로 이루어지는데 해당 관절의 강직, 근력의 약화 또는 마비, 또는 관절의 불안정이 있는 경우를 말한다. 관절이 한 위치에 완전히 고정되어 움직이지 않는 경우를 완전강직이라 하고, 부분적으로 움직이지 않는 경우를 부분강직이라고 하며, 그 정도는 관절운동범위 측정기로 측정한 관절운동 범위가 해당관절의 정상운동 범위에 비해 어느 정도 감소되었는지에 따라 구분한다. "관절의 기능을 잃은 사람"이라 함은 해당 관절이 완전 강직되었거나 운동범위가 90% 이상 감소되었거나 완전마비로 해당 관절을 움직일 수 없는 사람을 말한다. 장애인복지법에서는 상지의 경우 한

2) 한쪽의 팔다리 마비로 대개 경직형이다.
3) 한쪽의 상지와 양하지의 마비 혹은 양쪽 상지와 한쪽 하지의 마비
4) 사지 전체의 마비, 하지마비가 심한 경우엔 강직형이, 상지마비가 심한 경우엔 무정위운동형이 많다.

팔의 어깨관절, 팔꿈치관절 또는 손목관절 중 한 관절의 기능에 상당한 장애가 있는 사람을 최저장애(6급 1호)로 정하고 있으며, 하지에서는 한 다리의 발목관절의 기능에 현저한 장애가 있는 사람을 최저 장애인으로 정하고 있다(6급 3호).

변형은 신체의 외적 모양이 정상과 다른 것으로 한쪽이 짧거나 왜소증과 같이 신체의 전반적인 발육부전으로 왜소한 경우도 변형에 포함된다. 변형은 일차적으로 외관상의 문제이지만 이로 인한 기능 저하의 측면에서 장애를 판정한다. 최저장애는 한 다리가 다른 다리보다 5cm 이상 짧은 경우이고, 왜소증은 성장이 멈춘 20세 이상의 사람으로서 신장이 남성은 145cm, 여성은 140cm 이하인 경우가 해당된다. 변형은 사지뿐만 아니라 척추에서도 가능한데 뒤로 굽은 척추후만증(kyphosis)[5](만곡각도 60도 이상)이나 옆으로 휜 척추측만증(만곡각도 40도 이상) 등이 있다.

(3) 지체장애 정도와 등급 판정

장애 정도를 종합적으로 판정하는 것은 장애 정도가 비슷하더라도 활동에 어떤 제한을 받는지가 직업 등에 따라 달라지기 때문에 매우 어려운 작업이다. 장애인의 기능평가는 이동, 개인위생이나 자기관리활동, 의사소통 등을 기준으로 이루어진다. 장애의 정도는 '모든 일을 스스로 할 수 있다(independent)'부터 '완전히 의존하고 있다(totally dependent)'까지 일반적으로 다섯 가지 단계로 구분된다. 지체장애의 장애 정도 평가는 PULSE Profile(신체상태, 상지기능, 하지기능, 감각요소, 배설기능, 상황요인) 등에 의해 평가한다. Bathel Index[6]에 의하면

5) 정상적인 척추는 옆에서 바라보았을 때에 경추부(목쪽)와 요추부(허리쪽)는 앞으로 볼록 나온 모양(전만곡)을, 흉추부(가슴쪽)와 천추부(엉덩이쪽)는 뒤로 휜 모양(후만곡)을 나타낸다. 그러나 추체, 추간판 및 주위 근육의 이상으로 인해 이러한 척추의 정상 모양이 아니고 흉부의 후만곡이 증가되어 있거나, 경부와 요부에서 후만 변형이 보일 때를 후만증이라 부른다.

6) Modified Bathel Index(MBI, 수정바델지수)로, 장애인복지법 시행령에서 정하는 뇌병변장애 판정기

상지기능과 하지기능으로 구분하여, 컵으로 물 마시기, 식사하기, 상 · 하의 입기, 보조기 착용하기, 몸치장하기, 세수하기, 의자에 앉기, 평지에서 50m 걷기, 계단 오르고 내리기 등으로, 스스로 할 수 있는지, 타인의 도움이 필요한지, 아니면 타인이 전부 해주는지로 구분하여 점수를 부여하며, 이를 합산한 결과로 장애 정도를 평가한다.

지체장애의 판정은 주로 근력, 근위축, 근경직, 골관절 운동범위, 근협동운동, 평형감각 등에 대한 객관적 측정을 바탕으로 하여, 도수근력검사, 근위축검사, 근경직검사, 관절운동범위 측정, 근협동운동검사, 감각신경검사, 하지길이 측정 등의 검사를 통해 이루어진다.

(4) 특성

지체장애는 장애 종류만큼 다양하므로 공통된 특성을 찾기가 쉽지 않다. 일반적으로 지체장애 아동의 경우 운동장애에 의한 직접적인 요인과 환경의 간접적 요인과의 상호작용에 의해 발달상의 특징이나 문제가 파생된다. 운동장애의 요인이 되는 질환, 장애 부위, 뇌장애의 유무 등과 함께 신체기능이나 운동의 발달지체는 심리적 발달에도 영향을 미친다. 운동장애는 주로 이동이나 손동작의 곤란을 야기하며, 이러한 곤란은 유아기에 탐색활동을 제한시키고 학령기에는 경험부족을 유발해 학업부진이나 학습장애를 일으키는 경우도 있다. 사춘기를 포함한 청년기에는 자신의 신체나 운동에 대한 열등감을 가져오

준의 하나로서 보행 및 일상생활동작의 평가를 목적으로 개인위생, 목욕, 식사, 용변, 계단 오르내리기, 옷 입고 벗기, 대변의 조절, 소변의 조절, 이동 및 보행, 휠체어 이동과 관련하여 '전혀 할 수 없음 - 많은 도움이 필요 - 중간 정도 도움이 필요 - 경미한 도움이 필요 - 완전히 독립적으로 수행'으로 나누어 각 항목별로 수행가능 점수를 매겨 환자의 현재 상태를 가늠해 볼 수 있는 지표를 말한다. 수정바델지수가 24점 이하인 경우는 타인의 도움이 없이는 생명을 유지할 수 없는 지속적인 비가역적 혼수상태 또는 보행과 모든 일상생활동작의 수행에 전적으로 타인의 도움이 필요한 정도를 말한다.

기도 한다. 지체장애아의 성격은 심리적 문제 외에 욕구불만, 열등감, 사회성 미숙 등 개인에 따라 독특한 특성을 형성하는 경우가 있다. 즉, 자신의 장애 때문에 위축되거나 자아개념에 영향을 받을 수 있으며, 운동장애는 자신에 대한 가치를 저하시키는 방향으로 작용하기도 한다.

일반적으로 절단장애나 소아마비 등과 달리 척추손상의 경우만 하더라도 신체와 뇌 사이의 주요 전달 통로인 척추가 손상을 받아 전달통로가 끊어지게 되므로 뇌에서 신체로 내려가는 운동신호가 전달되지 못하고, 또한 신체에서 뇌로 올라오는 감각 신호도 전달되지 못한다. 이에 따라 단순히 척수손상뿐만 아니라 그에 따른 부수적 사항들인 욕창관리, 방광관리, 장 관리, 호흡기계 관리, 성기능 관리 등과 같은 신체 내적 합병증 관리가 필요한 장애이다.

2) 뇌병변장애

장애인복지법 개정으로 뇌병변장애는 기존의 지체장애 항목에서 분리되었는데, 지체장애와는 다른 특성을 갖기 때문이다. 뇌병변장애의 특성은 중복장애라는 점이 가장 두드러진다. 뇌병변장애는 뇌성마비, 뇌졸중, 외상성 뇌손상 등 뇌의 기질적 병변으로 인한 신체·정신적 장애로 보행 또는 일상생활에 현저한 제한을 받는 사람이 해당된다. 장애판정은 뇌병변이 발병 또는 외상이 있은 후 6개월 동안 지속적으로 치료한 후 장애판정을 할 수 있으며, 식물인간이나 의식불명의 경우에도 6개월이 경과하면 장애판정을 받을 수 있다. 이 뇌병변장애 가운데 뇌성마비와 뇌졸중, 외상성 뇌손상에 대해 알아보면 다음과 같다.

(1) 뇌성마비

① 정의

뇌성마비(cerebral palsy)는 하나의 질병이 아니라 비슷한 임상적 특징을 가진 증후군들을 집합적으로 일컫는 용어로 미성숙한 뇌에 대한 비진행성 병변 혹은 손상으로 인하여 생기는 운동과 자세의 장애를 보이는 임상증후군이라고 통상적으로 정의하는데, 뇌성마비의 임상 양상에 있어서 운동과 자세의 이상(異狀)뿐만 아니라 지적장애, 뇌전증, 언어장애, 시청각장애 등의 동반증상의 빈도가 높고 예후에 큰 영향을 미친다는 인식 때문에 "미성숙한 뇌에 대한 비진행성 병변 혹은 손상으로 인하여 생기는 신경근육계의 결함과 다른 동반 증상을 보이는 임상증후군"으로 정의하기도 한다.

② 원인

뇌성마비의 원인은 다양하며, 대부분의 경우 하나 이상의 원인 인자를 가진 다인성으로 나타나 원인을 알 수 없는 경우가 20%가량이나 된다. 일반적인 원인으로는 산전 인자(prenatal factors), 아기가 태어날 때 발생하는 주산기 인자(perinatal factors)가 있으며, 이 중 약 2/3는 산전 인자와 주산기 인자가 원인인 경우이다. 이 중 조산에 의한 미숙아가 뇌성마비 발생 원인의 단일 인자 중에는 가장 큰 비중을 차지한다. 산전 인자는 태어나기 전에 모체 태내에서 문제가 발생할 경우로 이로 인해 조산이 초래될 수 있으며, 미숙아에서 흔히 보이는 허혈성 뇌병증은 주변 백질현화증(periventricular leukomalacia)을 초래하기 쉬운 뇌실 주변의 하지를 지배하는 피질 척수로의 손상으로 하지에 경직성 양측마비(diplegia)가 올 수가 있다. 주산기 인자로는 핵황달, 저산소증 등이 있다. 산후 인자는 대략 원인의 7%가량을 차지하며, 황달, 독성 물질에 의한 노출, 두부 외상, 감염(뇌염, 뇌막염), 뇌종양 등이 있다.

③ 증상

뇌성마비는 정의상 뇌의 손상은 비진행적이나, 신체적인 증상은 시간의 흐름에 따라 끊임없이 변하게 된다. 신경운동형별 유형에 따른 분류로서, 경직형과 운동장애형의 임상 양상은 다음과 같다.

뇌성마비의 유형 중 가장 흔한 형태가 경직형 양측 마비이다. 이는 출생 직후 근긴장도의 저하를 보이고 6개월에서 1년부터 경직형이 되어 어릴 때는 신전근(팔꿈치나 무릎관절을 뻗게 하는 것처럼 관절 양쪽에 있는 뼈 사이의 각도를 넓히는 방향으로 작용하는 근육)의 경직이 우세하며 나이가 들면서 굴곡근(신전근과 반대로, 팔꿈치나 무릎을 구부리는 것처럼 사지의 관절 양쪽에 있는 뼈 사이 각도를 줄이는 방향으로 작용하는 근육)의 경직이 강해지는 형태이다. 만 2세에 균형을 잡고 보행을 할 수 있을 가능성이 높으나, 만 18개월이 지나서도 원시 반사가 유지되는 경우는 보행을 하지 못할 수도 있고, 만 4세 이후에는 앉지 못할 수 있다. 흔히 고관절의 내전, 내회전, 굴곡 구축과 족관절의 첨족(일명 까치발) 변형 등 골격계의 문제가 잘 발생하여, 골격계 변화 양상에 따라 보행 양상이 변화된다. 상지의 증상은 보통 경미하고 대부분 심각한 지능장애가 없어 독립적인 일상생활이 가능하다. 그 외 경직성 편마비는 보통 생후 1년 이내에 발견되며, 발달 단계는 정상의 경우보다 4~6개월가량 늦어지지만 보행이 가능한 경우가 많으며, 특징적으로 편마비형 보행을 보이게 된다. 하지와 같은 쪽 상지의 기능이 떨어지나, 지능에는 보통 장애가 없어 독립적인 생활이 가능하며, 골격계의 문제가 동반되는 경우가 흔하다. 경직형 사지마비는 사지의 경직형 마비를 보이나, 보통 하지가 심하며, 많은 경우에서 비대칭적인 특징을 가진다. 이는 근골격계 장애 외에 사시를 포함한 시각장애, 뇌전증이나 연하장애, 구음장애, 침흘리기 등이 동반된다.

운동장애형의 경우에는 경직형과 달리 하지보다 상지에 증상이 심한 경우가 많으며, 이 중 무정위운동형(athetoid type)이 가장 흔하다. 보통 관절 구축은 없으며, 상지에 더 심하게 침범하므로 3/4의 환자에서 보행이 가능하다. 정상 발달에서는 영아의 입술을 자극 시 입과 고개가 자극 방향으로 향하는 설근반사(rooting reflex), 입술 위를 자극 시 빠는 흡철반사(sucking reflex), 큰 소리를 내거나 영아가 떨어지는 듯한 자세에 놓일 때 목과 양쪽 다리를 신전(신체 부위 간의 각도가 증가하는 운동)하면서 양쪽 팔을 뻗어 무언가를 잡으려고 하는 자세를 취하는 모로반사(Moro reflex), 고개를 한 방향으로 돌렸을 때 돌린 방향의 팔은 뻗고, 반대쪽 팔은 굽히는 긴장성 경반사(tonic neck reflex) 등과 같은 원시반사 등이 발달 시기에 맞게 소실되는 것이 보통이나, 뇌성마비 등 중추신경계의 이상이 있는 경우 중추신경계의 억제 작용이 제대로 작동되지 않아 비정상적으로 원시반사가 정상적으로 사라져야 하는 시기 이상으로 지속된다. 이러한 원시반사 소실 시점이나 영아의 앉는 시기가 보행과 관련된 중요 예후 인자이다.

혼합형은 경직형-무정위운동형이 혼합되어 사지를 모두 침범하는 유형이 가장 많고 보통 경직성 사지마비를 보이다 무정위운동(athetosis)으로 진행되거나 그 반대로 진행하는 경우가 많다. 대부분 3세가 지나야 걷게 되지만 절반가량은 보행이 가능한 것으로 알려져 있다.

④ 빈도

뇌성마비의 발생 빈도는 전체 인구 중 0.15~0.2% 정도로 1,500명 출생당 7명 또는 연간 10만 명당 7명의 비율로 발생되는 것으로 알려져 있다. 뇌성마비의 원인은 다양하여 대부분의 경우 여러 가지 원인이 겹쳐서 나타나므로 그 원인은 알 수 없는 경우가 많으며 20% 정도에서는 원인을 전혀 추정할 수 없다. 일반적으로 뇌성마비의 원인은 산전 원인, 주산기 원인, 산후 원인으로 나누며 이 중 산전 원인과 주산기 원인이 전체 원인의 약 2/3를 차지한다. 이 중 단일 인자로 가장 많은 것은 조산으로 인한 미숙아이다.

뇌성마비의 형태는 경직형 운동장애형, 혼합형, 운동실조형 등으로 구분되며, 동반 증상으로서는 지능장애(발생률 40~60%), 뇌전증, 발작, 시각장애(사시), 안구운동장애, 의사소통장애, 인지기능장애, 행동장애, 학습장애 등이 있다.

(2) 뇌졸중

일반적으로 중풍으로 알려진 뇌졸중은 우리나라 노령 인구 사망 1위를 차지하는 질환으로 신경계 장애의 가장 흔한 원인이 되고 있는데, 뇌졸중의 원인은 뇌경색(85%), 뇌출혈(15%)이며, 뇌졸중의 증상으로는 운동장애, 감각장애, 인지 및 지각장애, 언어장애, 대소변장애, 시야결손, 경직 등과 함께 사회심리적 문제를 갖게 된다. 편마비가 주된 특징인 장애로서 60세 이후에 많이 발생하는 장애이나 최근에는 발병 연령이 낮아지는 경향을 보이고 있다. 뇌졸중의 예후로는 약 15~20%에서 사망하고, 10%에서 완전 회복이 되며, 약 70~75%에서 불완전 회복이 되어 재활치료의 대상이 되고 있다.

(3) 외상성 뇌손상

외상성 뇌손상(TBI : Traumatic Brain Injury)은 현대사회로 발전하면서 교통사고, 산업재해, 스포츠 등 각종 사고가 증가함으로써 증가하고 있다. 특히 교통사고는 척수 손상과 더불어 뇌손상을 일으키는 주된 원인인데, 교통사고로 인한 대부분의 외상성 뇌손상은 다발성 손상을 받게 되므로 다양한 신체적 · 신경행동학적 장애를 나타내게 되어 재활치료에는 다양한 프로그램이 필요하다. 특히 외상성 뇌손상 환자의 대부분은 젊은 사람이어서 사회적으로 노동력의 상실이라는 큰 문제를 주고 있고 가정적으로는 더 큰 타격을 주고 있어 좀 더 적극적인 재활 프로그램이 필요한 대상이다.

외상성 뇌손상은 손상 정도에 따라 임상적으로는 경도, 중등도, 중증 및 식물인간 상태의 4단계로 구분되며, 중증(severe)의 경우는 의식은 회복했으나 명

백한 장애를 갖게 되는 환자들로 최소한 6시간 이상의 의식 소실이 있었던 환자를 말하며 이 환자군은 전체 외상성 뇌손상 환자의 10%를 차지하며 적극적인 재활치료로 많은 회복을 얻을 수 있는 것으로 알려져 있다. 가장 심한 정도인 식물인간 상태(persistent vegetative state)가 있는데, 이는 뇌손상 정도가 심하여 의식을 회복하지 못하고 식물인간 상태가 된 환자들로 주위 환경을 알지 못하며 말을 하거나 수의적 운동을 하지 못한다.

외상성 뇌손상 환자의 재활에서 중요한 것은 정확히 평가를 해야 한다는 점이며, 재활치료는 장기적 · 포괄적 치료로서 내과적 · 신경학적 문제 및 비뇨기과적 문제 등을 포함한 다양한 문제의 치료가 포함되며 그 외 신체기능, 인지기능, 행동 심리학적 및 사회적 기능장애의 평가와 치료가 포함되어야 한다. 따라서 치료팀에는 의사, 치료사, 임상심리사, 사회복지사 등의 참여가 필요하다.

(4) 장애판정 및 등급

장애의 판정은 재활의학과, 신경외과, 신경과 전문의가 있는 의료기관에서 원인 질환 등에 대하여 6개월 이상의 충분한 치료 후에도 장애가 고착되었음을 진단서, 소견서, 진료기록 등으로 확인하여야 한다.

〈표 2-2〉 뇌병변장애 등급기준

장애정도	장애상태
장애의 정도가 심한 장애인	1. 보행이 불가능하여 보행에 전적으로 타인의 도움이 필요한 사람 2. 양쪽 팔의 마비로 이를 이용한 일상생활동작을 거의 할 수 없어, 전적으로 타인의 도움이 필요한 사람 3. 한쪽 팔과 한쪽 다리의 마비로 일상생활동작을 거의 할 수 없어, 전적으로 타인의 도움이 필요한 사람 4. 보행과 모든 일상생활동작의 수행에 전적으로 타인의 도움이 필요하며, 수정바델지수가 32점 이하인 사람

	5. 한쪽 팔의 마비로 이를 이용한 일상생활동작의 수행이 불가능하여, 전적으로 타인의 도움이 필요한 사람 6. 마비와 관절구축으로 양쪽 팔의 모든 손가락 사용이 불가능하여, 이를 이용한 일상생활동작의 수행에 전적으로 타인의 도움이 필요한 사람 7. 보행과 모든 일상생활동작의 수행에 대부분 타인의 도움이 필요하며, 수정바델지수가 33 ~ 53점인 사람 8. 마비와 관절구축으로 한쪽 팔의 모든 손가락 사용이 불가능하여, 이를 이용한 일상생활동작의 수행에 전적으로 타인의 도움이 필요한 사람 9. 한쪽 다리의 마비로 이를 이용한 보행이 불가능하여, 보행에 대부분 타인의 도움이 필요한 사람 10. 보행과 모든 일상생활동작의 독립적 수행이 어려워, 부분적으로 타인의 도움이 필요하며, 수정바델지수가 54 ~ 69점인 사람
장애의 정도가 심하지 않은 장애인	1. 보행과 대부분의 일상생활동작 수행에 간헐적으로 타인의 도움이 필요하며, 수정바델지수가 70 ~ 80점인 사람 2. 보행과 대부분의 일상생활동작을 타인의 도움 없이 자신이 수행하나 간헐적으로 수행하지 못하는 때가 있으며 수정바델지수가 81 ~ 89점인 사람 3. 보행과 대부분의 일상생활동작을 자신이 수행하나 간혹 수행 시간이 느리거나 양상이 비정상적인 때가 있으며 수정바델지수가 90 ~ 96점인 사람

출처 : 보건복지부(2023). 장애정도판정기준.

3) 시각장애

시각장애란 "시(視)기능의 현저한 저하 또는 소실에 의해 일상생활 또는 사회생활에 제약이 있는 자"로 장애인복지법 장애등급판정지침에서는 시력장애와 시야결손장애로 구분한다. 시력은 안경, 콘택트렌즈를 포함한 모든 종류의 시력 교정법을 이용하여 측정된 교정시력을 기준으로 하며, 시력은 만국식 시력표 등 공인된 시력표에 의해 측정된 것을 기준으로 나쁜 눈의 교정시력이 0.02 이하이면 시각장애인으로 규정한다.

특수교육에서는 점자나 촉각 및 청각매체를 통해 교육해야 할 시각장애 아동을 맹(盲)으로 분류하고, 잔존시력을 활용하여 문자를 확대하거나 광학적인 기구를 사용하여 교육해야 할 아동을 약시 또는 저시력으로 규정한다. 시각장애 하위범주의 구체적인 분류기준은 〈표 2-3〉과 같다.

〈표 2-3〉 시각장애 하위범주 분류기준

하위범주	분류기준
맹	좋은 쪽 눈의 교정시력이 0.05 미만이거나 시야가 20도 이하인 자, 또는 학습에 시각을 주된 수단으로 사용하지 못하고 촉각이나 청각을 주된 수단으로 사용하여 학습활동이나 일상생활에서 특별한 지원을 지속적으로 요구하는 자
저시력	좋은 쪽 눈의 교정시력이 0.05 이상 0.3 이하인 자, 또는 저시력 기구(광학기구와 비광학기구), 시각적 환경이나 방법의 수정 및 개선을 통해 시각적 과제를 학습할 수 있는 자

출처 : 국립특수교육원(2006).

(1) 원인

시각장애의 원인으로는 외상 및 중독, 질환(안질환, 전신질환, 감염성 질환), 유전적 요인 등이며, 오늘날에는 과거에 많았던 전염성 질환이나 영양실조로 오는 실명률은 의학의 발달과 경제수준 향상으로 감소되었으나 백내장, 녹내장, 포도막염, 망막박리, 베체트병 등의 질환은 늘어나고 있다. 특히 최근에는 산업재해, 교통사고뿐만 아니라 고혈압성 망막증, 당뇨병성 망막증, 미숙아 망막증 등의 중도실명이 증가하고 있는 추세이다. 시각장애의 원인은 분명하게 구별할 수 없는 경우도 있으며 그 원인을 알 수 없는 경우도 있다. 또한 의학적으로는 출생 전후로 선천성 여부를 구분하나 교육적으로는 약 5세 미만에서 실명된 경우까지 선천성 시각장애로 간주한다.

(2) 시각장애 정도와 판정방법

시각장애는 눈의 여러 가지 기능장애를 포괄적으로 나타낸다. 물체의 존재 및 그 형태를 인식하는 눈의 능력을 시력이라고 한다. 시력의 상실 또는 감소로 인한 장애를 정도별로 나누어 보면, 다음과 같다.

〈표 2-4〉 시각장애 등급기준

장애정도	장애상태
장애의 정도가 심한 장애인	좋은 눈의 시력이 0.02 이하인 사람
	좋은 눈의 시력이 0.04 이하인 사람
	좋은 눈의 시력이 0.06 이하인 사람
	두 눈의 시야가 각각 모든 방향에서 5도 이하로 남은 사람
장애의 정도가 심하지 않은 장애인	좋은 눈의 시력이 0.1 이하인 사람
	두 눈의 시야가 각각 모든 방향에서 10도 이하로 남은 사람
	좋은 눈의 시력이 0.2 이하인 사람
	두 눈의 시야가 각각 정상시야의 50% 이상 감소한 사람
	나쁜 눈의 시력이 0.02 이하인 사람
	두 눈의 중심시야에서 20도 이내에 겹보임(복시)이 있는 사람

출처 : 보건복지부(2023). 장애정도판정기준.

시각장애의 판정은 중심시력을 측정하여 시력표를 사용하므로 중심시력은 시시력표(test chart)로 측정한다. 시시력표란 시력을 측정할 수 있게 시표를 여러 단계로 배열한 것을 말한다. 시표에는 란돌트환(Landolt's ring)의 시표, 스넬렌의 시표, 아라비아 숫자의 시표, 자기 나라 문자를 사용한 시표, 소아용 도형 시표 등 여러 가지가 있다. 시야의 측정방법에는 주변시야계법과 평면시야계법이 있다.

(3) 특성

시각장애인은 시력을 완전히 잃고 깜깜한 세계에서 생활하고 있다고 생각하는 경우가 많으나 사실 그런 사람은 소수에 불과하다. 시각장애인의 상당수는 명암을 구분할 수 있는 광각이 있거나 희미하게나마 색깔을 구분할 수 있고, 여러 가지 정도의 잔존 시각기능을 이용하여 그것을 일상생활에 중요하게 활용하고 있다. 시각장애를 시력장애와 혼동하는 경우도 많다. 먼 곳이나 작은 물건이 보이지 않는 시력의 장애를 시각장애로 착각하는 사람이 있으나 시력장애는 시각장애의 일부에 불과하다. 의학적으로 시각장애에는 시력, 시야, 광각, 색각, 굴절, 조절 등 모든 시각 분야의 이상 현상이 포함된다. 그러나 법적으로는 시력과 시야의 이상만을 장애로 정하고 있다.

시각장애 아동의 특성으로서는 충분한 정보를 접하는 데 제약을 받기 때문에 학습상 문제가 있을 수 있으며, 지적 기능에 있어서도 시각적 경험의 범위가 제한됨으로써 다소간에 영향을 받을 수 있다. 이들의 경우에는 시각을 제외한 청각이나 촉각과 같은 다른 감각을 통해서만 환경과 상호작용할 수 있는데, 지능은 일반아동과 의미 있는 차이가 없는 것으로 알려지고 있다. 일반적으로 시각장애아들은 사실에 대한 지식을 가지고 있으나 이를 통합시키는 능력이 낮은 경향을 보이거나 어휘에 대한 이해의 정도가 다소 낮은 반면, 수리적 능력에서는 큰 차이를 보이지 않는 것으로 알려져 있다.

시각장애인 중 중증시각장애의 경우 점자를 사용하지만 그중 11.4%가 점자해독이 가능한 것으로 조사되고 있으며, 시각장애는 특히 60대 이후에 많이 발생하며 선천성 시각장애 인구는 5.7%에 불과하다. 시각장애인의 주요 특성으로는 장애로 인한 잔존감각에 대한 자신감의 상실, 환경과의 현실적 접촉능력의 상실, 시각적 배경의 상실, 이동 능력의 상실, 개인적 독립성의 상실 등을 보인다. 시각장애인의 직업은 주로 안마사, 침술사, 피아노 조율, 점술사 등으로 극히 한정되어 있으나 최근에는 그 직업 영역이 넓어지고 있다.

4) 청각장애

일반적으로 청각장애인을 농인과 난청인으로 분류하고 있는데, 농인(deaf person)은 보청기를 착용하거나 착용하지 않은 상태에서 귀만으로 말을 들어 이해할 수 없을 정도(일반적으로 70dB ISO 이상)로 청각(청력)에 장애가 있는 사람을 말하며, 난청인(hard of hearing person)은 보청기를 착용하거나 착용하지 않은 상태에서 귀만으로 말을 들어 이해하기가 불가능하지는 않으나 곤란한 정도(일반적으로는 35~69dB ISO)로 청각에 장애가 있는 사람이다. 최근에는 전혀 들리지 않는 완전 농인 경우는 드물고 청력이 조금이라도 남아 있으면 활용할 수 있게 됨으로써 일반적으로 잘 들리지 않는 경우를 청각장애 또는 난청이라고 부르고 장애 정도가 아주 심한 경우는 고도난청이라고 한다.

〈표 2-5〉 청각장애 하위범주 분류기준

하위범주	분류기준
농	보청기를 사용하거나 사용하지 않은 상태에서 귀만으로 말을 들어 이해할 수 없을 정도(보통 70dB 이상)로 청각장애가 있어 학습활동이나 일상생활에서 특별한 지원을 지속적으로 요구하는 자
난청	보청기를 사용하거나 사용하지 않은 상태에서 귀만으로 말을 들어 이해하는 것이 불가능하지는 않으나 어려운 정도(보통 35~69dB)로 청각에 장애가 있어 학습활동이나 일상생활에서 특별한 지원을 요구하는 자

출처 : 국립특수교육원(2006).

청각장애의 정의에 있어서 가장 중요한 단위는 청력손실 정도인 데시벨(dB)이지만, 청력손실 정도와 함께 청력손실 시기 · 청력손실 부위 · 보청기 착용효과 등의 요인도 함께 고려되어야 하는 장애범주이다. 미국 장애인교육법에는 청각장애를 농(deafness)과 청각장애(hearing impairment)로 구분하여 정의하고 있다.

패든(Padden)은 청각장애라는 용어보다는 농과 난청으로 이를 분류하여 정의하고 있다. 농은 청각기관을 이용하여 음성언어를 인지하기 어려워 수화를 능숙하게 사용하는 집단으로 정의하고, 난청은 잔존청력을 이용하여 음성언어를 인지하고 사용하는 집단으로 분류한다. 일반적으로 청력손실 정도가 90dB

이상인 경우에 농으로 분류하고, 26dB 이상(또는 27dB 이상) 90dB 미만(또는 90dB 이하)인 경우에 난청으로 분류한다.

(1) 원인

청각장애의 원인은 장애발생 시기에 따라 출생 전에는 유전적인 원인과 비유전적인 원인(임신 중 질환, 풍진, 바이러스성 질환, 임신 중 약물복용) 등이며, 출생 시에는 미숙아, 출산시 외상 등이 원인이 된다. 한편 출생 후에는 감염성 질환, 외상, 중이염 등의 질환과 교통사고 등의 각종 사고에 의해 장애가 발생하는 것으로 알려져 있다. 청각장애는 대체로 90% 정도가 후천적 원인에 의하며, 유전율은 부모가 유전성 인자를 가졌을 때 10% 정도로 극히 적다.

비유전적 원인에 의한 청각장애는 의학적 예방과 치료의 결과로 그 수가 크게 증가하지 않고 있으나 성인기 및 노년기에 발생하는 청각장애는 점증하는 추세이다. 특히 노년기에 발생하는 노인성 난청은 진행성 감각신경성 난청의 증세가 대부분으로 보통 65세 이상에서 나타난다. 그 밖에 음향외상성 난청은 소음에 의한 청각장애로서 일반적으로 장기간 소음에 노출되어 생기는 장애로 폭파음 등으로 발생될 수도 있다.

(2) 청각장애 정도와 판정방법

청각장애는 청력장애와 평형기능장애로 구분된다. 각 장애별 등급판정 기준을 살펴보면 다음과 같다.

〈표 2-6〉 청력장애 등급기준

장애정도	장애상태
장애의 정도가 심한 장애인	1. 두 귀의 청력손실이 각각 90데시벨(dB) 이상인 사람 2. 두 귀의 청력손실이 각각 80데시벨(dB) 이상인 사람

장애의 정도가 심하지 않은 장애인	1. 두 귀의 청력손실이 각각 70데시벨(dB) 이상인 사람 2. 두 귀에 들리는 보통 말소리의 최대의 명료도가 50퍼센트 이하인 사람 3. 두 귀의 청력손실이 각각 60데시벨(dB) 이상인 사람 4. 한 귀의 청력손실이 80데시벨(dB) 이상, 다른 귀의 청력손실이 40데시벨(dB) 이상인 사람

출처 : 보건복지부(2023). 장애정도판정기준.

〈표 2-7〉 평형기능장애 등급기준

장애정도	장애상태
장애의 정도가 심한 장애인	1. 양측 평형기능의 소실이 있으며 두 눈을 감고 일어서기가 곤란하거나 두 눈을 뜨고 10미터 거리를 직선으로 걷다가 쓰러지고(임상적으로 불가피한 경우 6미터를 걷게 하여 진단할 수 있다) 일상에서 자신을 돌보는 일 외에는 타인의 도움이 필요한 사람
장애의 정도가 심하지 않은 장애인	1. 양측 평형기능의 소실이나 감소가 있으며 두 눈을 뜨고 10미터 거리를 직선으로 걷다가 중간에 균형을 잡으려 멈추어야 하고 (임상적으로 불가피한 경우 6미터를 걷게 하여 진단할 수 있다) 일상에서 자신을 돌보는 일과 간단한 보행이나 활동만 가능한 사람 2. 평형기능의 감소가 있으며 두 눈을 뜨고 10미터 거리를 직선으로 걸을 때 중앙에서 60센티미터 이상 벗어나고 (임상적으로 불가피한 경우 6미터를 걷게 하여 진단할 수 있다) 일상에서 복합적인 신체운동이 필요한 활동이 불가능한 사람

출처 : 보건복지부(2023). 장애정도판정기준.

(3) 특성

청각 손상의 1차적인 장애는 소리를 잘 듣지 못하는 것이다. 그리고 소리를 잘 듣지 못하여 야기되는 2차적인 장애로 가장 흔한 것이 언어장애이다. 어릴 때부터 말소리를 듣지 못한 사람은 거의 대부분이 언어장애를 수반한다. 이로 인해서 교육적으로 불이익을 당하게 되고 사회적으로도 소외되며 경제생활과 취미, 오락, 종교생활 등 사회 전 영역에 걸쳐 참여의 기회가 제한되거나 본인의 욕구와는 다르게 차별을 당하게 될 수 있다. 듣지 못하는 사람은 음성언어를 익히기가 어렵다. 이로 인해 음성언어적인 의사소통에는 어려움을 겪게 된다. 이런 이유로 청각장애인은 구화(口話), 수화, 필담, 그리고 손발이나 몸짓으로 의사소통을 하게 된다. 그러나 이러한 시각적인 의사소통방법은 음성언어에 비해 한계를 갖게 된다. 음성언어에 의한 의사소통방법 가운데 구화는 잔존청력과 독화에 의해 일반인이 사용하는 음성언어를 이해하고 말로 표현하는 방법이다. 반면 비음성언어에 의한 의사소통방법은 수화(手話)와 지화(指話)로 구분할 수 있는데, 수화는 손의 운동에 의하여 표현되는 수화기호를 시각적으로 이해하는 방법이며, 지화는 지문자(문자를 손으로 나타낸 것)로 음성언어의 문법을 표현하는 방법이다. 이 밖에도 읽기를 이해수단으로 하고 쓰기를 표현수단으로 하여 의사소통하는 필담(筆談)도 청각장애인의 의사소통 수단으로 활용되고 있다.

5) 언어장애

언어장애는 음성기능 또는 언어기능에 영속적인 현저한 장애가 있는 사람이다. 즉, 의사소통상의 방해를 받아 사회생활 면에서 정상적인 적응에 곤란을 겪는 경우로 말을 해도 발음이 정확하지 않아 타인에게 쉽게 들리지 않거나, 말의 내용이 적절히 이해되지 않게 말하거나, 음성이 타인이 듣기에 거북하거나, 특정 음성을 변형되게 말하거나, 언어학적으로 불완전하거나, 발성이 어렵거나, 말의 리듬, 음조 또는 고저에 이상이 있거나, 또는 말하는 사람의 연령, 성, 신체적인 발달 정도와 일치하지 않게 말을 하는 경우 등을 일컫는다. 음성장애는 단순한 음성장애, 발음(조음)장애 및 유창성 장애(말더듬)를 포함하는 구어장애를 포함하며, 언어장애는 언어중추 손상으로 인한 실어증과 발달기에 나타나는 발달성 언어장애를 포함한다.

일반적으로 언어는 'speech'와 'language'를 포함한다. 그러나 이는 너무 광범위하고 포괄적인 용어이기 때문에 'speech'를 구어라 하고, 'language'를 언어라고 하여 구분하는데, 언어장애 분야에서 조음장애·음성장애·유창성 장애를 구어장애(speech disorder)에 포함시키고, 형태·의미·구문·화용 등의 관점에서 기호 사용에 문제가 있을 때 기호장애라고 한다. 언어장애를 원인에 따라 구분하면 뇌성마비로 인한 언어장애, 지적장애로 인한 언어장애, 구개파열로 인한 언어장애, 언어발달지체, 청각장애로 인한 언어장애, 대뇌손상으로 인한 언어장애(신경언어장애) 등으로 구분할 수 있다.

(1) 원인과 유형

언어장애의 원인은 기질적 요인과 기능적 요인으로 구분할 수 있는데, 기질적 요인으로는 신경조직의 상해로 인해 장애가 오는 경우이다. 손상 부위, 정도, 연령에 따라 다르기는 하지만 뇌의 좌반구 언어영역 중 일부가 손상되면 상대방의 말을 이해하는 데는 문제가 없으나 자신의 의사표현에 문제가 생기는 경우와, 그 반대로 말은 할 수 있으나 언어이해 능력의 결함을 나타내기도 한다. 기능적 장애의 대표적인 예는 조음장애를 들 수 있는데, 조음과 음성의 문제는 학습된 행동으로 간주한다. 이에 따라 아동이 어떻게 발음하고 자신의 목소리를 사용할 것인가를 가르치면 개선될 수 있다는 것이다. 이와는 달리 성격적 요인으로 보는 입장도 있는데, 이는 조음과 음성의 문제를 개선하기 전에 성격장애의 치료가 선결되어야 한다는 것이다. 이와 같이 언어장애는 그 원인이 명확히 밝혀지지 않는 경우가 많다.

언어장애의 유형으로는 언어발달지체, 조음장애, 음성장애, 유창성장애, 뇌성마비에 의한 언어장애, 실어증 등이 있다.

첫째, 언어발달지체는 정상적 언어발달 단계에서 기대된 시기에 언어발달이 이루어지지 않고 언어의 이해와 표현에 어려움을 갖는 경우이다. 언어발달지체 아동의 경우 언어의 조직이나 구성을 완전히 이해하지 못한다.

둘째, 조음장애(articulation)는 음운장애(phonological disorder)라고도 하며, 말할 때 말소리를 생략, 대치, 왜곡 또는 첨가하는 것을 말한다. 이 조음장애는 기질적 원인과 기능적 원인으로 구분되며, 기질적 원인으로는 구순, 치열, 혀 등의 기형이나 손상 및 신경마비 등을 들 수 있다.

셋째, 음성장애(voice disorder)는 후두 · 구강 · 비강 등에 장애가 있으면 음성장애를 일으키게 되는데, 음성장애가 후두 내의 기능장애와 관련이 있으면 발성장애, 구강 및 비강 통로의 기능장애와 관련이 있으면 공명장애라고 한다.

넷째, 유창성장애(리듬장애)는 말의 흐름에는 유창성 · 속도 · 리듬 등 세 가지 요소가 포함된다. 이 세 가지 요소 중 일부 또는 전부에 이상이 있으면 말의 흐름에 장애가 있다고 한다. 이를 '리듬장애' 또는 '유창성장애'라고 하는데 여기에는 말더듬과 속화증(성급하게 말하기)이 있다.

다섯째, 뇌성마비에 의한 언어장애는 뇌손상 부위에 따라 약간의 차이가 있는데, 경직형은 언어장애와 청력손상 발생률이 낮고 불수의 운동형은 언어장애와 청력손상 발생률이 높다.

여섯째, 실어증은 대뇌손상으로 언어기능의 손상을 초래하며 의사소통의 과정인 언어이해, 언어표현, 언어구성 과정에 이상이 생긴 경우이다.

(2) 언어장애 정도와 판정방법

언어장애는 의료기관의 재활의학과 전문의 또는 언어재활사가 배치되어 있는 의료기관의 이비인후과 · 정신건강의학과 · 신경과 · 소아청소년과(신경분과) 전문의의 진단을 받아 판정되며, 음성장애는 언어재활사가 없는 의료기관의 이비인후과 전문의를 포함한다. 장애진단을 하는 전문의는 원인 질환 등에 대한 6개월 이상의 충분한 치료 후에도 장애가 고착되었음을 진단서, 소견서, 진료기록 등으로 확인하여야 한다. 언어장애 등급기준은 다음과 같다.

〈표 2-8〉 언어장애 등급기준

장애정도	장애상태
장애의 정도가 심한 장애인	1. 발성이 불가능하거나 특수한 방법(식도발성, 인공후두기)으로 간단한 대화가 가능한 음성장애 2. 말의 흐름에 심한 방해를 받는 말더듬(SSI 97%ile 이상, P-FA 91%ile 이상) 3. 자음정확도가 30% 미만인 조음장애 4. 의미 있는 말을 거의 못하는 표현언어지수가 25 미만인 경우로서 지적장애 또는 자폐성장애로 판정되지 아니하는 경우 5. 간단한 말이나 질문도 거의 이해하지 못하는 수용언어지수가 25 미만인 경우로서 지적장애 또는 자폐성장애로 판정되지 아니하는 경우
장애의 정도가 심하지 않은 장애인	1. 발성(음도, 강도, 음질)이 부분적으로 가능한 음성장애 2. 말의 흐름이 방해받는 말더듬(SSI : 아동 41~96%ile, 성인 24~96%ile, P-FA 41~90%ile) 3. 자음정확도 30-75%인 경우로서 부정확한 말을 사용하는 조음장애 4. 매우 제한된 표현만을 할 수 있는 표현언어지수가 25-65인 경우로서 지적장애 또는 자폐성장애로 판정되지 아니하는 경우 5. 매우 제한된 이해만을 할 수 있는 수용언어지수가 25-65인 경우로서 지적장애 또는 자폐성장애로 판정되지 아니하는 경우

출처 : 보건복지부(2023). 장애정도판정기준.

(3) 특성

인간의 언어기능은 출생과 더불어 얻어지는 것이 아니고 생후 1년 내지 수년에 걸쳐 학습의 결과로서 획득되는 것이다. 대개 생후 9개월부터 24개월까지를 언어형성기라 하는데, 일반적으로 연령이 2년 6개월에 이르러서도 언어발달이 충분하지 않을 때 언어발달지체라 하며, 7세에 이르러서도 완전하지 못할 때 언어장애가 있다고 한다. 일반적으로 언어장애는 청각장애의 동반장애로서 인식하기 쉬우나 청각장애 외에도 지적장애나 뇌성마비 등에 수반되는 경우도 흔하다. 심한 언어장애아들은 신체적 장애를 가지고 있으나 대부분의 경우에는 외관상 신체적으로 문제가 없는 경우가 많다. 그러나 신체 기관의 결함이 없음에도 불구하고 운동, 힘, 운동협응 검사에서 낮은 수준을 보이는 경우가 많다.

6) 안면장애

(1) 원인과 특성

안면장애는 화상, 사고, 화학약품, 질환, 산업재해 등으로 안면부 추상, 함몰, 비후 등 변형으로 발생된다. 이와 같이 안면 부위의 변형 또는 기형으로 인하여 사회생활을 하는 데 상당한 제한을 받는 사람이 안면장애인이다. 안면장애는 기능상의 특별한 문제점이 없더라도 사회적으로 생활하는 데 큰 어려움을 겪는 사회적 장애의 대표적인 사례가 되고 있다. 우리나라와 같이 용모, 특히 인상을 강조하는 문화에서는 안면장애인의 경우 외부활동에 많은 제약을 받게 된다. 외모의 변형으로 인해 대인관계와 사회생활에 어려움을 겪는 경우가 많으며, 사회적 차별에 의해 곤란을 겪기도 한다.

또한 타인의 시선으로 인해 외출이 자유롭지 못하거나 성격이 소심하게 변화하는 경향을 보이기도 하며 장애로 인해 경제활동이 자유롭지 못해 경제적 어려움을 겪는다. 특히 일상생활이 자유롭지 못해 정신과적 질환(우울증 등)을 유발할 가능성이 높으며, 피부 변형과 건조로 인해 각종 질환을 유발한다. 안면장애의 경우 성형수술의 발달로 과거에 비해 상태가 호전될 수 있으나 수차례의 반복적인 수술과 의료비 부담으로 만족할 만큼 치료를 받지 못하고 있다.

(2) 장애판정 및 등급

안면장애의 판정은 의료기관의 성형외과 또는 피부과 전문의에 의하며, 장애진단을 하는 전문의는 원인 질환 등에 대하여 6개월 이상의 충분한 치료 후에도 장애가 고착되었음을 진단서, 소견서, 진료기록 등으로 확인해야 한다. 판정 시기는 원인, 질환 등에 관하여 충분히 치료하여 장애가 고착되었을 때에 진단하며, 그 기준 시기는 원인, 질환 또는 부상 등의 발생 또는 수술 이후 6개월 이상 지속적으로 치료한 후로 한다. 향후 장애 정도의 변화가 예상되는 경우에는 반드시 재판정을 받도록 한다. 이 경우 재판정의 시기는 최초의 판정으로부터 2년 이상 경과한 후로 한다.

안면장애는 면상반흔, 색소침착, 모발결손, 조직의 비후나 함몰, 결손이 포함된다. '함몰이나 비후'라 함은 연부조직, 골조직 등의 함몰이나 비후, 위축을 말한다. '단순한 함몰이나 비후(정상조직보다 최대 2cm 미만으로 함몰되거나 비후된 경우)'는 병변 부위를 산정함에 있어서 75%로 계산하며, 안면변형장애는 이학적 검사로 확인하며 단순 X선 촬영, CT, MRI 등으로 함몰이나 비후의 정도를 결정할 수 있다. '안면부'라 함은 두부, 안면부, 경부, 이부와 같이 상지와 하지, 몸통 이외에 일상적으로 노출되는 부분을 의미한다. '노출된 안면부'라 함은 전두부와 측두부, 이개후부의 모발선과 정면에서 보았을 때 경부의 전면과 후면을 구분하는 수직선을 연결한 선을 경계로 얼굴, 귀, 목의 앞면을 포함한다. 한 부위에 다양한 종류의 증상이 공존할 때는 가장 주요한 증상만을 고려한다.

〈표 2-9〉 안면장애 등급기준

장애정도	장애상태
장애의 정도가 심한 장애인	1. 노출된 안면부의 90% 이상의 변형이 있는 사람 2. 노출된 안면부의 60% 이상의 변형이 있고 코 형태의 2/3 이상이 없어진 사람 3. 노출된 안면부의 75% 이상의 변형이 있는 사람 4. 노출된 안면부의 50% 이상의 변형이 있고 코 형태의 2/3 이상이 없어진 사람

장애의 정도가 심하지 않은 장애인	1. 노출된 안면부의 60% 이상의 변형이 있는 사람 2. 코 형태의 2/3 이상이 없어진 사람 3. 노출된 안면부의 45% 이상 변형이 있고 코 형태의 1/3 이상이 없어진 사람 4. 노출된 안면부의 45% 이상이 변형된 사람 5. 코 형태의 1/3 이상이 없어진 사람 6. 노출된 안면부의 45% 이상에 백반증이 있는 사람 7. 노출된 안면부의 30% 이상이 변형된 사람

출처 : 보건복지부(2023). 장애정도판정기준.

2. 정신적 장애

1) 지적장애

지적장애는 그 개념 자체가 가진 복잡성 때문에 다른 장애영역에 비해 용어에 있어 변천의 역사를 가지고 있다. 1950년대까지는 주로 정신박약(mental deficiency) 등으로 사용되어 오다가, 이 용어가 매우 낙인적인 불리한 명칭으로 인식되어 1960년대 이후에는 정신지체(mental retardation)라는 용어를 많이 사용하게 되었다. 그러다 2007년 10월 장애인복지법의 개정으로 현재의 지적장애라는 명칭으로 변경되었다.

우리나라 장애인복지법 시행령에서는 지적장애인이란 “정신발육이 항구적으로 지체되어 지적 능력의 발달이 불충분하거나 불완전하고 자신의 일을 처리하는 것과 사회생활에의 적응이 상당히 곤란한 자”라고 정의되어 있다. 그리고 장애인 등에 대한 특수교육법에서는 지적장애인을 “지적 기능과 적응행동상의 어려움이 함께 존재하며 교육적 성취에 어려움이 있는 사람”이라고 규정하고 있다.

미국정신지체협회(AAMR)에서는 "적응행동에 결함이 있을 뿐만 아니라 이와 동시에 일반적 지적 능력이 평균수준에 상당히 미치지 못하는 상태로서 발달기 동안에 야기되는 것"으로 정의하고 있다. 지적 능력과 적응행동 수준에 있어 두 가지 능력이 동시에 평균 이하인 상태가 발달기, 즉 18세 이전에 나타나야만 지적장애로 간주하며, 18세 이후에 나타나는 지적장애의 증상은 치매(dementia)로 분류된다. 1992년부터는 현저하게 평균 이하인 지적 기능과 동시에 의사소통, 자기관리, 가정생활, 사회성 기술, 지역사회활동, 자기 지시, 건강과 안전, 교과학습, 여가, 직업기술의 영역 가운데 두 가지 이상에서 평균 이하인 적응행동을 보이는 경우로 정의하고 있다.

(1) 원인

지적장애의 원인으로는 다른 장애와 달리 선천적인 상황하에서 태어나는 경우가 대부분으로 90% 이상이 원인불명에 의해 태어난다. 의료적 차원에서는 발생원인을 산전 원인과 주산기[7]원인, 산후 원인 등으로 구분하여 보면, 산전 원인은 유전성인 경우는 염색체 이상, 그 외 우성·열성·반성 유전되는 여러 질환들, 심한 대사장애, 혈액형 부조화 등이 있으며, 비유전성인 경우는 감염, 임신 중 출혈, 임신중독증, 자궁 내 발육지연 및 영양실조, 임신 중 흡연, 약물 복용, 방사선 조사, 매독 또는 풍진 등 감염 등으로 구분된다. 주산기 원인은 조산, 난산이며, 산후 원인으로는 뇌염, 독성, 와상, 반복성 저혈당증, 납중독 등을 들며 기타 원인으로 고령 임산부를 들 수 있다. 최근 지적장애의 원인은 다요인적 접근을 통해 설명하려는 경향이 있다.

7) 주생기라고도 하며, 분만·출생주변기를 의미한다.

(2) 지적장애 정도

지적장애의 분류에 있어서도 경도(mild), 중등도(moderate), 중도(severe), 최중도(profound) 지적장애로 분류해 오던 미국정신지체협회에서는 1992년의 새로운 정의에 따라 지적장애의 정도를 지적장애인이 필요로 하는 지원의 강도에 따라 간헐적 지원(intermittent support), 제한적 지원(limited support), 장기적 지원(extensive support), 심층적 지원(pervasive support)으로 지적장애인이 도움을 필요로 하는 정도로 나누어 구분하고 있다.

이러한 분류를 고려할 때, 발달기(18세 이전)에 발현되고, 지능의 발달지체(IQ 70 이하)와 두 가지 이상의 적응기술 영역에서 제한성이라는 세 가지 기준에 근거해서 지적장애를 판정하며, 지적장애의 분류는 개인의 강점과 약점을 심리적 · 신체적 · 환경적 자원에 따라 지원 욕구를 판별하며, 필요한 지원의 윤곽과 강도로서 정도를 판정하게 된다. 예컨대 '의사소통과 사회성 기술에 제한적 지원을 필요로 하는 지적장애인' 또는 '사회성 기술과 자기관리 영역에서 심층적 지원을 필요로 하는 지적장애인' 등으로 분류함으로써 더욱 효과적으로 분류할 수 있게 되었다.

〈표 2-10〉 지적장애 등급기준

장애정도	장애상태
장애의 정도가 심한 장애인	1. 지능지수가 35 미만인 사람으로 일상생활과 사회생활의 적응이 현저하게 곤란하여 일생동안 타인의 보호가 필요한 사람 2. 지능지수가 35 이상 50 미만인 사람으로 일상생활의 단순한 행동을 훈련시킬 수 있고, 어느 정도의 감독과 도움을 받으면 복잡하지 아니하고 특수기술을 요하지 아니하는 직업을 가질 수 있는 사람 3. 지능지수가 50 이상 70 이하인 사람으로 교육을 통한 사회적·직업적 재활이 가능한 사람

출처 : 보건복지부(2023). 장애정도판정기준.

(3) 판정방법

지적장애의 판별에 정확성을 기하기 위해서는 지능과 적응행동을 측정하여야 한다. 지능검사에는 개인검사와 집단검사가 있다. 집단검사는 개인검사에 비해 정확성과 예언력이 낮기 때문에 판별할 때에는 집단검사보다 개인검사를 더 많이 사용한다. 개인검사 중에서 가장 보편적으로 사용되는 검사는 「고대-비네 검사」와 「KEDI-WISC」 등이다.

(4) 특성

지적장애인은 개인차가 크며, 특히 장애 정도에 따라 다르므로 공통적인 발달 특성을 보이지는 않는다. 일반적으로 지적장애인은 '주의집중이 안 된다', '동작이 느리다', '기억력이 낮다'는 등의 특성을 지니고 있다. 대체로 주의가 산만하고 기억력이 부족하며, 관찰이나 모방을 통해 배우는 모방학습 능력이 부족한 것으로 알려져 있다. 일상생활에서 흔히 나타나는 지적장애아의 사회 정서적 특성은 다음과 같다.

① 어떤 상황이나 과제가 주어졌을 때 쉽게 좌절한다.
② 부정적 자아개념을 갖는 경우가 많다.
③ 정신구조에 경직성을 보인다.
④ 통찰력이 부족하다.
⑤ 성취에 대한 내면적 충동이 희박하다.
⑥ 소극적, 도피적 행동을 많이 보인다.
⑦ 반항적, 공격적 특성을 보이기도 한다.

위와 같은 면들이 사실상 긍정적인 면보다 지적장애에 대해서 부정적인 면을 더 부각시켜 왔고, 편견으로 자리잡아 온 것이 사실이다. 그러나 지적장애는 기능성에 어떠한 방식으로 결함이 있는 하나의 상태(state)이지 특성(trait)이 아님을 알아야 한다. 그러므로 진정한 의미의 이해란 있을 수 없고, 재활 또한 존재할 수 없다. 한 개인의 기능성이 '있다', '없다' 또는 '좋다', '나쁘다'라는 식으로 평가하는 것은 그가 현재 살아가고, 공부하고, 일하며, 경험하는 다양한 환경들과의 상호작용의 결과물이며, 그 결과 또한 다양한 유형과 다양한 강도를 지닌 개별적인 지원 제공의 유무에 따라 변화될 수 있는 것이기 때문이다. 결국 지적장애인의 기능성은 능력과 환경의 상호작용 속에서 결정되므로, 이제는 지적장애인을 볼 때 한 개인이 환경에서 실제로 어떻게 기능하느냐가 특히 중요하게 고려되어야 하고, 비록 능력의 제한을 가지고 있으나 환경의 적절성과 그 환경 내에서의 지원을 통하여 기능성이 충분히 향상될 수 있다면, 과거의 방식으로 해석해서는 안 된다.

지적장애인의 경우에도 유전성인지 비유전성인지에 따라 비장애인에 비해서 다소 낮은 생식능력이 보고되기도 하였으나 임신과 출산이 가능한 것으로 알려져 있다. 또한 유전적 요인과 관련한 발생빈도에 있어서 부모가 지적장애인 경우 부모 중 한쪽이 지적장애인 경우보다 매우 높은 발생률을 보이고 있는 것으로 보고되고 있으나, 지적장애의 원인 중 가족성, 환경요인에 의한 후천적 지적장애의 가능성도 충분히 고려해야 한다.

2) 자폐성장애

유아자폐증은 1943년 존스홉킨스 대학교의 캐너(Kanner)에 의해 보고되었으며, 그는 자폐증을 가진 아동의 특성을 다음과 같이 지적하고 있다. 첫째, 대인관계 형성을 하지 못한다. 둘째, 언어습득이 지연된다. 셋째, 언어발달상 대화할 수 없는 언어를 사용한다. 넷째, 반향어(echolalia), 즉 앵무새처럼 다른 사람의 말을 되풀이하는 경향이 있다. 다섯째, 대명사를 반전하여 사용한다. 여섯째, 틀에 박힌 놀이를 반복한다. 일곱째, 동일성(sameness) 유지에 대한 강박적인 요구를 가지고 있다. 여덟째, 상상력의 결여를 보이고 있다. 아홉째, 기계적 암기력이 좋다. 열째, 외면상 정상적인 신체발달을 보인다.

윙과 굴드(Wing & Gould)는 자폐아동의 행동상 특징으로 사회적 대인관계의 손상, 사회적 의사소통의 손상, 사회적 이해와 상상력의 손상을 들고 있다.

아스퍼거(Asperger)는 자폐아동의 손상 특징을 타고난 부적절한 사회적 접촉, 극히 제한적인 사물에 대한 관심, 운동협응 기능의 부족, 오래 지속되는 반복적인 언어로 규정하여 아스퍼거 증후군(Asperger Syndrome)으로 명명하였다.

이와 같이 자폐아동들은 태어날 때부터 사람과 주변 환경에 대하여 관계 형성이 어렵고 언어의 발달에 심각한 장애가 있으며, 여러 종류의 행동장애가 동반된다. 현재 공식적인 분류체계로는 DSM-5(2013)와 ICD-11(2019)의 두 종류가 있는데 전반적 발달장애(pervasive developmental disorder)라 명명되고 있으며, 유아자폐증의 정의에 대하여는 큰 차이가 없다.

(1) 원인

자폐증의 원인에 대하여는 분명히 밝혀져 있지 않으나 심리적 원인과 생물학적 원인으로 구분할 때 생물학적 원인일 가능성이 높다. 즉, 부모의 양육이나 부부간의 불화 문제 등과 같이 심리적인 요인에 의해 이 질환을 설명하려는 시도가 있었으나 그 가능성은 희박한 것으로 알려져 있다. 생물학적 내지 기질적 원인으로는 다음과 같은 요인들이 추정되고 있다. 임신, 분만 전후 합병증(고령임신, 임신 중 약물사용, 난산 등), 경련성 질환의 동반, 대사장애와 동반, 풍진 등 감염성 질환, 뇌의 이상(측두엽 부위의 이상, 대뇌의 위축, 소뇌의 발달단계에서의 이상 등) 등 생화학적 측면에서 연구가 진행되고 있으나 의견의 일치를 보이지 못하고 있다.

발달장애는 태어날 때부터 사람과 주변 환경에 대하여 관계 형성이 어렵고, 언어의 발달에 심각한 장애가 있으며, 과잉운동증, 공격적 행동, 자해적인 행동 등 여러 종류의 행동장애가 동반된다. 발달장애의 정확한 발병 시기는 알기 어려운 경우가 많으나 대체로 3세 이전에 발병하며, 상당수가 태어날 때부터 장애가 시작되는 경우가 많다. 유병률은 12세 이하의 아동을 대상으로 1만 명당 2~5명(0.02~0.05%)으로 남아에서 여아보다 3~5배 정도 더 발병한다.

(2) 장애판정 및 등급

발달장애는 소아기 자폐증, 비전형적 자폐증(발달 이상이 3세 이후에 나타나거나 자폐증의 진단 기준 모두를 만족시키지 못하는 경우에 내리는 진단)에 의한 기능 및 능력장애로 인하여 일상생활 혹은 사회생활을 영위하기 위한 기능수행에 제한을 받아 도움이 필요한 사람이다.

발달장애(자폐증)의 장애등급 판정은 정신과(소아정신과) 전문의에 의해 발달장애의 진단명에 대한 확인과 발달장애의 상태(impairment) 확인, 발달장애로 인한 정신적 능력장애(disability) 상태의 확인, 발달장애 등급의 종합적인 판정의 순서에 따라 이루어진다. 현행 기준은 공식적인 발달장애의 분류체계로 사용하고 있는 국제질병분류표 ICD-11의 진단지침에 따라 진단명이 F84 전반성 발달장애(자폐증)인 경우에 자폐성장애 등급판정을 한다.

〈표 2-11〉 자폐성장애 등급기준

장애정도	장애상태
장애의 정도가 심한 장애인	1. ICD-10의 진단기준에 의한 전반성발달장애(자폐증)로 정상발달의 단계가 나타나지 아니하고 지능지수가 70 이하이며, 기능 및 능력장애로 인하여 GAS척도 점수가 20 이하인 사람 2. ICD-10의 진단기준에 의한 전반성발달장애(자폐증)로 정상발달의 단계가 나타

나지 아니하고 지능지수가 70 이하이며, 기능 및 능력장애로 인하여 GAS척도 점수가 21~40인 사람
3. 1호 내지 2호와 동일한 특징을 가지고 있으나 지능지수가 71 이상이며, 기능 및 능력장애로 인하여 GAS척도 점수가 41~50인 사람

출처 : 보건복지부(2023). 장애정도판정기준.

자폐성장애는 자폐증의 상태와 능력장애 상태의 변화 가능성이 희박하므로 등급판정을 다시 받아야 할 필요는 없으나, 연령증가에 따라 장애 정도에 많은 변화가 예상되는 경우에는 의사의 소견에 따라 일정 기간 후에 재판정을 받도록 할 수 있다.

(3) 특성

유아자폐증의 일반적인 특성은 사람에 대한 반응의 장애인데, 유아기부터 어머니와 눈을 맞추지 않는다거나 소리를 들을 수 있으면서도 쳐다보지 않고 안아줘도 좋아하지 않는다. 생후 8~9개월이 지나면 낯선 사람을 분명히 구별할 수 있는 능력이 생김에도 이러한 행동이 보이지 않는 경향이 있다. 따라서 청소년기가 되어도 친구관계가 형성되지 않고, 신체적인 발달은 이루어져 성적인 관심을 갖기도 하지만 서로 공감적인 이성관계가 형성되지 못한다.

많은 자폐아동들은 태어나면서부터 정상아동들과 다른 점을 느낄 수 있다. 그들이 보이는 두 가지 가장 흔한 특징은 안아주는 사람으로부터 신체적인 접촉을 피하고자 등을 활처럼 뒤쪽으로 휘는 것과 안아줄 것을 기대하지 않는다는 점이다. 태어나서 처음 몇 년 동안 어떤 자폐아동은 평균적으로 다른 아이들보다 더 빨리 말하거나 기기, 걷기도 하지만 대부분 현저히 늦어지는 아이들이 많다. 소아기 동안 자폐아동은 의사소통이나 사회적인 기술, 그리고 인식력 등이 같은 또래의 아이들에 비해 뒤떨어진다. 또한 반복적인 행동(흔들거나 손

을 찰싹 때리는 행동처럼 특정한 목적 없이 반복적으로 하는 행동), 자해(손가락을 물어뜯거나 머리를 부딪치는 행동 등), 수면이나 음식 문제들, 눈 맞춤이 없고 고통을 못 느끼거나 과잉-과소 행동, 주의력 부족 등의 이상행동이 나타나기 시작한다.

자폐증에서 아주 흔한 특징 중의 하나는 동일성에 대한 고집 또는 고집스러운 행동이다. 많은 아이들이 일상생활을 정해진 대로만 하려고 하며, 조금이라도 거기서 벗어나면 마음이 혼란해지고 격노하게 된다. 이러한 동일성의 고집이 나타나는 이유 중 하나는 일상의 상황에 대해 이해할 수 없고 거기에 잘 맞추어 나가지 못하기 때문이다. 자폐증을 가지고 있는 환자들이 갖는 사회문제는 사회적 회피, 사회적 무관심, 사회적 어색함 등이다.

3) 정신장애

정신장애는 생물학적 · 심리적 병변으로 인하여 정신기능의 제 영역인 지능, 지각, 사고, 기억, 의식, 정동, 성격 등에서 병리학적 현상이 진행되는 것을 말한다. 장애인복지법에 의하면 정신장애는 지속적 양극성 정동장애, 조현병, 조현정동장애 및 재발성 우울장애에 의한 기능 및 능력장애로 인하여 일상생활 혹은 사회생활에 상당한 제약을 받아 다른 사람의 도움이 필요한 사람이다. 정신장애는 그동안 공식적인 장애인이 아니었으나 장애인복지법의 개정으로 1차적으로 중증이면서 만성의 정신분열병과 정동장애가 장애범주에 포함되었으며, 향후에는 노인성 치매, 알코올성 정신병 등까지 확대될 예정에 있다.

(1) 종류와 원인

우리나라에서 공식적인 정신질환 분류체계로 사용하고 있는 DSM 및 ICD-11

의 진단지침에 따라 정신장애로 판정한다.

조현병의 경우 사춘기 전후부터 20대 초반에 발생하는 정신질환으로 환각 등의 지각장애, 망상 등의 사고장애, 감정장애, 무관심 등의 양상을 보인다. 병의 원인에 있어서 유전, 가족의 상호작용의 특성 그리고 다양한 발달단계 중 가족 외부의 스트레스를 포함한다. 조현병 환자는 일반적으로 낮은 자아존중감과 자신이 주위 사람들에 의해 거부된다는 정서들을 보인다. 특징으로는 다른 사람들과의 정서적 관계나 의사소통에 있어 자기를 방어한다. 또 다른 특징으로는 그릇된 신념이나 환각들로서 예측할 수 없고 매우 특이한 행동을 야기하는 자기통제력의 상실을 들 수 있다. 환자가 의도적으로 자신의 감정을 숨기려 하며, 대개의 경우 망상이나 환각들과 같은 정신병적 증상과 함께 우울이 가장 두드러지며, 때로는 부적절한 죄의식을 갖기도 한다.

정동장애는 기분 및 감정의 변동으로 조증, 울증, 조울증(병)으로 기분, 의욕과 행동, 사고장애 등의 형태로 나타난다. 정동장애의 원인은 정신분열병과 마찬가지로 정확한 원인이 밝혀진 것은 아니나 대개 유전적 · 기질적 소인, 여러 가지 신경생화학적 물질에 의해서나 아니면 내분비 대사에 이상이 있어 발생한다는 학설, 기타 신경생리학적 원인에 의해 발생한다고 한다. 이 정동장애는 감정이 기본적인 장애가 있는 것으로 기분이 너무 좋거나 너무 우울한 것이 주 증상이다. 한 가지 형태로만 나타나는 경우를 단극성 장애라 하고, 조증과 울증이 번갈아 나타나는 경우를 양극성 장애라 한다. 우울한 기분이 주된 증상으로 의욕이 떨어지고 현실감을 상실하며, 사고 내용에도 여러 형태의 망상이 두드러진다. 신체질환으로 오인될 정도의 다양한 신체적 증상을 호소하며 외견상 지능과 기억에 장애가 있는 것처럼 보이기도 한다. 이와 함께 분열정동장애는 정신분열병의 증상과 정동장애가 동시에 존재하는 질환으로 발병은 급격하고 대부분 주기성을 가진다. 반복성 우울장애는 우울하고 저조된 정서상태가 지속되는 것으로서 심한 경우 자기무력감, 열등의식, 절망감, 허무감 등이 생기며, 삶의 의미를 상실하여 자살을 기도하는 경우도 발생한다. 우울증은 초기에 적절한 치료를 받는 것이 가장 중요하며, 심한 초조감, 불면증 등으로 증상이 심한 경우 또는 직장으로부터의 스트레스가 심한 경우에는 자살의 위험이 높으므로 입원치료를 필요로 한다.

(2) 장애판정 및 등급

정신장애의 장애등급 판정은 ① 현재 치료 중인 상태를 확인, ② 정신질환의 진단명 및 최초 진단 시기에 대한 확인, ③ 정신질환의 상태 확인, ④ 정신질환으로 인한 정신적 능력장애 상태의 확인, ⑤ 정신장애 등급의 종합적인 판정의 순서에 따른다.

구체적으로 첫째, 현재 약물복용 등 치료 중인 상태에서 정신장애 판정을 하여야 한다.

둘째, 정신질환의 진단명 및 최초 진단 시기에 대한 확인으로서 우리나라에서 공식적인 정신질환 분류체계로 사용하고 있는 국제질병분류표 ICD-10의 F20 조현병, F25 분열형 정동장애, F31 양극성 정동장애, F33 반복성 우울장애로 진단된 경우에 한하여 정신장애 판정을 하여야 한다.

셋째, 정신질환의 상태에 대한 확인은 진단된 정신질환의 상태가 정신장애 등급판정기준에 따라 어느 등급에 적절한지를 임상적 진단평가 과정을 통하여 판단한 뒤 등급을 정한다.

넷째, 정신질환으로 인한 능력장애에 대한 확인은 정신장애인에 대한 임상적 진단평가와 보호자 및 주위 사람으로부터의 정도, 정신건강의료서비스를 제공하는 있는 치료자의 의견, 학업이나 직업활동 상황 등 일상환경에서의 적응상태 등을 감안하여 등급판정을 내린다.

〈표 2-12〉 ICD-10 분류체계에 의한 정신질환

코 드	분 류	주요 질환
F00-F09	증상성을 포함하는 기질성 정신장애	알츠하이머병에서의 치매, 혈관성 치매, 기질성 기억상실 증후군 등
F10-F19	정신활성 물질 복용으로 인한 정신 및 행태 장애	알코올 · 담배 · 카페인 및 기타 흥분제 복용으로 인한 정신 및 행태장애, 급성중독, 의존 증후군 등
F20-F29	조현병, 분열형 및 망상장애	조현병, 지속성 망상장애, 급성 및 일과성 정신병적 장애 등
F30-F39	기분[정감]장애	양극성 정감장애, 우울증 에피소드, 반복성 우울장애
F40-F49	신경증성, 스트레스 관련성 및 신체형 장애	불안장애(사회공포, 공황장애 등), 급성 스트레스반응, 외상 후 스트레스장애, 적응장애, 신경쇠약증 등
F50-F59	생리적 장애 및 신체적 요인들과 수반된 행태증후군	섭식장애, 비기질성 불면증, 몽유증, 야경증, 성욕의 결핍 또는 상실 등
F60-F69	성인 인격 및 행태 장애	인격장애, 병적 도박, 관음증, 성관계 장애, 성적 성숙장애 등
F70-F79	지적장애	경도, 중등도 지적장애 등
F80-F89	심리적 발달장애	말하기와 언어의 특수 발달장애, 특수 읽기장애, 소아기 자폐증 등
F90-F98	소아 및 청소년에 발병하는 행태 및 정서장애, 특정 불능의 정신장애	활동성 및 주의력 장해, 품행장애, 소아기 사회성 불안장애, 소아기 반응성 애착장애, 틱장애, 말더듬 등
F99	특정 불능의 정신장애	–

출처 : 질병분류기호(https://www.kcdcode.kr/browse/contents/0#).

(3) 특성

정신장애인의 경우도 일상생활이나 직업활동에 있어서 다른 장애와 마찬가지로 큰 어려움을 겪고 있으며, 신체장애와 동일하거나 그 이상의 사회적 편견이 강하게 남아 있어 본인과 가족에게 커다란 고통을 주고 있다. 더욱이 정신장애의 발병시기가 20대 초반인 경우가 대부분이어서 본인과 가족의 심리적 부담은 말할 수 없이 크다.

우리나라의 정신장애인에 대한 정확한 현황과 실태를 파악하기는 쉽지 않은데, 이는 기존의 자료나 통계가 주로 정신질환에 관한 것이 대부분이기 때문이다. 정신장애인의 복지욕구는 경제적 지원, 주간활동 서비스, 사회적 교제, 정신병 증상에 대한 서비스, 약물 및 치료에 대한 정보 등의 순으로 나타나고 있는데, 사회적 교제에 대한 서비스 욕구는 정신장애에 대한 편견 없는 시각과 그들의 사회적 지지체계를 마련해 줄 필요성을 나타내는 것이라고 볼 수 있다. 이는 사회적으로도 신체장애에 비해 정신장애에 대한 편견이 커서 사회복귀와 적응이 매우 어려운 장애라 할 수 있다.

3. 내부장애

1) 신장장애

(1) 원인과 특성

신장장애는 신장의 기능부전으로 인하여 혈액투석이나 복막투석을 지속적으로 받아야 하거나 신장의 기능에 영속적인 장애가 있어 일상생활 활동에 현저한 제한을 받는 장애이다. 원인으로는 신장질환에 의한 것으로 만성 사구체신염, 당뇨병성 신염, 고혈압성 사구체 경화증 등으로 우리나라의 경우 당뇨병성 신증이 34%로 가장 많은 비중을 차지하고 있으며, 말기 신부전 환자의 발병률은 점차 증가하는 것으로 나타나고 있다.

신장은 본질적으로 신체의 항상성을 유지하는 기관으로 필수 물질들과 수분을 보유하고 신체의 산·염기 균형을 유지함으로써 체액의 성분과 양을 조절하며 해독하고, 독성물질, 외부 침입균, 불필요한 물질들을 소변 형성과정을 통해 배출시키는 기능을 하며, 또한 혈압조절, 적혈구 생성, 인슐린과 다른 물질들의 신진대사와 같은 여러 기능들과도 관련이 있다. 신부전이라 함은 신기능이 고도의 장애를 일으켜 생체의 내부환경을 정상적으로 유지하기 어렵게 된 상태를 말하며, 신기능 부전이라고도 한다. 일반적으로 급성과 만성으로 구분하는데 우리나라는 만성 신부전만을 장애범주에 포함시키고 있다. 만성 신부전은 신기능이 점차 저하되어 혈중 요소질소가 상승하고, 혈청 전해질의 이상(고칼륨혈증)을 초래한 상태를 말하며, 가장 큰 원인은 만성신염이고, 그 밖에 고혈압, 낭포신, 당뇨병성 신증, 통풍신 등도 말기가 되면 이러한 상태가 된다.

신장장애는 정상적인 타인의 신장을 말기 신부전 환자에게 이식함으로써 정상적인 기능을 유지할 수 있지만 경제적인 문제와 공여자 수의 제한으로 신장장애인들은 혈액정화를 위한 투석요법을 시행받고 있다. 투석요법은 신장기능의 일부를 대신해 주는 치료법으로 대개 신장 기능이 90% 이상 소실되었을 때 필요하다. 이 투석요법은 진료일수가 길고 병원에서 소비하는 시간이 많아 취업 등 사회적 활동의 제약이 커 의료비 부담(월 60~80만 원) 등 경제적인 고통이 큰 장애라 할 수 있다. 신장장애인의 경우 식사, 수분섭취, 사회활동에도 제한이 있으므로 환자의 급속한 증가와 함께 신장 이식을 추진시키는 노력이 추진되고 있다.

(2) 장애판정 및 등급

신장장애의 판정은 신장의 기능장애가 앞으로 회복할 가능성이 극히 적고, 일상생활 활동이 현저히 제한되는 경우를 말하며 현재 혈액투석이나 복막투석을 받고 있는 사람을 대상으로 한다. 신장 이식자의 경우 이식 후에는 유예기간을 1년으로 하여 그 후에는 장애인 지정을 취소할 수 있도록 하고 있다.

〈표 2-13〉 신장장애 등급기준

장애정도	장애상태
장애의 정도가 심한 장애인	만성 신부전증으로 3개월 이상 혈액투석 또는 복막투석을 받고 있는 사람
장애의 정도가 심하지 않은 장애인	신장을 이식받은 사람

출처 : 보건복지부(2023). 장애정도판정기준.

2) 심장장애

(1) 원인과 특성

심장장애는 심장의 기능부전으로 인하여 일상생활 정도의 활동에도 호흡곤란 등의 장애가 있어 일상생활 활동에 현저한 제한을 받는 장애이다. 원인으로는 심장판막결손, 심장근육질환 등 심장의 손상이나 동맥폐쇄질환, 혈전후증후군 같은 혈관의 손상, 고혈압과 같은 혈압의 장애 등으로 구분될 수 있다.

심장은 혈액순환의 원동력이 되는 기관으로 수축과 확장을 반복하여 혈액을 신체의 구석구석까지 보내는 펌프의 역할을 한다. 심부전은 심장의 펌프 기능이 장애를 일으켜 정맥압을 상승시키고, 충분한 양의 산소를 말초조직에 공급할 수 없는 상태를 말하며 심기능부전이라고도 하는데, 심부전은 모든 기질적인 심질환에 기인하여 생긴다.

우리나라에도 생활패턴이 바뀌면서 만성 심장질환의 유병률이 증가하고 있으나 의료수준의 향상으로 이 질환의 생존율이 길어져 그 규모가 크게 증가하고 있는 추세이다. 심장장애에 따라 좌심부전의 경우에는 호흡곤란이 수반되고 심부전이 가벼울 경우에는 운동할 때 증상이 나타나지만 병세가 진행되면 가만히 있을 때에도 호흡이 곤란하게 된다. 우심부전의 특징은 신체 말초조직에서 심장으로 혈액을 운반하는 정맥의 확장과 수분 및 전해질의 저류이며, 이들에 의해 경정맥, 부종 등의 장애가 발생한다.

심장장애인의 경우에도 일상적인 생활에서뿐만 아니라 사회생활에서 큰 어려움을 겪게 되며, 특히 직업생활이 어려운 경우가 많아서 경제적 어려움 또한 가중되고 있다. 따라서 정기적인 진단이나 약복용 등으로 무리한 작업에는 부적합하여 선진국에서는 이들의 직업재활을 위한 재택근무, 시간제 근무 등의 직무 재배치가 시도되고 있다.

(2) 장애판정 및 등급

심장장애의 판정은 1년간 동일 심장질환에 대하여 지속적으로 치료하였다는 것을 증명하는 치료력 또는 의사(순환기내과) 소견서를 확인하고 최근 2개월간의 환자상태와 임상 및 검사소견으로 장애등급을 판정한다. 판정시기는 1년 이상의 성실하고 지속적인 치료 후에 호전의 기미가 거의 없을 정도로 장애가 고착되었을 때에 장애를 진단한다. 심장장애는 의료적 여건 및 치료 등에 의하여 장애상태에 변화 가능성이 있으므로 매 2년마다 등급판정을 다시 받아야 한다. 다만, 2회의 재판정(최초의 판정을 포함하여 3회)에서 동급판정을 받은 경우에는 이후의 의무적 재판정에서 제외할 수 있다.

〈표 2-14〉 심장장애 등급기준

장애정도	장애상태
장애의 정도가 심한 장애인	심장기능의 장애가 지속되며, 가정에서 가벼운 활동은 할 수 있지만 그 이상의 활동을 하면 심부전증상이나 협심증증상 등이 나타나 정상적인 사회활동을 하기 어려운 사람
장애의 정도가 심하지 않은 장애인	심장을 이식받은 사람

출처 : 보건복지부(2023). 장애정도판정기준.

심장장애 질환의 정도와 질환으로 인한 능력장애의 정도는 운동부하검사, 심초음파, 수술병력, 입원병력, 치료병력 등을 기준으로 판정한다. 심장장애는 의료적 여건 및 치료 등에 의해 장애상태에 변화의 가능성이 있으므로 매 2년마다 등급판정을 다시 받도록 하고 있으며, 6개월 이내에 1회의 입원경력이 있는 경우에 입원치료로 인하여 검사결과가 다르게 나타날 수 있으므로 퇴원 후 2개월이 지난 후에 장애등급을 진단하도록 한다.

3) 호흡기 장애

(1) 원인과 특성

2003년부터 확대된 장애범주로서 호흡기 장애는 폐나 기관지 등 호흡기관의 만성적 기능부전으로 인한 호흡기능의 장애, 즉 만성적으로 호흡에 장애를 주는 폐질환을 총칭하는 것으로, 원인이 되는 폐질환이나 심장질환이 없이 기도폐쇄가 발생하여 기류의 속도가 감소하는 질환군으로서 일상생활을 하는 데 상당한 제한을 받는 사람을 일컫는다.

만성 폐쇄성 기관지염은 단순한 기침 및 객담 이외 기도폐쇄 증상이 동반되어 기도저항이 증가하고 폐쇄성 환기장애를 보인다. 천식성 기관지염은 천식발작과 감별하기 힘든 경우가 많다. 폐기종은 말초세기관지와 폐포가 비정상적으로 늘어나서 폐장 고유의 신축기능이 없어진 상태를 말한다. 주된 증상은 호흡곤란과 2차적인 세균감염으로 기침, 객담, 체중감소 등을 들 수 있다.

(2) 장애판정 및 등급

장애판정 시기는 현재 상태와 최초 진단 이후 1년 이상 경과하고, 2개월 이상의 지속적인 치료 후에도 호전될 기미가 없을 정도로 고착되었을 때 한다.

진단기관은 내과, 흉부외과, 소아과, 결핵과 전문의가 있으며 장애인 등록 직전 2개월 이상 진료한 의료기관이다.

〈표 2-15〉 호흡기 장애 등급기준

장애정도	장애상태
장애의 정도가 심한 장애인	1. 만성호흡기 질환으로 기관절개관을 유지하고 24시간 인공호흡기로 생활하는 사람 2. 폐나 기관지 등 호흡기관의 만성적인 기능장애로 평지에서 보행해도 호흡곤란이 있고, 평상시의 폐환기 기능(1초시 강제날숨량) 또는 폐확산능(폐로 유입된 공기가 혈액내로 녹아드는 정도)이 정상예측치의 40퍼센트 이하이거나 안정시 자연호흡상태에서의 동맥혈 산소분압이 65밀리미터 수은주(mmHg) 이하인 사람
장애의 정도가 심하지 않은 장애인	1. 폐를 이식받은 사람 2. 늑막루가 있는 사람

출처 : 보건복지부(2023). 장애정도판정기준.

호흡기 장애는 기본적으로 충분한 내과적 치료에도 불구하고 장애가 지속적으로 유지되는 만성 호흡기 질환임을 확인해야 한다. 장애를 판정하기 위해서는 ① 호흡곤란 정도 판정, ② 흉부 X-선 촬영, ③ 폐기능 검사, ④ 동맥혈 가스 검사 등에 의한 객관적인 검사소견이 있어야 하며, 이 밖에 필요한 경우 호흡기 질환에 따라 흉부 CT, 기관지내시경, 운동부하 폐기능 검사, 폐 환기-관류 동위원소 검사, 폐동맥 촬영술 등을 시행하여 정확한 진단을 하여야 한다. 최소 2개월 이상의 반복적인 검사 결과 중 낮은 등급으로 판정한다.

판정 시기는 현재의 상태와 관련한 최초 진단 이후 1년 이상이 경과하고, 2개월 이상의 적극적인 치료에도 불구하고 호전의 기미가 거의 없는 만성 호흡기 질환의 경우에 장애를 진단한다. 수술 또는 치료로 기능이 회복될 수 있다고 판단하는 경우에는 장애진단을 처치 후로 유보하여야 한다. 향후에 장애정도의 변화가 예상되는 경우에는 반드시 재판정을 받도록 하여야 한다. 이 경우 재판정의 시기는 최초의 진단일로부터 2년 이상 경과한 후로 한다.

4) 간장애

(1) 원인과 특성

간장애는 간의 만성적 기능부전과 그에 따른 합병증 등으로 인한 간기능의 장애로 인하여 일상생활을 하는 데 상당한 제한을 받는 사람을 일컫는다. 주로 만성 간질환(간경변증, 간세포암종 등)으로 이식수술 받은 경우나 잔여 간기능 평가등급이 C인 사람, 내과적 치료로 조절되지 않는 난치성 복수, 자발성 세균성 복막염 등이 해당된다.

간장애인의 주요 증상으로는 피로, 구토, 식욕부진, 헛배부름, 소화불량, 체중감소 등이 나타난다. 또한 소변이 진해지고 황달이 나타나며 잇몸과 코에서 피가 나기도 한다. 얼굴이 흑갈색으로 변하거나 목이나 가슴에 거미줄 모양의 혈관종이 생기기도 한다. 말기증상은 간세포 기능장애와 합병증이다. 간암으로 발전할 가능성이 많다. 비장이 커지고 복수가 차고 배가 부르며, 부종과 토혈 혈변을 보기도 한다. 장애범주 확대 이후 등록인원이 증가하고 있으며, 대체로 간암을 제외한 중증의 간장애인은 중고령층 이상으로 병원에서 지속적인 치료를 받는 경우가 대부분으로 일상생활에 어려움이 크다.

(2) 장애판정 및 등급

간장애의 유무는 병력, 문진, 진찰소견, 혈액검사, 간초음파검사 등을 종합하여 이루어진다. 판정 시기는 현재 상태와 관련한 최초 진단 이후 1년 이상 경과하고, 2개월 이상의 지속적인 치료 후에도 호전의 기미가 없을 정도로 장애가 고착되었을 때 한다.

간장애의 판정은 충분한 내과적 치료에도 불구하고 장애가 지속적으로 유지되는 간경변증, 간세포암종 등 만성 간질환임을 확인해야 한다. 또한 최소 2개월 이상의 반복적인 검사 결과 중 낮은 등급으로 판정한다. 판정시기는 대상자의 질병상태 등에 대한 소관 전문의의 최초 진단 이후 1년 이상이 경과하고, 2개월 이상의 적극적인 치료에도 불구하고 호전의 기미가 거의 없는 만성 간질환의 경우에 장애를 진단한다. 수술 또는 치료로 기능이 회복될 수 있다고 판단하는 경우에는 장애진단을 처치 후로 유보하여야 한다. 향후 장애 정도의 변화가 예상되는 경우에는 반드시 재판정을 받도록 하여야 한다. 이 경우 재판정의 시기는 최초의 판정으로부터 2년 이상 경과한 후로 한다.

〈표 2-16〉 간장애 등급기준

장애정도	장애상태
장애의 정도가 심한 장애인	1. 간경변증, 간세포암종 등 만성 간질환을 가진 것으로 진단받은 사람 중 잔여 간기능이 만성 간질환 평가척도(Child-Pugh score) 평가상 C등급인 사람 2. 간경변증, 간세포암종 등 만성 간질환을 가진 것으로 진단받은 사람 중 잔여 간기능이 만성 간질환 평가척도(Child-Pugh score) 평가상 B등급이면서 난치성 복수(腹水)가 있거나 간성뇌증 등의 합병증이 있는 사람
장애의 정도가 심하지 않은 장애인	간을 이식받은 사람

출처 : 보건복지부(2023). 장애정도판정기준.

잔여 간기능의 평가는 5~6점은 등급 A, 7~9점은 B, 10점 이상은 C로 분류한다. 합병증의 평가는 이학적 소견, 복수 천자, 영상검사(복부 초음파 및 복부 전산화단층촬영 등)에 의해 1개월 이상 지속된 복수가 증명된 경우에서 복수를 일으킬 수 있는 다른 원인이 배제된 경우와 복강 내에 외과적으로 치료할 수 있는 감염원이 없고, 복수 다형핵세포수가 250/㎣ 이상이면서 복수 배양검사상 양성이거나 임상적으로 자발성 세균성 복막염으로 진단된 경우(자발성 세균성 복막염), 만성 간질환 환자에서 임상적으로 증명된 간성뇌증에서 혼수를 일으킨 다른 원인이 배제된 경우에 해당한다. 만성 뇌증은 뇌기능의 장애가 치료를 함에도 불구하고 4주 이상 지속되는 경우로 정의한다.

5) 장루 · 요루장애

(1) 원인과 특성

장루 · 요루장애인은 배변기능 또는 배뇨기능의 장애로 인하여 장루(인공항문) 또는 요루(인공방광)를 시술하여 일상생활을 하는 데 상당한 제한을 받는 사람이다. 즉, 대장암이나 방광암 등으로 수술을 받았거나 각종 사고 등으로 인공배뇨관에 의존해 정상적인 배변기능을 상실해서 발생된다. 장루 · 요루 장애인은 대변이나 소변 조절 능력이 없어 수시로 배설이 이루어져 신체에 부착하는 보조장치를 이용하여 관리하므로 일상생활에서 냄새 등 여러 가지 문제점으로 주변 사람과 당사자가 불편함을 겪을 수 있다. 이로 인해 대인관계에 어려움을 가질 수 있으며, 취업 등 사회적 활동에 어려움을 갖고 일상생활에 지장을 받는다. 이들 장루 · 요루 장애인의 경우 대부분 중년 · 고령층 이상인 경우가 많다. 장루는 대장과 직장을 완전히 드러내 그 기능이 상실되게 되는 회장루와 대장 중 어느 방향을 절제하느냐에 따라 상행결장루, 하행결장루, 횡행결장루, S자형 결장루로 나누어진다.

인공배변의 가장 큰 취약점은 당사자들의 의지와 상관없이 분비물이 나온다는 점이며, 이로 인해 배뇨 주머니를 자주 바꿔주어야 하고, 분비물 냄새로 대인기피증까지 갖게 된다는 점이다. 장루장애인들이 정상적인 직장생활을 하기는 매우 힘들며, 무리한 일은 절대 금물인 장루장애인을 고용하는 것을 사업주들이 기피하고 있다. 가장 큰 어려움은 의료비 지출 문제로서 장루 관리에 필요한 보장구 비용 부담이 크다.

(2) 장애판정 및 등급

장루 · 요루장애인의 장애판정은 의료기관의 외과 전문의(요루는 비뇨기과 전문의)에 의해 이루어지며, 원인 및 질환 등에 관하여 충분히 치료한 뒤에도 장애가 고착(복원수술이 가능한 경우 1년 이상 경과)되었음을 장루조성술 시의 수술기록지, 병리소견서, 진단서, 의료기록 등으로 확인하여야 한다.

판정시기는 복원수술이 불가능한 장루(복회음절제술 후 S결장루, 전대장절제수술 후 시행한 말단형 회장루, 요관피부루, 회장도관 등)의 경우에는 장루조성술 이후 진단이 가능하며, 그 외 복원수술이 가능한 장루의 경우에는 장루조성술 후 1년이 지난 시점에서 장애를 진단한다. 장애인 등록 이후 매 3년마다 재판정을 받아야 한다. 다만, 2회에 걸친 재판정에서 최초 판정 시와 동급판정(최초 판정을 합하여 3회에 걸쳐 동급 판정)을 받은 경우에는 이후의 의무적인 재판정에서 제외할 수 있다.

〈표 2-17〉 장루 · 요루장애 등급기준

장애정도	장애상태
장애의 정도가 심한 장애인	1. 장루와 함께 요루 또는 방광루를 가지고 있으며, 그중 하나 이상의 루에 합병증으로 장피누공 또는 배뇨기능장애가 있는 사람 2. 장루 또는 요루를 가지고 있으며, 합병증으로 장피누공과 배뇨기능장애가 모두 있는 사람 3. 배변을 위한 말단 공장루를 가지고 있는 사람 4. 장루와 함께 요루 또는 방광루를 가지고 있는 사람 5. 장루 또는 요루를 가지고 있으며, 합병증으로 장피누공 또는 배뇨기능장애가 있는 사람
장애의 정도가 심하지 않은 장애인	1. 장루 또는 요루를 가진 사람 2. 방광루를 가지고 있으며, 합병증으로 장피누공이 있는 사람 3. 방광루를 가진 사람

출처 : 보건복지부(2023). 장애정도판정기준.

6) 뇌전증

(1) 원인과 특성

뇌전증은 간질에 의한 뇌신경세포의 장애로 인하여 일상생활 또는 사회생활을 하는 데 상당한 제한을 받아 다른 사람의 도움이 필요한 사람이다. 뇌전증은 발작이 언제든지 재발할 수 있는 만성적인 질병상태를 말한다. 만성적인 뇌전증에 대한 적극적인 치료에도 불구하고 월 8회 이상의 중증발작이 연 6회 이상 있고 이로 인해 협조적인 대인관계가 현저히 곤란한 사람이 해당된다. 직접적 원인으로는 발작, 뇌손상을 들 수 있으나 유전적 요인 등의 입증이 어려운 원인불명인 경우가 많다.

뇌전증은 발작으로 인해 뇌 기능이 일시적으로 정지되는 증상이 계속되는 경우 뇌 전체에 나쁜 영향을 미쳐 학습장애, 기억력, 집중력, 지능 저하와 사회적응능력 저하를 유발하기도 하지만, 정신병에서 볼 수 있는 심인성 병리기전은 없으며, 나타나는 행동이상의 상태도 정신병과 다르다. 다만, 발작이 언제든 재발할 수 있는 만성적 질병상태이다. 갑자기 허공을 응시하고 몸의 일부 또는 전체를 뒤틀고 정신을 잃으면서 온몸을 뒤흔드는 갑작스러운 행동변화를 보이기도 한다. 뇌전증의 경우 발생 연령이 다양하고 증상이 주기적으로 나타나지 않는 경우가 많아 경제활동 연령층이라 할지라도 취업이 어려움이 크며, 특히 간질에 대한 부정적 인식이 잔존하여 사회생활에도 큰 불편을 겪는 장애로서 등록률도 높지 않은 장애이다.

〈표 2-18〉 뇌전증 등급기준

장애정도	장애상태
장애의 정도가 심한 장애인	1. 만성적인 뇌전증에 대한 적극적인 치료에도 불구하고 월 8회 이상의 중증발작이 연 6회 이상 있고, 발작을 할 때에 유발된 호흡장애, 흡인성 폐렴, 심한 탈진, 두통, 구역, 인지기능의 장애 등으로 심각한 요양관리가 필요하며, 일상생활

	및 사회생활에 항상 타인의 지속적인 보호와 관리가 필요한 사람 2. 만성적인 뇌전증에 대한 적극적인 치료에도 불구하고 월 5회 이상의 중증발작 또는 월 10회 이상의 경증발작이 연 6회 이상 있고, 발작을 할 때에 유발된 호흡장애, 흡인성 폐렴, 심한 탈진, 두통, 구역, 인지기능 장애 등으로 요양관리가 필요하며 일상생활 및 사회생활에 수시로 보호와 관리가 필요한 사람
장애의 정도가 심하지 않은 장애인	1. 만성적인 뇌전증에 대한 적극적인 치료에도 불구하고 월 1회 이상의 중증발작 또는 월 2회 이상의 경증발작이 연 6회 이상 있고, 이로 인하여 협조적인 대인관계가 곤란한 사람 2.. 만성적인 뇌전증에 대한 적극적인 치료에도 불구하고 월 1회 이상의 중증발작 또는 월 2회 이상의 경증발작이 연 3회 이상 있고, 이로 인하여 협조적인 대인관계가 곤란한 사람

출처 : 보건복지부(2023). 장애정도판정기준.

(2) 장애판정 및 등급

뇌전증은 장애인등록 직전 6개월 이상 진료한 의료기관에서 근무하는 신경과 · 신경외과 · 정신과 · 소아과(소아의 경우만) 전문의에 의해 판정이 가능하며, 장애진단을 하는 전문의는 원인 질환 등이 3년이 경과하고 2년 이상의 지속적이고 적극적인 치료 후에도 장애가 고착되었음을 진단서, 소견서, 진료기록 등으로 확인하여야 한다. 판정 시기는 원인 및 질환 등에 관하여 충분히 치료하여 장애가 고착되었을 때에 진단하며, 그 기준 시기는 현재의 상태와 관련하여 최초 진단 이후 3년이 경과하고 2년 이상의 지속적이고 적극적인 치료를 받음에도 불구하고 호전의 기미가 거의 없을 정도로 장애가 고착되었을 때 장애를 진단한다. 장애인 등록 이후 성인은 매 3년마다, 18세 미만은 매 2년마다 장애등급을 재판정한다. 다만, 2회에 걸친 재판정에서 최초 판정 시와 동급판정을 받은 경우에는 이후의 의무적인 재판정에서 제외할 수 있다.

뇌전증의 약물치료나 수술치료 등에 의해 치료가 가능한 경우도 있으나 장애판정이 가능한 경우는 난치성 간질이라 할 수 있다. 다만, 뇌전증의 판정에 어려움이 있는 것은 과거 치료기록이 없거나 중증발작(전신경련을 동반하는 발작, 신체의 균형을 유지하지 못하고 쓰러지는 발작, 의식장애가 3분 이상 지속되는 발작)을 증명할 수 없을 때, 발작의 빈도를 측정할 수 있는 방법 등의 문제가 남아있는 장애유형이다.

Chapter

03

장애인의 재활

Chapter 03

장애인의 재활

1. 재활의 개념과 의의

1) 재활의 개념

재활이란 장애인이 한 사람의 사회인으로서 생활하기 위해 필요한 욕구를 충족시킬 수 있도록 도와주는 다양한 지원체계라고 할 수 있다. 재활이라는 용어는 1943년 미국에서 처음 사용되었으며, 이는 장애로 인하여 손상된 장애인들의 권리, 능력, 인간 존엄성의 회복을 내포하고 있다. 그러므로 재활의 목적은 단순히 장애의 치료와 훈련 등과 같이 단편적인 것이 아니고, 자아실현과 인간 존재의 가치 실현이라는 전인적이며, 총체적인 개념으로 해석된다. 1976년 세계보건기구는 재활을 의료적 · 사회적 · 직업적 · 교육적 조치를 사용한 훈련과 재훈련을 통하여 개인의 기능적인 능력이 최고로 발휘될 수 있도록 하는 것이라고 정의했다.

재활의 이념은 인간에 대한 세 가지 기본 원리를 포함하고 있는데, 첫째는 모든 인간은 기회균등이 보장되어야 한다는 것이며, 둘째는 인간은 전인격적 존재라는 것이며, 마지막은 인간은 독특한 개별화된 존재라는 것이다. 이와 같은 원리를 기초로 하는 재활은 전인격체이며 개별화된 존재인 인간을 대상으로 그들의 잠재력을 최대한 살려 사회 구성원으로서 자립할 수 있도록 지원하는 것이다. 이러한 재활의 목적을 달성하기 위해 선행되어야 할 것은 연관된 체계 아래 장애인을 다양한 각도에서 전인격적인 관점으로 진단, 평가하고 그 결과에 의한 재활계획 프로그램을 실시하는 것이다. 즉, 재활은 한 분야의 전문가에 의해 이루어지는 것이 아니라, 관련된 여러 분야의 전문가들이 하나의 일관되고 연관된 체계 아래 개인의 진단과정에서부터 재활 완료 단계까지 실시되어야 할 것이다.

2) 재활의 의의

장애인 재활의 중요성은 UN이 범세계적 관심을 선도해 온 각종 권리선언에서 찾아볼 수 있다. 1948년 선포한 '세계인권선언'을 근거로 하여 1970년 '장애인 재활 10년 선언'과 1972년 '정신지체인 권리선언'에 이어 1972년 '신체장애인 권리선언'이 있었다. 뒤이어 1981년은 UN이 선포한 '세계장애인의 해'였고, 이에 따른 향후 '10년 행동계획'이 채택된 바 있다. UN의 장애인 인권 관련 선언 및 재활계획의 의미는 크게 나누어 장애인의 존엄성 존중, 생존권 보장, 사회적 접근권 보장, 그리고 기회균등권 보장 등으로 구분해 볼 수 있다.

현대적 의미에 있어 장애 문제는 장애를 지닌 개인이 소속된 문화적 · 환경적 영향을 떠나서는 해석될 수 없다. 장애의 정도를 가늠하는 척도 역시 개인이 속한 환경적 영향에 의존하기 때문이다. 장애인이 모든 면에서 접근 가능한 공동 복지사회의 구축은 반드시 장애인에게만 유리한 것이 아니다. 이러한 사례는 모든 사람들을 재활복지 환경으로 안내할 뿐 아니라 동시에 인간답게 해주는 사회 · 심리적 만족감을 더해줌으로써 국가는 관련된 정책을 입안하고 실행할 의무를 지닌다(W. L. Heward, 1995).

미국은 과거 전장애아교육법 P.L. 94-142(1975)를 개정하여, 장애아동교육을 0세까지로 하향하도록 한 P.L. 99-457(1986)을 공포함으로써 실제 장애예방 및 보상교육을 위한 재활의 개념을 강화하는 것과 동시에 장애 영유아 개별 가족교육 프로그램을 의무화하였다. 이어서 1990년에는 장애인법(IDA : Individuals with Disabilities Act)을 제정하여 장애를 지닌 미국인은 누구나 그 개인에게 요구되는 모든 사회적 편의와 교육, 재활은 물론 개개인이 필요로 하는 이동 및 교육의 선택적 필요성까지도 충족될 수 있도록 조치하였다.

이어서 1997년에는 장애인교육법의 개정법률인 P.L. 105-107(Individuals with Disabilities Education Act Amendments of 1997)을 선포하여 아동발달의 최대 가능성을 국가가 보장하고자 하였다. 이러한 구체적 법 제정은 장애인과 그 가족들에 대한 기본적 삶의 질을 사회공존권 차원에서 보장해 주는 것이나, 우리나라의 경우는 아직은 이와 상이하다. 즉, 우리나라 헌법 제34조에 "모든 국민은 인간다운 생활을 할 권리를 가진다"라고 명시하고 있으므로 장애를 지닌 국민이나 그 영향권 내의 가족들을 위한 구체적 대안을 제시하는 것은 국가적 의무이다. 그러나 현실적으로 이에 상응하는 구체적 조치는 지금껏 거의 찾아볼 수 없다. 말하자면, 장애인 가족들의 사회 · 심리적 안녕을 배려하는 정부주도형 재활 프로그램 운영에 대한 정책적 조치나 연구결과는 크게 미흡한 것이 사실이다.

일반적으로 장애아동을 위한 장기간의 교육 및 경제적 부담은 학령기 이전의 장애 가능 영유아들에 대한 조기발견 및 조기개입으로 반감될 수 있다. 물론 조기개입은 조기발견 여부에 달린 문제이다. 그러나 조기발견이 중재적 차원의 재활을 전제하는 경우에만 유익한 조치가 된다는 사실은 이미 1979년 유네스코 특수교육전문가 회의의 정책사항으로 제안된 바 있다.

한편 장애아동교육의 흐름은 오래전 수용시설의 분리교육으로부터 탈수용화의 시대에 대두되기 시작한 주류화 교육 개념을 선두로 완전한 경제적 기회균등과 사회 · 교육적 복지개념으로 발전되고 있다. 미국을 중심으로 주류화 개념에 뒤이어 논의되기 시작한 통합교육의 개념은 장애로 인한 교육적 분리가 곧 차별화이므로 사회 · 심리적 차별화 부담을 종식시킴으로써 차별에 대한 보상이 가능할 수 있다는 대체 철학을 내포하고 있다.

최근 미국의 개정 장애아교육법(P.L. 105-107, 1997)의 경우 장애아동에 대한 격리수용의 환경 아래에서도 필요한 재활 및 특수교육 서비스의 동시 실행이 의무사항으로 추가되었다. 이러한 조치는 장애아동교육의 흐름이 아동이 지닌 교육받을 모든 권리를 충족시킴으로써, 장래 독립된 납세자로서의 개인적 복지를 가능하게 하려는 미래 지향성에 기초하고 있음을 알 수 있다. 즉, 장애를 지닌 아동교육의 원칙이 공교육의 책임과 사회적 기회균등의 차원에서 논의되어야 한다는 단일 포괄 교육개념으로 발전됨을 알 수 있다. 이와 비교해 볼 때 우리나라는 1997년 재개정된 특수교육진흥법의 경우에도 특수교육 대상자가 유치원 과정에 취학할 경우에는 다만 무상교육에 해당하므로, 초등 및 중등과정의 의무교육과는 다른 방향으로 나아가고 있다. 이는 장애의 조기발견 및 재활을 위한 조기개입에 대한 중요성이 미래 지향적으로 충분히 고려되지 않았다는 논란의 여지를 남기고 있다.

2. 재활이론

재활이론은 장래를 장애인 개인의 문제로 인식하고 장애를 의학적인 관점에서 인식하는 것으로 거슬러 올라가는데, 이 이론은 장애인을 치료하고 훈련함으로써만 사회에 복귀할 수 있다고 보는 이론이다. 재활에 관한 이론들은 결국 장애 문제를 해결하기 위해서 변화되어야 할 것이 사회적인 부문이 아니라 장애인 개인이라고 주장하는 것이다. 장애인은 장애 문제를 극복하기 위해 여러 분야에 있는 전문가 집단의 지시나 조언을 따라야 하며, 장애인은 환자나 클라이언트의 역할을 잘 수행하도록 요구하는 이론이다. 이러한 견해는 비장애인은 정상이고 장애인은 비정상으로 보는 것으로 비정상을 가능한 한 교정하여야만 한다고 생각하는 경향이 있다. 결국 이러한 정의에 의하면, 장애인은 늘 치료의 대상이 되는 완전치 못한 사람으로 여긴다. 재활에 관한 이론들은 의학적, 심리학적, 사회학적 측면이 있으며, 이들에 관한 설명은 다음과 같다.

1) 의학적 측면

의학적 측면은 장애인의 재활을 목적으로 하는 의료적 관점에서 형성되었다. 장애인을 위한 모든 서비스 체제는 재활에 초점을 두고 주로 의사, 물리치료사 등의 전문가 집단의 진단과 처방에 따라 재활계획이 수립된다. 이는 장애인의 심리적인 문제나 정신적인 고통의 원인이 장애 자체라고 주장하며, 장애를 의학적으로 극복할 수 있게 되면, 심리적 · 정신적인 문제도 함께 해결된다고 인식한다. 이에 따라 장애인에게 필요한 의료적인 간호, 처치, 물리치료 등 장애 해결을 위한 다양한 방안들이 시도되었다.

그러나 차츰 의학적인 측면에서의 재활의 한계가 표면화되기 시작하였고, 대부분 장애인들은 의학적으로 손상 전의 상태로 회복되는 것은 불가능하며, 또한 의학적으로 회복되어도 여전히 심리적 · 정신적 문제를 지니고 있어 손상 전의 상태로 회복되지 않는 경향이 있다. 이는 결국 장애 자체의 제거로 재활이 보장되지 않는다는 점을 자각시켜 주는 것이고, 완전한 재활을 위해서는 심리적 · 정신적 · 사회적 측면에서의 치료가 상호보완적으로 이루어져야 한다는 것을 말해준다.

2) 심리학적 측면

의학적인 측면에서의 재활의 한계는 장애인의 심리적 갈등이 단지 장애 자체로 인한 것일 뿐만 아니라 다른 요인들도 상호 영향을 미친다는 것을 시사한다. 역동심리학 이론에 영향을 받은 재활 전문가들은 재활에 실패한 사람들을 비동기화된 사람(unmotivated-person)이라고 표현하면서 재활의 동기에 관한 개념을 소개하였다. 이를 기점으로 의학적으로 회복이 되었으나 재활에 실패한 사람들에 관한 연구가 시작되었으며, 실제 상황에서는 장애인의 비동기화가 아니라 동기의 차단이 문제임을 밝혀내면서 장애 문제에 대한 새로운 이해와 개념 정리의 필요성을 인식하기 시작했다.

심리학적 측면에서는 행동주의 이론이 장애인의 문제해결 방안을 제시한 이론으로서 조작적 조건화(operant condition)가 기본 개념이다. 이 관점에 의하면, 바람직한 장애인의 행동을 정의하고 이러한 행동이 나타날 수 있도록 조건들을 강화해 주는 것으로서, 조작적 방법에 의하여 장애로 인한 심리적 고통을 없애려는 치료 프로그램의 개발을 강조한다. 최근 대두되고 있는 행동주의 이론은 재활과정에서 장애인 내면의 심리적 측면을 중심으로 장애인이 스스로 주체의식을 가지고 참여하는 것이 필요하며 이 과정에서 전문가의 협조와 상담이 필요하다는 것을 강조하고 있다.

최근 장애인의 재활이 효과를 거두기 위해서는 생태학적 측면에서 가족의 역할과 기능을 강조하고 있다. 이러한 경향이 대두된 배경은 다음과 같다. 대부분의 현대인들은 정신건강에 대하여 상당한 관심을 보이고, 심리적 스트레스를 해결하려고 한다. 특히 이러한 복잡한 사회에서 가족은 심리적 스트레스를 해결하고 정신건강을 유지시켜 줄 수 있는 '충격흡수장치'로서의 역할을 수행하고 있다. 따라서 장애인 가족의 경우에는 이러한 가족의 충격흡수장치로서의 역할은 더욱 강화해야 할 필요성이 절실하다. 이러한 역할을 효과적으로 수행하기 위해서는 장애인과 그 가족 구성원들의 심리적 스트레스를 최소화시키는 작업도 우선되어야 한다. 왜냐하면, 이들의 스트레스 수준은 장애인의 치료교육 및 재활에 직접적인 영향을 미치며, 더 나아가서는 장애인의 전반적인 정신건강 유지에 중요하기 때문이다.

현재까지의 대부분 선행연구들은 장애인에게 관심이 집중되어 있었으나, 실제 장애인 가족의 문제에 관심을 갖기 시작한 때는 1970년대부터이다. 장애인을 위한 각종 사회정책이 강화되고, 집단수용기관보다는 가정환경 속에서의 장애인 재활이 최선책이라는 이론의 도입과 더불어 관심 있는 연구가 이루어지기 시작하였다. 특히 재활의 효과를 고려할 때 장애인 가족의 역할에 대한 중요성이 부각되면서, 장애인과 그 가족 구성원들이 겪는 심리적 고통에 대한 구체적인 연구결과들이 제시되었다. 실제로 장애인이 속해 있는 가족 구성원들의 숫자는 장애인보다 더 많을 것이므로 이들이 겪는 스트레스에 대한 연구는 사회적인 측면에서도 상당한 의미가 있으며, 더욱이 장애인의 숫자는 매년 증가추세에 있으므로 중요한 사회문제로 심층 논의될 필요가 있다.

장애인의 출현으로 인하여 야기되는 여러 가지 어려움으로 배우자, 부모, 형제, 자녀 등을 비롯한 가족 구성원들은 정상적인 일상생활을 영위하는 데 상당한 장애를 경험하게 되므로, 이들도 넓은 의미에서는 장애인으로 간주될 수도 있다. 장애인을 돌보고 치료 · 교육을 시키는 데 투여되는 시간과 경력, 그리고 다중 역할이 가져다주는 심리적 스트레스는 다른 가족관계 및 이웃, 사회적 대인관계에 부정적인 영향을 끼치게 된다. 실증적 조사에 의하면(서혜영, 1991), 장애아동 어머니를 대상으로 우울증 검사를 한 결과 대상자의 약 60% 이상이 약한 우울 증상을 나타내고 있다고 지적하였다. 또 다른 연구(배광웅 · 송상천, 1985)에서도 장애아동 부모는 정상아 부모에 비하여 높은 스트레스를 나타내고 있으며, 심리적으로 무기력감, 죄책감, 수치심 등의 심리적 고통을 겪는 동시에 소화불량, 고혈압, 신경성 질환 등의 신체적 고통도 함께 경험하고 있는 것으로 나타났다. 그러므로 장애인 가족의 스트레스가 비장애인 가족에 비하여 상당히 높은 것을 알 수 있으며, 이러한 스트레스 정도는 부모의 사회인구학적 배경변수와도 상당한 관련이 있는 것으로 확인되고 있다.

3) 사회학적 측면

사회학적인 측면에서의 재활에 관련된 이론으로 프라이드슨(E. Freidson)의 병자이론과 세필리오스 - 로스차일드(Safilios-Rothschild)의 재활역할이론이 있다. 프라이드슨의 '병자이론'은 병이 있는 사람은 병자의 역할을 수행해야 한다는 이론으로서 병자인 사람은 사회적인 역할 수행에 대한 기대가 소멸되며, 수행해야 할 모든 일상적인 일들로부터 질병이 회복될 때까지 면제된다. 장애인은 일시적인 질병으로 인한 일반적인 병자와는 달리 대부분 만성적인 장애상태로 인해 병자 역할(sick role)의 지속과 함께 의존성을 오랫동안 경험하게 된다. 이러한 상황은 장애인이 스스로 문제해결을 위한 적극성을 저하시키고 문제대처 능력을 약화시키며, 결국 자립할 수 있는 재활의 기회를 제한하게 된다. 병자이론은 장애인들이 자신의 의지로 재활할 수 있음을 기대하는 것이 아니라 장애인이 재활하기 위해 전문가의 도움을 찾고 도움을 기대하는 것을 의미한다.

'재활역할이론'은 신체의 손상을 입은 개인이 환경과 자신의 장애 상태를 점진적으로 이해하고 이를 현실로 받아들이고 더 나아가 이와 같은 조건 속에서 문제를 해결하는 방안을 제시한다. '재활역할이론'은 장애인의 잔존하는 능력의 극대화 정도와 관련이 있다. 이 이론 역시 장애인은 전문가들의 도움을 받아 재활의 새로운 방법을 조성하고 개선하려는 노력을 해야 한다면서 장애인의 재활에 관한 태도에 초점을 두고 있다.

앞에서 지적한 것과 같이, 재활이론의 공통점은 신체적 · 정신적인 장애를 가진 개인이 장애 문제의 책임을 지며, 재활을 위하여 재활전문가에 의한 재활 프로그램에 의존한다는 것이다.

3. 재활의 과정

재활과정은 연속적이고 역동적이며 총체적인 과정이다. 전통적으로 의료분야, 교육분야, 직업분야, 사회 및 심리 분야의 재활은 각각 독립적이고 전문적인 성격이 강하나 장애인을 대상으로 한 재활에 있어서는 유기적이고 상호보완적인 관계에 있다. 재활과정은 어떤 기관이나 시설을 통하여 검사받고 치료받는가에서부터 어떻게 사회생활에 적응해 나가는가 하는 방법을 습득하는 하나의 체계이다. 이러한 재활 과정은 일련의 연속적인 과정이므로 장애인과 재활 프로그램에 대한 지속적인 평가가 이루어져야 한다. 체계적인 재활 과정에 따라서 재활 프로그램을 실시해야만 효과적인 재활이 이루어질 수 있다.

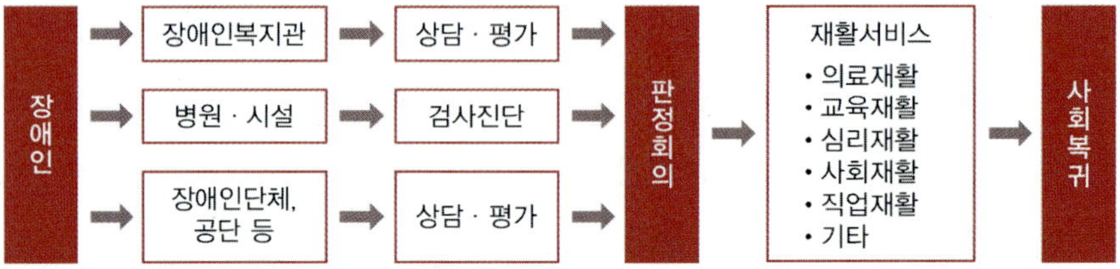

|그림 3-1| 재활의 과정

장애인이 재활서비스를 받기 위해서는 예비진단과 세부진단 과정을 거치는데, 예비진단은 재활서비스를 받기에 적절한지 여부를 결정하며, 취업에 곤란을 야기할 장애를 수반하고 있는지의 여부와 재활서비스를 제공함으로써 일반적인 건강상태에 대한 검사를 포함한다. 세부진단 연구는 어떤 재활서비스가 필요할 것인지를 결정할 목적으로 실시한다. 이와 같은 종합평가는 작성된 서류에 의해 재활전문가와 장애인이 공동으로 작성하는 일련의 재활계획서라 할 수 있다.

1) 의료적 평가

신체의 기능적 한계나 장애를 판별하는 것으로 장애 조건을 해소 또는 감소시키거나 장애인의 능력과 한계를 개선시키고 재활서비스를 가장 적절하게 제공할 방법을 결정하는 데 이용한다.

2) 심리적 평가

장애인의 비신체적 능력과 한계를 규명하고 개별화된 재활 프로그램의 작성과 서비스 결정에 영향을 주는 장애인의 태도, 관심, 성격 등을 판별한다.

3) 사회적 평가

장애인의 사회적 내력에 대한 평가로 학력, 가족, 직업경력, 경제적 조건 등에 대한 정보를 파악하는 것으로 개인의 배경과 환경을 이해한다.

4) 직업적 평가

장애인의 직업적 태도나 능력을 사정하는 것으로 과거 직업경력, 직업습관, 직업에 대한 관심과 태도를 확인한다.

5) 교육적 평가

장애인의 학습경험과 능력을 확인함으로써 그의 태도, 지식, 기술 등을 이해한다.

Chapter

04

지역사회재활

1. 지역사회 중심 재활교육
2. 지역사회 중심 재활 프로그램
3. 지역사회 중심 재활사업 실천
4. 지역사회 중심 재활시설의 종류와 기능

Chapter 04

지역사회재활

1. 지역사회 중심 재활교육

1) 개념과 배경

지역사회 중심 재활(CBR : Community-based Rehabilitation)은 장애인이 속해 있는 지역사회 내의 인적 · 물적 자원을 개발 · 활용하여 그들의 기본적인 문제를 해결해 줌으로써 삶의 질을 향상시키고 사회통합을 도모하는 것을 말한다. 이를 위해 장애인 본인과 그의 가정, 지역사회를 중심으로 서로 협력하는 것이 필요하다.

그러므로 지역사회 중심 재활담당자는 지역사회재활 프로그램과 관련하여 장애인 재활의 개념을 정립하고 중요성을 규명하여 지역사회재활 서비스 제공에 필요한 가치와 이념을 토대로 재활기술을 습득하여 현장에서 실시 가능한 재활 프로그램을 개발하고 수행할 수 있는 능력을 갖추어야 한다. 또한 재활 프로그램을 활성화하고 효율적으로 추진하여 장애인의 사회통합을 도모하며, 장애인과 비장애인이 지역사회에서 함께 더불어 살아갈 수 있도록 돕는 역할을 한다.

과거에는 보호를 요하는 사람들에게 재활이 필요한 것으로 인식되어 시설중심 재활(IBR : Institution-based Rehabilitation)을 통해 요보호 장애인들을 사회생활의 주류로부터 분리시키는 결과를 초래하기도 하였다. 그러나 점진적으로 IBR이 지니고 있는 제한점을 인식하면서 세계보건기구에서는 지역사회 중심 재활인 CBR의 개념을 강조하고 적절한 접근법을 개발하기 시작하였다. 그 결과 장애 예방과 재활이 요보호 대상자를 포함한 인류 차원에서의 건강이라는 개념을 도입하기에 이르렀다.

세계보건기구(WHO)가 1976년에 제시한 지역사회 중심 재활의 기본 원칙을 살펴보면 다음과 같다(양점도 외, 2015 : 264).

① 재활의 주체는 장애인 자신과 그 가족이다.

② 지역사회 주민에게 그 지역사회 내의 장애예방 및 이미 발생된 장애인의 재활에 대한 올바른 이해와 중요성을 인식시키고 자립과 재활의 책임의식을 갖도록 한다.

③ 지역사회 내의 가능한 인적 · 물적 자원을 최대한 동원한다. 장애인 본인과 그 가족 및 친지 그리고 지역사회 주민에게 재활훈련을 통해 재활요원화 한다.

④ 기존의 재활서비스 전달체계에 통합되어 수행되는 것이 좋다.

⑤ 지역사회의 경제적 · 사회적 수준에 적합하며 저렴한 비용으로 할 수 있는 재활 기술과 방법을 활용하도록 권장함으로써 재활 전문가의 역할을 분담하고 스스로 문제를 해결할 수 있는 기회를 제공한다.

⑥ 보건, 사회복지, 교육의 재활서비스 전달체계 구축 및 통합으로 지역사회 중심의 재활을 발전시킨다.

⑦ 지역사회에서 해결하기 어려운 문제는 2차, 3차 기관으로 의뢰할 수 있는 후송 의뢰체계가 필요하다.

2) 지역사회의 인적 · 물적 자원

지역사회 중심 재활 프로그램을 적용하는 데 있어서 인적 · 물적 자원의 양 및 종류, 활용방법 등을 파악하는 것은 매우 중요하다. 인적 자원의 양에 대한 파악은 프로그램 적용에 있어서 현재의 인적 자원을 활용하는 것으로 충분한지, 부족하다면 어느 정도의 인적 자원이 더 필요한지에 대해 인지할 수 있다. 인적 자원의 종류에 대한 평가는 기존의 인적 자원을 활용할 것인지 아니면 새로운 인적 자원으로 구성할 것인지, 만약 새로운 인적 자원이 필요하다면 어떤 기준에 의해 선별할 것인지를 포함한다.

인적 자원의 효과적인 활용방법은 무엇이며, 훈련받지 않은 인적 자원을 투입할 경우 문제점이 발생할 소지는 없는지, 만약 그럴 가능성이 있다면 어떤 부분에서 발생할 수 있으며 그 문제를 해결할 방법은 무엇인지에 대해 알 수 있다.

물적 자원에 대한 평가는 자금의 비중 및 조건, 정부의 지원 여부, 자금의 변동 등을 포함한다. 재활 프로그램에 투입될 자금의 비중과 자금 출처가 다양할 경우 각 출처가 전체 재원에서 차지하는 비율은 어느 정도인지 그리고 재원의 요구조건은 무엇이며 재활 프로그램의 운영 및 목표달성에 호의적인지를 평가할 필요가 있다. 그리고 정부의 재정지원이 필요한 활동이나 기능이 있는지의 여부와, 만약 있다면 그러한 활동이나 기능이 정부의 재정지원을 정당화시킬 수 있을 만큼 사회적 편익과의 관련성은 충분한지에 대해서도 평가해야 한다. 자금의 변동에 대해서는 재활 프로그램을 운영하는 과정에 예산상의 변동이 발생하지 않았는지 만약 발생했다면 왜 그런 변동이 발생했는지, 그러한 변동이 다른 프로그램에 미치는 영향은 무엇인지에 대해 알아야 한다.

3) 교육내용

지역사회 중심 재활 교육내용을 설정할 때 유의할 점은 교육의 수혜대상은 어떤 집단이며 내용은 무엇인지에 대한 것이다. 교육적용 대상집단 가운데 어느 정도가 혜택을 받을지, 그리고 그들이 받게 될 재활의 편익은 무엇인지를 평가해야 한다. 실질적으로 교육내용을 결정하고 실시하는 목적은 대상집단에게 필요한 재활서비스를 제공하기 위함이므로 이 부분에 대한 고려는 교육효과에 대한 평가와 같은 성격을 띤다고 볼 수 있다.

교육내용에 대한 평가는 첫째, 제공된 교육서비스와 목표에 규정된 서비스가 일치하는지, 만약 일치하지 않고 차이가 있다면 왜 그런 차이가 발생하는지를 밝혀야 한다. 둘째, 제공된 교육서비스가 대상집단의 욕구나 특성이 반영된 적절한 것인지 그리고 그러한 서비스가 적절한 시기에 제공되는지를 파악해야 한다. 이러한 점들을 고려하여 제공할 재활교육의 내용은 다음과 같다.

① 지역사회 중심 재활사업의 개념 및 중요성

② 장애별 증상, 예방 및 관리방법 교육

③ 재활 실무, 재활간호기법

④ 지역사회 자원개발 및 활용방법

⑤ 재활사업 운영사례 및 프로그램 적용 등

2. 지역사회 중심 재활 프로그램

1) 개념 및 특징

지역사회가 중심이 되어 실시되는 재활 프로그램의 목적은 장애인들이 지역사회 내에서 인적·물적 자원을 활용하여 장애인 자신과 그 가족 및 지역사회 구성원을 위해 가능한 방법들을 통해 최대한의 재활 목표를 이루고 지역사회와 통합하는 것이다. 이러한 지역사회 중심 재활 프로그램의 개념과 특징은 다음과 같다.

먼저 지역사회 중심 재활 프로그램의 개념적 정의를 보면, 첫째, 지역사회 주민들에게 장애인 및 재활에 대한 올바른 이해를 증대시키고 생활에 대한 공동 책임의식과 지역사회 통합정신을 고취시키며 자조자립의 의지와 능력을 강화한다.

둘째, 장애인 본인과 그 가족 및 지역사회 주민들에게 훈련을 통해 재활에 필요한 전문요원으로 교육시킴으로써 인적 자원을 확보한다.

셋째, 지역수준에서 받아들일 수 있고 전수해 주기 쉬우면서도 효과를 기대할 수 있는 재활기술과 방법을 활용하도록 권장함으로써 재활전문가와 역할을 분리 분담하고 스스로 문제를 해결할 수 있는 기회를 제공한다.

넷째, 재활서비스의 전달체계 구축 및 확대를 위해 지역사회의 기존 관련기관 및 단체 등의 조직과 그 하위 체계를 활용함으로써 국가적 차원에서 재정적 자원의 효용성을 극대화한다.

또한 지역사회 중심 재활 프로그램의 특징은 첫째, 장애인에 대한 지역사회의 인식을 증진하고 장애인의 권리를 인정하며 장애 예방과 재활에 대해 지역사회의 책임을 인식하게 된다.

둘째, 지역사회 내의 인적·물적 자원을 극대화하여 지역사회 전체가 재활훈련에 있어서 능동적 역할 및 기능을 보유하게 함으로써 지역사회 통합을 추구한다.

셋째, 특정한 지역사회의 상황에서 수용 가능하고, 재정적으로 감당할 수 있으며, 효과적인 방법 및 기술을 이용한다.

넷째, 가급적 1차 보건의료체계와 같은 기존 서비스 전달체계와 하부구조를 통합한다.

다섯째, 지역적으로 충족되지 못한 수요를 해결하기 위해 후송 의뢰체계와 보다 나은 성취를 위해 조정체계를 개발하여 적용한다.

〈표 4-1〉 시설중심 재활과 지역사회 중심 재활 비교

시설중심 재활(IBR)	지역사회 중심 재활(CBR)
• 목적 : 장애인 개인의 변화 • 의료중심의 서비스 실시 • 분산된 서비스 실시 • 서비스의 중앙집권화 • 제한된 자원 활용 • 고도의 기술수준에 의존 • 전문가 중심 • 지역사회 역할 미비 • 공급자에 의한 일방적 서비스 • 복지 지향적 서비스 • 개인의 최대 독립성과 기능 추구	• 목적 : 지역사회의 변화 • 장애인, 가족, 지역사회에 기술 이전 • 장애인, 가족, 지역사회 중심의 서비스 • 계획과 평가 과정에 지역사회 참여 • 문제해결적, 인간중심적 측면 강조 • 여러 부문의 통합된 서비스 제공 • 여러 부문의 다면적 접근 • 이용 가능한 자원을 활용한 현장 기술 사용 • 장애인의 욕구에 기반한 권리 지향적 서비스 • 간단한 기술에 의존 • 장애인의 적극적 참여 추구

출처 : 문선화 외(2008), p. 190 재구성.

2) 원 칙

지역사회 중심 재활은 다음과 같은 장점을 가지고 있다. 첫째, 지역사회 주민에게 재활에 대한 이해와 책임 의식을 고취시키면서 자조·자립의 의지를

강화한다. 둘째, 장애인의 재활을 위해 장애인뿐만 아니라 그의 가족 및 지역사회의 참여를 유도한다. 셋째, 장애인의 사회통합에 매우 효과적이다. 넷째, 지역 내 유휴 자원을 총동원하여 실질적인 서비스 능력과 영역을 확대함으로써 국가의 경제적 자원의 효율성을 제고한다. 마지막으로 비전문적 방법으로 재활 수요를 경제적으로 해결할 수 있다. 이러한 지역사회 중심 재활을 활성화하기 위해서 몇 가지 원칙을 살펴보면 다음과 같다.

첫째, 지역사회가 장애인을 인식하고 장애발생 예방과 재활사업에 앞장선다. 이는 보건 및 복지서비스의 1차적 책임이 지역사회에 있다는 원칙으로 지방자치제도의 실시와 맥을 같이한다.

둘째, 지역사회 내의 인적 · 물적 자원을 최대한 동원한다. 재활의 1차 주체인 장애인 본인과 가족, 친지, 이웃 사람들이 같이 재활훈련에 적극 참여한다.

셋째, 기존의 1차 보건의료 또는 복지서비스의 전달체계에 통합되어 이루어져야 하며, 새로운 전달체계의 정립은 많은 것을 고려해야 한다.

넷째, 지역사회에서 해결하기 어려운 문제는 2차, 3차 기관으로 의뢰할 수 있는 연계체계가 필요하며, 지역사회 내에서 보건, 사회복지, 교육, 직업훈련 및 취업의 서비스가 갖추어질 수 있도록 관계부서가 협력해야 한다.

3) 이 념

지역사회 중심 재활은 평등, 사회정의, 연대의식, 통합 그리고 인간의 존엄성을 기본으로 하는데, 그 내용을 살펴보면 다음과 같다(양점도 외, 2015 : 265-266).

(1) 평등

모든 인간은 태어나면서부터 동등한 가치를 가지며, 평등한 권리와 책임을 지닌 존재이다. 그러므로 재활 프로그램을 통해 장애인들의 능력을 강조하고 그들의 책임성과 권리를 증진하며, 평등하고 인간적인 기준의 제공을 통해 장애인의 인권을 존중하고 권한 증대를 도모한다.

(2) 사회정의

사회정의는 장애인들을 위한 서비스와 기회가 특정인에게 있는 것이 아니라 모두에게 제공되어야 한다는 것이다. 이를 위해 장애인들에게 최소한의 기본적 서비스가 제공되도록 노력해야 하며, 합법적 권리와 수단을 누리지 못하는 이유를 바로잡아야 한다.

(3) 연대의식

연대의식이란 여럿이 함께 무슨 일을 하거나 함께 책임을 지려는 의식으로 장애인과 같이 의존적일 수밖에 없고, 도움을 필요로 하는 사람들을 위한 활동이 자선이 아닌 권리로 인식되게 하는 사회적 노력이다.

(4) 통합

통합이란 한 지역사회 속에는 장애인이든 비장애인이든 모두 지역의 구성원으로 존재한다는 것을 전제한다. 그러므로 간혹 장애인을 특별하게 보거나 도움이 필요한 자, 소모적인 자, 더 나아가 사회로부터 분리되어 서비스나 정책의 도움을 받는 자로 인식하는 것이 아니라 지역사회 내에서 더불어 살아가는 존재로 인식하는 것이 중요하다.

(5) 인간의 존엄성

모든 생명체는 존엄한 삶을 영위해야 한다. 장애인들의 존엄성 역시 다른 사람들처럼 동등한 가치와 권리를 지니고, 보편적인 삶을 유지하며 살아갈 때 완전한 사회참여와 평등, 존엄성이 실현되는 것이다.

4) 프로그램의 주체와 객체

지역사회 중심 재활 프로그램의 주체는 프로그램을 설정하고 시행하는 기관으로서 지방자치단체, 지역사회 공공복지기관 및 민간복지기관, 그 외 비정부단체와 지역단체(NGO) 등이 포함된다. 프로그램의 주체를 정의하는 데 있어서 프로그램의 결정과정에 직접적으로 관여하는지 아니면 간접적으로 영향을 주는지에 따라 자원 배분의 범위와 내용이 달라질 수 있다.

즉, 프로그램 적용활동은 프로그램이 대상으로 삼은 문제, 그 목적의 지역적 이슈, 프로그램 결정 및 평가 등의 과정을 포함한다. 그러므로 문제의 인지와 관련문제가 지역적 이슈가 되는 과정과 프로그램이 형성되기까지는 민간단체나 기관, 지역주민, 이익단체, 그 외 비정부단체의 역할이 크다고 볼 수 있다.

프로그램의 객체는 프로그램이 적용되고 그러한 프로그램으로부터 혜택을 받는 대상(target group)이다. 프로그램의 대상을 일률적으로 규정하기는 어렵고 일반적으로 각각의 프로그램의 성격과 목적에 따라 그 대상이 정해지는 경향이 있으나 프로그램의 영역과 대상의 범위에 대해서는 다양한 견해가 존재한다. 적용 범위에 따라 규정하면 좁은 의미로는 보호가 필요한 장애인을 의미하지만, 넓은 의미로는 보호가 필요하지 않은 장애인들과 그 가족들 그리고 앞으로 장애위협을 받을 가능성이 있는 비장애인까지 포함하므로 어떻게 보면 모든 지역주민들이 객체가 될 수 있다. 그러나 넓은 의미에서 프로그램의 객체를 규정하는 것이 프로그램 대상의 범위를 확대함으로 인해 프로그램 형성과정에서 재활프로그램의 특성이나 지향하는 바가 퇴색될 수 있다.

또한 각각의 프로그램이 어떤 집단을 대상으로 할 것인가에 따라 내용과 그 내용을 뒷받침해 줄 배경이 달라야 하므로 프로그램의 적용대상을 명확히 규정할 필요가 있다. 장애인을 대상으로 실시하는 서비스에 대하여 시대적 변화에 따라 다음과 같은 관점의 변화를 볼 수 있다.

〈표 4-2〉 장애인 서비스에 대한 관점 변화

구 분	수용시설	탈시설화	지역사회 중심 재활
대 상	환자	대상자	시민
목 적	통제, 치료	행동의 변화	환경과 태도의 변화
세팅 환경	시설	그룹홈, 작업자, 특수학교, 특수학급	가정, 지역사회, 일반 학교
서비스 조직 방법	편의에 따라	연속적 선택지	개인 특성에 따른 특별한 지원체계
모델 유형	보호 감호, 의료적 모델	발달적 · 행동주의적 모델	개별화 지원 모델
제공 서비스	보살핌	프로그램	지원
서비스 계획	보살핌의 계획	개별화된 재활 계획	개인의 미래 계획
계획 결정의 통제권	전문가(의사)	학문 협동팀	개인
계획의 맥락	전문적 실행 기준	팀의 동의	지원망(network)
우선순위	기본적 욕구	기술 습득, 행동 조절	자기결정과 관계

출처 : 문선화 외(2008), p. 193 재구성.

3. 지역사회 중심 재활사업 실천

지역사회 중심 재활사업은 장애와 관련한 다양한 서비스(보건의료, 교육, 직업, 복지) 간에 통합된 단위(지역사회)를 중심으로 서로 협력체계를 강화하기 위한 대책이다. 또한 장애에 대한 사회의 인식과 태도를 변화시킬 뿐 아니라 지역사회 차원에서 장애발생의 모든 과정에 개입하여 장애발생 자체를 줄여나가고 장애를 최소화하여 사회 구성원 모두가 평등한 참여의 기회와 권리를 누리게 하는 데 그 목적이 있다. 즉, 모든 사람이 양질의 삶을 누리도록 하기 위한 사회적 대책이라고 할 수 있다. 이러한 지역사회 중심 재활사업을 실천하기 위한 기본 요소는 다음과 같다.

1) 지역사회에 존재하는 관련 서비스 연계

지역사회 중심 재활사업은 새로운 기구, 단체, 장비, 건물을 만들기보다 이미 존재하는 여러 관련 서비스의 전달체계와 협력체계를 개선하여 효과를 달성하도록 한다. 지역사회 중심 재활 프로그램을 위하여 새로운 조직이나 장비 및 건물을 만드는 것은 인적 자원과 재원의 낭비를 초래할 수 있으므로 보건의료나 복지담당 부서 등 기존 조직 사이에 협력체계를 구축하고 다양한 시각에서 장애인 문제에 초점을 두고 업무를 설정하는 것이 효율적이다.

2) 삶의 질 보장을 위한 장애 문제 검토

지역사회 내의 모든 사람들의 권리가 보장되고 삶의 질을 향상시키기 위한 대책의 하나로 장애인 문제가 검토되어야 한다. 그렇게 될 때 지역사회 중심 재활 프로그램이 지역사회 개발계획의 한 요소로서 자리매김이 가능해지고 지속성을 확보하여 장애에 대한 물리적 환경과 정신적 환경을 개선해 나갈 수 있다.

3) 장애인 스스로 참여

지역사회 내의 장애인 개인 또는 장애인 자조그룹이 참여하도록 한다. 즉, 장애인이 재활서비스 소비의 주체자로서 지역사회 재활 프로그램의 계획과 평가 과정에 주체적으로 참여하도록 한다.

4) 지역 내 가용자원 활용

지역사회 내의 가용자원을 활용하여 재활 프로그램이 운영되도록 한다. 지역사회 외부의 재원이나 인적 자원에 의존하여 프로그램이 운영될 경우에는 상황에 따라서 중단될 수 있으므로, 부족하더라도 지역사회 내에 존재하는 자원을 활용하여 프로그램이 운영되어야 한다.

5) 지역 내 축적된 기술 사용

재활서비스의 전달체계상 상위에 속하는 전문가에게 의존하기보다는 필요할 때 언제든지 손쉽게 이용할 수 있도록 하기 위해 지역사회 내의 축적된 기술을 사용하도록 하며, 그렇게 되기 위해서 재활 관련 전문지식의 많은 부분이 지역사회에 일반화된 기술로 전수되어야 한다.

6) 통합된 다면적 접근방법 시도

사회구조에 따른 보건의료, 교육, 직업, 복지 등 관련된 여러 부문이 조정위원회를 통하여 통합된 다면적 접근이 이루어져야 한다. 즉, 국가수준에서는 관련된 부처(교육부, 보건복지부, 고용노동부, 산업통상자원부, 중소벤처기업부 등) 사이에 조정위원회를 구성하여 통합 대책이 수립되어야 하며, 지방자치단체 수준에서도 관련 부서 사이에 의견조율의 역할을 할 수 있는 위원회가 운영될 필요가 있다. 이러한 여러 부문의 서비스가 지역사회 내에서 운영위원회를 구성하여 통합적으로 제공될 때 서비스가 단편적으로 제공되기보다는 장애인과 그 가족의 욕구에 기반을 두고 장애인의 입장에서 지역사회 수준의 수평적 통합이 이루어질 것이고, 총체적 서비스가 진행될 것이다.

7) 사회 인식과 태도 변화

지역사회 중심 재활 프로그램은 장기간에 걸쳐서 지속적으로 유지되어 궁극적으로는 장애에 대한 사회의 인식과 태도가 변화되도록 하여야 한다. 그렇게 하기 위해서 지역사회 차원에서 장애인 문제에 대한 책임의식을 갖도록 해야 하며, 관련 분야와 서비스 협력체계를 유지하고 장기적인 전략을 수립해 나가도록 해야 한다.

8) 운영 결정권은 지역사회에 위임

지역사회 중심 재활 프로그램의 운영이 지역사회 내의 지역위원회나 조정위원회를 통하여 이루어질 수 있도록 하기 위하여 결정권이 지역사회에 위임되어야 한다. 특히 국가수준이나 지방자치단체 수준에서는 지역사회를 지도·감독하되 결정권은 지역사회에 위임하여 지역사회가 책임감을 가지고 지속적으로 문제를 해결해 나갈 수 있는 분위기를 만들어야 한다.

4. 지역사회 중심 재활시설의 종류와 기능

장애인복지법 시행규칙 제41조 별표 4의 규정에 의한 지역사회 재활시설의 종류와 기능을 살펴보면 다음과 같다.

〈표 4-3〉 지역사회 재활시설의 종류와 기능

종 류	기 능
장애인복지관	장애인에 대한 각종 상담 및 사회심리 · 교육 · 직업 · 의료재활 등 장애인의 지역사회생활에 필요한 종합적인 재활서비스를 제공하고 장애에 대한 사회적 인식개선 사업을 수행하는 시설
장애인 주간보호시설	장애인을 주간에 일시 보호하여 장애인에게 필요한 재활서비스를 제공하는 시설
장애인 체육시설	장애인의 체력증진 또는 신체기능 회복 활동을 지원하고 이와 관련된 편의를 제공하는 시설
장애인 수련시설	장애인의 문화 · 취미 · 오락활동 등을 통한 심신수련을 조장 · 지원하고 이와 관련된 편의를 제공하는 시설
장애인 생활이동지원센터	이동에 상당한 제약이 있는 장애인에게 차량운행을 통한 직장 출 · 퇴근 및 외출보조 기타 이동서비스를 제공하는 시설
한국수어 통역센터	의사소통에 지장이 있는 청각 · 언어장애인에 대한 수어통역 및 상담서비스를 제공하는 시설
점자도서관	시각장애인에게 점자간행물 및 녹음서를 열람하게 하는 시설

점자도서 및 녹음서 출판시설	시각장애인을 위한 점자간행물 및 녹음서를 출판하는 시설
장애인 재활치료시설	장애아동을 포함한 장애인에게 언어 · 미술 · 음악 등 재활치료에 필요한 치료, 상담, 훈련 등의 서비스를 제공하고 서비스를 이용한 자로부터 비용을 수납하여 운영하는 시설

출처 : 보건복지부(2023). 2023년 장애인복지시설 사업안내, p. 244.

Chapter

05

교육재활

Chapter 05

교육재활

1. 교육재활의 개념 및 정의

1) 개 념

교육재활은 장애인이 가지고 있는 잔존능력을 극대화시키고 발휘할 수 있도록 하며 그들 스스로 사회에 참여하며 자립할 수 있도록 원조하는 교육정책과 제도, 교육기술을 의미한다. 교육재활은 장애인의 총체적이고 통합적인 재활에서 교육적인 측면을 가리키는 것으로 특수교육과는 구별이 모호하다. 특수교육은 심신의 장애 때문에 초 · 중 · 고등학교 과정의 통상적인 학급에서 교육받기가 곤란한 아동이나 교육상 특별한 배려가 필요한 아동에게 특성에 맞는 교육적 환경을 마련해 주고 아동의 가능성을 최대한 발휘하게 하기 위하여 준비된 학교교육의 한 분야이다. 그러나 교육재활은 학교교육 이외에도 장애인이 성장하여 대학교육이나 사회교육에 있어서도 배려가 필요한 부분들이 많기 때문에 그 범위가 넓다고 볼 수 있다. 또한 교육재활은 장애아동들의 독특한 교육적 욕구에 부응할 수 있는 특수교육시설, 특수교사, 특수교육 기자재 및 자료를 비롯한 여러 전문가들이 있어야 하며, 별도의 교육과정이 마련되어야만 가능하다.

그러나 일반적으로 교육재활은 특수교육으로 이해되는 경우가 대부분이다. 던(Dunn)은 특수교육의 개념을 잘 훈련된 전문교사, 특수한 교육과정, 특수한 교수 방법, 특수한 교수매체를 종합적으로 갖추고 특수아동을 교육하는 것이라고 정의하였다. 즉, 특수교육은 일반아동의 교육방법과 지도에 의해서는 교육이 곤란한 아동을 그들의 욕구에 맞게 국가사회의 책임 아래 보다 나은 교육환경을 부여하고 보다 나은 습관을 익히게 하여 그들의 가능성을 최대한 신장하여 그들이 일반아동과 같은 행복한 생활의 기초를 배양하도록 교육하는 것이라고 결론지을 수 있다.

이러한 특수교육의 목적은 장애아동의 내면에 있는 소질을 파악하고 그 가능성을 개발시켜 주는 데 있으며, 구체적으로 자아실현, 인간관계, 경제적 능력, 시민의 의무를 달성하는 것이라고 할 수 있다. 그러므로 이러한 특수교육의 인간존중 사상을 기본으로 인간평등의 원칙이 바탕이 되는 사회에서만이 개인이 지닌 장애를 극복하기 위한 합리적인 교육을 실시하여 그들의 바람직한 사회적 참여와 개인적 행복을 실현시킬 수 있다.

2) 대 상

교육재활의 대상은 대상이 가지는 특수성의 종류나 정도가 분화되어 있으므로 한마디로 정의한다는 것은 매우 어렵다. 교육재활의 주 대상은 특수아동으로서 미국의 국립교육협회(NSES)에 의하면 “특수아동이란 신체적, 정신적, 정서 및 사회적 특성에서 소위 정상이라고 간주되는 성장 발달의 정도와 속도가 어느 정도 이탈되며, 이로 인해 그들의 능력을 최대한 발휘시키기 위한 특별한 교육적 프로그램과 서비스를 필요로 하는 아동"이라고 정의하였다. 우리나라는 장애인 등에 대한 특수교육법(2023. 4. 19. 일부개정) 제15조(특수교육대상자의 선정)에 의해 시각장애, 청각장애, 지적장애, 지체장애, 정서 · 행동장애, 자폐성장애, 의사소통장애, 학습장애, 건강장애, 발달지체 중 특수교육을 필요로 하는 사람으로 진단, 평가된 사람을 특수교육 대상자로 규정하고 있다. 이와 같이 특수교육 대상자는 신체적, 정서적 및 사회적, 나아가 교육적으로 문제 혹은 결손, 장애가 있는 자로 지체장애, 지적장애, 정서장애, 청각장애, 언어장애, 중복장애 등을 대상으로 보는 것이 일반적인 견해이다.

3) 교육내용

시각장애 아동의 교육은 시각장애로 인해 지도방법상 특성이 있는데, 먼저, 교수-학습의 개별화로서 시각장애인의 경우 시각장애의 정도, 원인 등의 차이가 지능, 적성, 학습태도 등을 결정하기 때문에 이를 충분히 고려하여야 한다. 또한 촉각과 청각을 통한 구체적인 경험과 일부만이 아닌 통합된 경험을 제공해야 하고, 의도적이고 체계적인 자극을 주는 학습 프로그램을 구성해야 하며, 능동적으로 학습활동을 전개하도록 하여야 한다. 특수교육법에 의한 시각장애 교육대상자는 두 눈의 교정시력이 각각 0.04 미만이거나 0.04 이상이나 시각적 과제 수행이 어렵거나, 특정의 광학기구, 학습매체 또는 설비를 통해서만 과제 수행이 가능한 사람이다. 시각장애인을 위한 교육내용은 잔존 시력활용교육, 점자 쓰기 · 읽기 교육, 타자기 및 컴퓨터 사용교육, 이동훈련, 듣기교육, 생활적응훈련, 직업교육 등이 있다.

지체장애 아동의 교육적인 특성은 장애를 극복하고 개선시키는 내용, 생활의 기본적인 태도나 행동양식을 습득하도록 하는 내용, 정서적 · 사회적 · 도덕적 발달의 촉진을 포함하는 내용, 일상생활에 필요한 기능을 능력에 따라 습득하고 발달시킬 수 있는 내용, 창조력의 개발과 표현능력을 개발하는 내용을 포함한 재활훈련, 생활훈련, 직업교육이 함께 이루어져야 한다. 교육대상자는 주로 지체의 기능, 형태상의 장애를 지니고 있고 체간의 지지 또는 손발의 운동, 동작이 불가능하거나 곤란하여 일반적인 교육시설을 이용한 학습이 곤란한 자들이다.

지적장애 아동의 교육적인 특성은 감각훈련을 강화하며 사회생활에 잘 적응할 수 있도록 돕고, 직업적인 성취를 이룰 수 있도록 강화하며, 능력에 적합한 직업교육과 구체적이며 생활수단을 배울 수 있도록 준비시키고, 개별화의 원리에 맞추어 교육을 실시하여야 한다. 교육대상자는 지능검사 결과 지능지수가 75 이하이며 적응행동에 결함이 있는 사람들이다.

청각 · 언어장애 아동의 교육방법은 청각장애로 인해 나타난 손상의 실태를 바르게 진단하는 것이 가장 선행되어야 한다. 진단 결과에 따라 잔존감각이나 기타 능력을 최대한으로 활용하여 불필요한 2차적인 장애의 발생을 예방하고 치료 가능한 점을 치료하여 잠재능력을 신장시키는 것이 중요하다. 청각 · 언어장애아는 장애로 인해 청각 및 언어발달이 지체되어 원만한 대인관계가 어려우므로 이를 예방하기 위하여 청각 언어지도 내용이 교육과정에 포함되어야 한다. 이 교육과정에는 청능훈련, 상대의 입 모양과 표정을 주시하면서 상대의 사고를 이해하는 독화 및 수어지도, 발어 및 언어 훈련이 포함된다. 또한 청각 · 언어장애의 정도와 발달수준에 적합한 내용이 교육과정에 포함되어야 하며, 직업교육의 내용도 포함되어야 한다. 청각장애를 위한 교육대상자들은 두 귀의 청력 손실이 90dB 이상이거나, 보청기를 착용하여도 음성언어에 의한 의사소통이 불가능하거나, 청각의 기능적 활용이 불가능해 일반인과 함께 교육받기 곤란한 사람이다.

정서장애 아동의 경우 대부분의 정서장애 아동들은 어떠한 형태의 특수교육도 받지 못하고, 일반학교에서 일반교사로부터 교육을 받고 있는 실정이다. 정서장애 아동들은 증상이 다양하기 때문에 교육도 그 증상에 따라 개별적으로 이루어져야 하나 서비스는 제한적이다. 이러한 정서장애교육은 일반교육 전에 문제해결을 위한 치료가 선행되어야 하며, 치료적인 접근법으로는 정신분석적 접근법, 심리교육적 접근법, 인본주의 접근법, 생태학적 접근법 등이 있다.

마지막 유형으로 중복장애 교육이 있는데, 중복장애란 앞서 언급한 장애와는 달리 획일적으로 나타나는 증상이 아니므로 획일적인 교육은 곤란하다. 그러므로 중복장애 교육은 먼저 중복장애아에게 나타나는 공통적인 행동 특성을 이해하고 개별화된 특성에 따른 교육을 실시한다. 공통적인 특성으로는 전 영역에 걸쳐서 독자적인 자립이 힘들고, 단순한 운동기능 면에서도 문제를 지니고 있으며, 언어적인 표현과 대인관계에서도 어려움을 보이고 이상행동과 문제행동을 하는 경우가 많다. 그러므로 중복장애 교육은 개별화가 전제되어야만 한다.

2. 특수교육

1) 특수교육의 개념

특수교육(special education)은 특수아동의 독특한 교육적 요구에 알맞게 특별히 설계된 교수(instruction)를 말한다. 다시 말해서 아동의 독특한 교육적 요구에 최적의 교육내용을 구성하며, 그 특성에 알맞은 방법을 제공하는 것이다. 따라서 여기에는 특수교육자료, 교수기술, 시설이 필요하다.

우리나라 장애인 등에 대한 특수교육법에 의하면, 특수교육이란 특수교육 대상자의 교육적 요구를 충족시키기 위하여 특성에 적합한 교육과정 및 특수교육 관련서비스 제공을 통하여 이루어지는 교육을 의미한다. 따라서 특수교육이란 장애인에게 특수한 방법으로 교육하는 것이며, 그 목표는 장래의 신변자립과 나아가 직업적 · 사회적 자립에 있다. 이러한 특수교육은 오늘날 특수아동과 일반 교사 모두에게 지원하는 서비스라고 할 수 있다.

특수교육은 교수학습법의 개선, 교육내용의 변경, 특수교육기술의 훈련 등에 의해 부가해서 특수교육의 목적을 성취하기 위해서 필연적으로 환경도 변화시켜야 한다. 여러 가지 교육장면에 아동을 배치함으로써 아동의 교육적 욕구를 적절히 성취시킬 수 있다. 이러한 교육적 배치는 24시간 기숙제 시설부터 일반학급 통합에 이르기까지 매우 다양하다.

2) 특수아동의 이해

일반적으로 특수아동(exceptional children)이란 특정 영역에서 대부분의 아동들과 다른 아동을 의미한다. 특수아동이란 자신의 잠재력을 개발하기 위하여 특수교육 및 그와 관련된 서비스를 필요로 하는 아동을 의미한다. 이들은 대부분 다른 아동들과 다르기 때문에 특수교육을 필요로 하는데, 대부분의 다른 아동들과는 다른 학업적 · 행동적 · 사회적 특성을 보이게 된다. 따라서 이와 같은 특수아동은 다른 아동들과의 차이 때문에 특수아동으로 분류되어 일반학급에 통합된 상태에서 특수아동은 학업영역의 도움, 행동통제의 도움, 사회적 도움, 신체적 도움을 필요로 하게 된다.

모든 아동은 자신만의 독특하고 개별적인 특성을 지니고 있다. 즉, 아동들은 성격이나 행동적인 특성에서도 다양성을 보인다. 그러므로 한 학급의 구성원들은 다양한 학생으로 구성하게 된다. 한 학급의 구성원들의 다양성의 범위가 커지게 되면 일반적인 교육방법으로는 구성원 모두가 적절한 교육을 받을 수 없게 된다. 이러한 맥락에서 특별히 고안된 교육을 필요로 하는 아동을 특수아동이라 한다. 특수아동이 앞서 언급된 다양한 도움을 필요로 한다고 해서 도덕적 · 인격적으로 낮다고 생각해서는 안 된다. 특수아동은 개인차나 장애의 정도가 일반교육으로는 곤란하여 특수한 교육적 조치나 지도를 필요로 할 만큼 특수한 요구를 가진 아동을 의미하는 것이다. 보다 구체적으로 말하자면 일반아동에 비해서 감각, 운동, 언어, 정신적 · 신체적 기능, 정서적으로 심한 결함을 가지고 있는 아동으로서 일반아동의 교육, 지도방법, 기술로는 교육 효과의 기대가 어렵고 학습의 정착이 곤란한 아동이다.

우리나라는 장애인 등에 대한 특수교육법(제15조 특수교육대상자의 선정)에 의하여 특수교육 대상아동을 시각장애, 청각장애, 지적장애, 지체장애, 정서 · 행동장애, 자폐성장애, 의사소통장애, 학습장애, 건강장애, 발달지체를 지닌 아동으로 분류한다.

3. 통합교육

1) 통합교육의 의미

통합교육(integrated education)은 많은 전문가들에 의해서 여러 가지 다른 내용으로 정의되어 왔으나, 대부분의 정의들은 모두 일반교육과정에 특수아동을 포함시키는 것을 공통적인 핵심내용으로 한다. 특수교육법에는 "통합교육이란 특수교육대상자가 일반학교에서 장애유형 · 장애정도에 따라 차별을 받지 아니하고 또래와 함께 개개인의 교육적 요구에 적합한 교육을 받는 것"이라고 정의하고 있다.

통합교육의 정상화(normalization)의 원리, 탈시설화(deinstitu- tionalization), 최소제한적 환경을 향한 개념들은 통합교육의 속도를 가속화시키고 있다. 정상화의 원리란 문화적으로 정상적인 개인의 행동 및 특성을 형성하고 유지하기 위해서는 가능한 한 문화적으로 정상적인 수단을 사용해야 한다는 것이다. 따라서 특수아동을 위한 교육목적과 수단이 같아야 한다는 것이다. 이러한 신념은 특수아동의 교육에서 '최소제한 환경'의 개념을 출현시키는 데 공헌하였다. '최소제한 환경'이란 미국 장애인교육법에 명시된 법적 용어로 장애아동을 비장애 또래, 가정, 지역사회로부터 가능한 한 최소한으로 분리시켜야 한다는 개념이다.

장애아동이 진정한 의미에서 통합이 이루어지기 위해서는 다음의 세 가지 통합이 이루어져야 할 것이다. 첫째, 물리적 통합으로 일정 시간 동안 비장애 또래들과 동일한 교육 환경에 배치하는 것을 말한다. 둘째, 교수 활동적 통합으로 일반학급의 학업 활동에 의미 있게 참여하는 것이다. 셋째, 사회적 통합으로 통합되는 학급의 교사와 또래들로부터 학급의 구성원으로 수용되는 것을 의미한다.

미국의 특수교육 및 재활서비스를 담당하는 정부기관(OSERS)은 통합을 다음과 같이 구체적으로 정의하였다.

① 장애의 정도와 관계없이 모든 장애아동을 일반학교에서 교육한다.

② 일반학교에서 특수교육 서비스를 제공한다.

③ 일반교사와 행정가들을 지원한다.

④ 장애학생이 비장애학생과 동일한 시간표에 따라 교육받게 한다.

⑤ 장애학생은 가능한 한 많은 학과목 수업과 기타 활동에 참여하도록 포함시킨다.
⑥ 장애학생이 비장애학생과 같은 시간에 학교식당, 도서관, 운동장, 기타 학교시설을 사용하게 한다.
⑦ 장애학생과 보조가나 친구의 관계가 형성되도록 촉진한다.
⑧ 적절한 경우에는 장애학생이 일반지역 사회환경에서 교육받을 수 있도록 한다.
⑨ 모든 아동이 인간의 차이점을 이해하고 수용하도록 가르친다.
⑩ 장애가 없었다면 입학했을 학교에 입학시킨다.
⑪ 부모의 관심을 진지하게 수용한다.
⑫ 적절하고도 개별적인 교육 프로그램을 제공한다.

2) 통합교육에서 발생하는 문제점 및 해결방안

장애아동교육에서 통합교육은 이미 그 중요성과 실효성이 널리 인식되고 있다. 그러나 장애아동은 통합의 상황에서 여러 가지 어려움을 겪고 있다. 특히 사회적인 문제를 살펴보면 다음과 같은 문제점들을 지적할 수 있다.

첫째, 장애아동들은 대개 학급 내의 또래들이나 교사들과의 사회적 상호작용에 어려움을 경험하곤 한다. 그 이유는 장애아동이 지니고 있는 또래아동과는 다른 행동적인 특성 때문일 것이다. 많은 장애아동들은 일반학급의 또래들처럼 적절한 사회적 관계를 시작하고 유지하는 데 필요한 사회적 기술을 지니지 못하고 있다. 그리고 일반아동과 교사는 장애아동이 보이는 또래들과 비슷한 특성이나 재능을 무시하고 겉으로 드러나는 행동적인 차이점과 무능력에만 초점을 두게 되므로 장애아동에 대한 거부감이나 편견과 적대감을 보이기 때문이다.

둘째, 대개 장애아동들은 이전의 학교나 사회생활을 통해서 얻게 된 실패경험을 지니고 일반학급에 통합된다. 이때 장애아동들은 새로운 환경에 적응하는 데 불안감을 갖게 된다. 이러한 불안감은 열등감과 더불어 사회적으로 위축되게 만든다. 장애아동의 사회적 위축은 일반아동과의 상호작용을 더욱 어렵게 만들고, 이러한 상황은 다시 장애아동의 사회적 위축을 가속화시키는 악순환을 거듭하게 한다.

셋째, 일반학급 교사들의 장애아동에 대한 부정적이고 일관성 없는 태도로 인해서 장애아동은 사회적인 어려움을 경험하게 된다.

넷째, 장애아동은 부모들에 의해서도 사회적 어려움을 경험할 수 있다. 부모의 과잉보호는 장애아동이 자연스럽게 친구를 사귈 수 있는 기회를 제한한다. 그리고 일반아동의 부모들이 통합교육을 반대하는 태도로 인하여 장애아동은 사회적 어려움을 경험할 수 있다.

이와 같은 문제들을 해결하기 위해서는 다음과 같은 기본 원리에 입각하여 프로그램을 계획하고 실시해야 한다.

첫째, 기본적으로 인간의 태도는 정보에 의해서 형성되거나 수정된다. 따라서 비장애아동들이 장애아동들에 대해서 많이 알면 알수록 점점 친숙해지고 더 잘 수용할 수 있게 된다.

둘째, 교사는 장애아동을 대할 때 아동이 지니고 있는 결함이나 문제를 부각시킨 '장애학생'으로서가 아니라 특수한 교육적 고려를 필요로 하기에 앞서 많은 것들을 할 수 있는 한 사람의 학생으로 인식해야 한다. 다시 말해서 장애아동은 비장애아동과 다른 점보다는 비슷한 점을 훨씬 더 많이 지니고 있다는 사실을 인식해야 한다.

셋째, 장애인에 대한 제한적인 경험이나 지식은 장애인에 대한 편견과 비수용적인 태도를 형성시키며 심한 경우에는 차별의식이 자연스럽게 생겨날 수도 있다. 이러한 태도는 학습되는 것이므로 일반학급 학생들의 장애학생에 대한 태도는 변화될 수 있다. 이러한 긍정적인 변화를 위해서 장애아동을 일반학습에 배치하기 전 장애아동에 대한 정보와 장애학생의 이동을 보조할 수 있는 기술을 훈련시키는 것이 바람직하다.

넷째, 통합환경에서 장애를 지닌 학생들이 거부당하는 주요 원인 중 하나는 통합환경에서 장애아동 스스로가 사회적 기술을 충분하게 갖추지 못하고 있기 때문이다. 대개 장애아동을 학교나 지역사회에서 성공적으로 기능하기 위해서는 필요한 사회적 기술 등을 습득하기 위한 특정 훈련을 받아야만 한다.

다섯째, 통합교육에 있어서 일반아동과 장애아동의 부모는 모두 장애아동의 수용에 중요한 영향을 미친다. 일반적으로 부모들이 지니고 있는 태도는 자녀 등의 태도와 교사 등의 노력의 정도, 더 나아가서는 학교 프로그램에 영향을 미치게 된다.

대개 장애아동 부모들은 통합적 환경에서 자신의 자녀들이 사회적으로 거부되거나 놀림을 당하지 않을지 혹은 적절한 도움과 교육서비스를 받을 수 있는지 등을 염려한다. 또한 일반아동의 부모들은 장애아동이 자신의 자녀에게 어떠한 영향을 미칠 것인지에 대한 우려를 표명한다. 그러므로 통합이 장애아동과 일반아동에게 미치는 영향에 관한 정보를 제공하고 교육과정 운영에 있어서는 교사의 자신감 있는 태도를 보여줌으로써 이러한 우려에 대처해 나가야 할 것이다.

4. 적절한 교육의 보장

특수교육의 당면과제는 개인 학생들의 소질을 최대한 개발하고 그로 하여금 사회에서 자신의 역할을 수행할 수 있게 하는 것이다. 이런 교육의 목표를 추구하기 위한 교육을 잘 대표하고 있는 예가 미국 장애아교육법이다. 미국 장애아교육법은 장애학생에게 무상으로 적절한 공교육을 제공하는 것에 관한 조항이다. 기준은 미국 장애아교육법의 6대 원리를 설명하기 위한 규정과 법률에 포함되어 있다. 이 여섯 가지의 원리는 완전취학, 공평한 평가, 개별화교육 프로그램, 제한된 환경의 극소화, 합당한 절차와 부모의 참여 등이다. 이상의 6대 원리는 상호의존적이며 개별화교육 프로그램의 구성과 수행 과정에서 고려되어야 한다.

1) 완전취학

완전취학의 원리는 전체적으로 또는 기능적으로 교육에서 제외되는 것을 예방하게 된다. 전체적 제외는 장애아동이 어떤 교육도 받고 있지 않은 상황을 말한다. 기능적 제외란 학교는 다니지만 학교교육이 장애학생의 욕구에 부적절한 경우를 말한다. 장애학생은 학교에 입학해야 하며 그들의 장점과 약점에 알맞게 계획된 교육 프로그램이 마련되어야만 한다. 적절한 교육 프로그램을 구성함에 있어 교육목적과 교육목표를 구체화하는 수단이 개별화교육 프로그램이다.

2) 공평한 평가

장애학생은 특수교육 프로그램에 배치되기 이전에 완전한 개인평가를 받아야 한다. 따라서 평가는 장애학생의 개별화교육 프로그램을 계획하는 단계에서부터 시작해야 한다. 평가절차는 다음 기준에 맞아야 한다.

① 검사와 기타 평가자료는 아동의 모국어나 능통한 언어로 제작된 것이어야 한다. 검사의 사용 목적에 타당해야 하고, 그 검사에 대해 훈련된 전문인력에 의하여 실시되어야 한다.

② 검사와 기타 평가자료는 특정 교육욕구 영역을 평가하도록 설계되어야 하고, 단순히 지능지수를 산출하도록 설계된 것이 되어서는 안 된다.

③ 장애를 가진 아동에게 검사를 실시할 때 검사결과가 아동의 적성이나 성취로 수준을 정확히 반영하고 아동의 손상된 결함을 반영하기보다는 측정하고자 하는 검사 목적상의 요소들이 정확하게 반영되도록 한다.

④ 단순한 절차가 아동의 적절한 교육 프로그램을 결정하는 단순한 기준이 될 수 없다.

⑤ 평가는 여러 학문 분야의 힘에 의해 이루어져야 한다.

⑥ 아동은 적절성, 건강, 시력, 청력, 사회적 · 정서적 상태, 일반지능, 학업성취능력, 의사소통상태, 운동능력 등의 모든 영역에 걸쳐 평가되어야 한다.

모든 장애학생은 매 3년마다 재평가받아야 하고, 교사와 부모의 요청이 있으면 평가를 자주 실시해야 한다. 이 평가결과는 해당 학생의 적절한 교육에 관한 규정이 정하는 개별화교육 프로그램 구성에 기초가 된다.

3) 개별화교육 프로그램(IEP)

적절한 교육을 보장하기 위해서 가장 중요한 장치는 개별화교육 프로그램(IEP : Individualized Educational Program)으로, IEP는 학생이 집단수업으로는 도저히 학업성취를 할 수 없는 부분을 개별 프로그램으로 만든 것이다. IEP를 통해서 학생은 능력본위의 교육을 받으며 자기 학습속도나 학습률을 진행해 나간다.

4) 제한된 환경의 극소화

제한된 환경에서 가능한 한 벗어나서 아동을 배치한다는 것은 장애학생이 비장애학생과 함께 적절한 교육을 받는 것을 의미한다. 장애학생을 특수학급이나 분리된 시설에 옮기는 것은 장애가 중증이거나 그 특성이 상당한 교육조치나 서비스를 제공하여도 일반학급에서 교육받을 수 없을 때에만 해야 한다.

장애아동 교육배치의 원리는 덜 제한적인 환경에 배치하는 것이다. 그러나 이런 제한적인 환경을 극소화시켜 배치되어도 장애학생이 나쁜 영향을 받지 않는다는 보장이 있어야 한다.

5) 합당한 절차

합당한 절차란 장애학생을 고려한 판별, 평가, 교육시설에 관계되는 점검과 균형유지를 위한 체제이다. 합당한 절차의 보장에는 다음과 같은 내용들이 포함되어야 한다.

① 합당한 절차의 공청회는 장애아동의 판별, 평가, 배치에 관한 강의나 기

타 갈등을 발생시킬 만한 결정에 대한 공정한 토론을 하는 것이며, 부모나 교육관청이 주도할 수 있다.

② 교육관청이 실시한 평가에 대해 만족하지 못하면 학부모는 독립적으로 교육평가를 할 수 있다. 이때 평가자는 유자격 검사자로서 교육관청 관련 직원이 아니어야 한다.

③ 학부모는 장애아동의 판별, 평가, 교육배치를 시작하고, 변화시키기 위해 교육관청이 제안한 것을 거부하기 전에 몇 가지의 주의사항을 마련해야 한다.

④ 부모의 동의는 특수교육 프로그램이나 관련 교육활동에의 배치를 위한 최초의 평가가 실시되기 전에 이루어져야 한다.

⑤ 교육관청은 부모의 소재를 알 수 없을 때에는 부모대리인을 선임할 책임이 있다.

6) 부모의 참여

부모의 참여의 권리와 책임은 교육기록과 정보를 받는 것과 교육정책 수립과 승인에까지 부모의 권리가 연장된다는 것을 의미한다. 장애학생에 영향을 미치는 중요한 결정에 부모가 참여하는 권리를 보장하는 것이다.

5. 개별화된 교육 프로그램

개별화교육 프로그램(IEP)은 일반아동과 특수아동 모두에게 각자의 능력과 필요에 맞는 교육을 제공하기 위한 방법으로서 중요시되고 있다.

1) IEP의 목표와 기능

IEP의 목표와 기능은 각 학생이 필요로 하는 적절한 교육과 관련 서비스를 받도록 하는 관리도구로서의 역할을 하는 것이다. 그리고 각 학생마다 영역별 장·단기 교육목표, 학습상의 유의점, 제공되는 관련 서비스, 평가절차 및 기준 등을 명시함으로써 체계적인 교육이 이루어지도록 한다.

IEP는 각 학생의 IEP에 명시된 목표와 평가기준에 의해서 평가가 이루어지게 되어 각 학생의 발전상황을 알아보는 평가도구의 역할을 할 수 있다. 그리고 IEP를 개발하는 절차가 교사와 학부모 간의 의사소통 기회가 될 수 있으며, 이견을 좁히는 역할을 할 수 있다. 또한 교사(일반교사와 특수교사) 간에도 중요한 협력매체가 된다.

2) IEP의 개발절차

IEP를 개발하는 일은 특수교육의 중심을 이루며, 이를 작성하는 절차는 다음과 같다.

(1) 의뢰

의뢰단계는 학생이 특수교육을 받을 필요가 있음을 확인하기 위한 첫 단계로서, 일반학급 교사, 부모 혹은 그 이외의 사람들이 의뢰할 수 있다. 의뢰자는 학생이 당면하고 있는 문제의 유형과 정도를 여러 자료를 통하여 가능한 한 정확히 파악하도록 한다. 이를 통하여 특수교육적 필요가 있다고 판단되면 의뢰양식을 작성하여 특수교육 대상자 판별위원회에 제출하도록 한다.

(2) 진단 및 평가

의뢰양식이 작성되어 제출되면 그 다음 단계인 진단 및 평가가 실시된다. 진단 및 평가의 목적은 특수교육 대상자 여부를 판별하기 위한 것과 교육계획을 수립하기 위하여 대상 학생의 강점과 약점을 파악하기 위한 것이다. 특수교육 대상자로 판별되면 강점과 약점에 관한 평가정보들을 기초로 IEP를 작성하게 된다.

평가자는 대개 특수교육교사, 심리학자, 물리치료사, 작업치료사, 언어치료사, 사회복지사, 의심되는 장애영역의 전문가들로 구성된다.

평가절차는 평가팀이 의뢰내용을 중심으로 필요하다고 생각되는 영역 등의 평가도구들과 방법들을 결정한다. 실시한 검사와 평가방법들이 결정되면 장애학생의 능력을 적절히 평가하기 위한 노력과 평가에 대한 결과를 분석한 후, 의뢰된 장애학생의 특수교육 대상자 여부를 결정한다.

(3) IEP 작성

① 구성요소

㉠ 현행수준을 파악한다.

㉡ 장 · 단기 교육목표를 설정하여 서술한다.

ⓒ 평가계획 : 평가방법, 평가기준, 평가실시 일정 등을 포함한다.

ⓔ 학생의 현행 수준, 장·단기 교육목표 등을 기초로 하여 필요하다고 생각되는 특수교육 환경에의 배치나 관련 서비스 제공내용을 결정한다.

ⓜ 일반 프로그램의 참여 정도를 명시한다.

ⓗ IEP는 반드시 전이교육(transition)의 내용이 있어야 한다. 전이교육이란 학교교육을 마치고 사회에서 잘 적응하도록 하기 위하여 직업교육, 성인서비스, 주거생활훈련, 지역사회훈련 등의 여러 필요한 활동 등을 적절히 조화하여 제공하는 것이다.

ⓢ 교육의 시작과 종료의 시기를 기록한다. 대개 일련의 과정인 경우가 많으나 관련 서비스의 경우에는 장애학생의 문제 특성에 따라 단기간 교육만이 필요한 경우도 있다.

② IEP회의

장애학생이 특수교육 대상자로 판명되면 IEP를 작성하기 위한 회의를 열게 된다. 이때 참석대상은 특수교육교사, 심리학자, 학교행정가, 학부모 등이 포함된다. 회의 전에 필요한 자료를 미리 준비하고, 회의는 솔직하고 자유롭게 논의될 수 있는 분위기를 조성하는 것이 좋다. 또한 평가의 결과를 공유하며, 향후 진행해야 할 일들을 요약한다.

3) IEP의 실행

(1) 교과내용의 수정

교사는 해당 학생을 위하여 교육과 내용을 수정할 필요가 있는지의 여부를 알아보고 그에 따라 적절한 수준으로 교과내용을 수정한다.

(2) 교수방법의 수정

IEP에 따라 장애학생의 교육목표가 결정되면 이를 효과적으로 달성하기 위한 교수방법을 생각해야 한다. 이때에는 개별학생의 특정장애, 교육목표, 그리고 교사가 일반학급 내에서 사용하기에 용이한 방법인가의 여부 등을 고려해야 한다.

(3) 일반교육과 특수교육의 협력

장애학생의 교육이 효과적이기 되기 위해서는 일반학급에서의 교육과 특수교육 간의 협력이 잘 이루어져야 한다. 상호 간의 전문성에 대한 신뢰와 이해가 선행되면 장애학생의 교육에 관한 서로 간의 의사소통도 보다 잘 이루어질 수 있다.

6. 장애아동을 위한 통합교육 지침

1) 지적장애아 교육

우선적으로 지적장애 학생에 대한 교사의 이해가 필요하며, 장애를 개인별 능력의 차이의 연장선상에서 볼 수 있는 태도를 갖는 것이 중요하다. 그래서 지적장애 학생들의 장애 정도와 특성에 따라 기능적 학업교과를 학습하거나 일반적인 학습 준비기술의 습득에 중점을 두기도 한다. 장애가 심하며 학습이 곤란한 경우에는 일상생활 중심의 교육을 실시하도록 한다. 교사는 지적장애 학생과 또래 학생의 상호작용이 증진될 수 있도록 지적장애 학생에 대한 이해를 도모하기 위한 기초를 마련해야 한다.

2) 학습장애아 교육

대부분의 학습장애아들은 학업성취 영역에서 가장 큰 도움을 필요로 한다. 통합된 학습장애아들을 가르칠 때에는 일반적으로 교정 교육적 접근법과 보상 교육적 접근법의 두 가지 방법이 사용된다. 교정 교육적 접근법은 주로 기초 교과영역의 학습기술들을 가르치는 데 사용된다. 보상 교육적 접근법은 내용 중심의 교과목을 가르칠 때 기초교과 영역의 학습기술의 결함을 보완하기 위해서 사용하는 방법이다.

학습장애아들 가운데 일부에서는 학습적인 면 이외에도 행동적인 면에서 특별한 도움이 필요하기도 하고, 또래로부터의 사회적인 수용도를 높이기 위한 도움을 필요로 하기도 한다.

3) 정서 및 행동장애아 교육

일반학급에 통합되는 경우 교사는 일반적으로 교실에서의 행동문제, 사회적 기술, 학과목 학습의 세 가지 측면에서 교육 프로그램을 적용해야 한다. 정서 및 행동장애 학생들은 지적장애아나 학습장애아 등 기타 장애아동과 비슷한 행동 특성을 보이므로 이들의 교육전략과 기술들은 동일하게 적용할 수 있다. 따라서 교사는 먼저 목표행동을 확인하고 목표행동과 관련된 아동의 현행 수준에 관한 자료를 수집하여 교수의 지속적인 시행을 결정하도록 한다. 이때 세 가지 목표행동 유형이 선정될 수 있는데, 첫째, 적절한 행동의 증가, 둘째, 부적절한 행동의 감소, 셋째, 새로운 행동의 학습이다. 또한 교사는 정서 및 행동장애 아동들이 또래 학생들의 행동을 모방하고 학습할 수 있음을 인식해야 한다. 그리고 아동들은 가정에서도 유사한 문제행동을 보이는 경우가 많으므로 프로그램에 부모들을 참여시키는 것이 바람직하다.

4) 언어장애아 교육

언어장애아들은 말이나 언어상의 문제를 지니고 있지만 대체적으로 일반교육의 모든 교육과정에 참여할 수 있는 능력을 지닌 아동들이다. 그러므로 교사는 언어장애 아동을 위해서 말이나 언어기술의 촉진과 사회적인 수용의 두 가지 면에서 관심을 기울여야 한다. 언어장애아들은 발성, 음성의 질 또는 말의 유창성에 문제가 있다. 이러한 요구를 충족시키기 위해서 언어치료사에 의한 개별화된 특수교육 프로그램이 마련되어야 한다.

5) 청각장애아 교육

청각장애 학생들을 위한 시각적 자료를 부가적으로 제시해 주며 독화나 보청기를 통한 청음을 도울 수 있도록 주변 환경과 교사의 행동을 조절하는 것이 바람직하다. 독화나 청음이 불가능하거나 비효율적인 경우에는 수화통역자가 필요하다.

6) 시각장애아 교육

시각장애 아동을 위한 적절한 학습환경을 제공하기 위하여 점자타자기 및 기타 학습도구들을 놓을 수 있는 책상을 준비해야 한다. 또한 약시아동을 위해서 조명 조절장치를 마련하며, 교수자료는 확대 복사하는 등 교실환경에 익숙하도록 한다.

시각장애 학생의 경우 자기 주변의 환경을 올바로 인식하는 방향성과 안전하게 혼자 다닐 수 있는 이동성은 매우 중요하다. 그러므로 교사는 아동의 방향성과 이동성을 도울 수 있는 방법을 연구해야 한다.

7) 지체장애아 교육

지체장애 학생들이 가지고 있는 예상되는 인지능력의 정도, 구어를 사용하며 의사소통할 수 있는 능력의 정도, 장애로 인한 시력 · 청력의 손상 여부, 신체의 장애 부위, 학생생활 중 예후, 이동능력 정도 등의 정보를 교사가 인지하여 학생의 신체적 · 교육적 필요에 맞는 교육 프로그램을 작성하고 학급의 물리적 환경을 수정하도록 한다. 지체장애 학생들의 교육적 필요는 개별학생의 장애 정도와 유형에 따라 매우 다양하다. 즉, 일반교육과정을 아무런 수정 없이 적용할 수 있는 학생이 있는 반면, 지적장애 등을 겸한 경우에는 아주 기능적인 교육과정으로 전환해야 하는 경우가 있으므로 관련 전문가 등과 논의하여 개별화교육 프로그램을 작성해야 한다. 그리고 지체장애 학생들이 자신의 장애로 느낄 수 있는 정서적 문제 등을 지도하는 것이 필요하다.

Chapter

06

심리적 재활

1. 심리재활의 개념
2. 장애의 영향
3. 장애의 적응단계와 상담
4. 장애극복
5. 일반적인 상담기법

Chapter 06

심리적 재활

1. 심리재활의 개념

심리재활에 대한 관심은 재활서비스가 각 전문분야별로, 즉 의료, 직업, 교육재활로 발달되어 오면서 전인재활에 역점을 두는 과정 속에서 이루어진 것이다.

케슬러(Henry H. Kessler)는 『수술만으론 부족하다(The Knife is Not Enough)』라는 저서에서 "재활이란 희망의 귀중한 선물이고, 이 희망은 행동으로 화한다"라고 말하고 있다. 필드(Minna Field)는 『환자도 인간이다(Patients are People)』라는 저서에서 "환자들이 의사의 지시를 따르지 못하는 것은 그들이 지적 능력이나 이해력이 부족한 데 있는 것이 아니라, 정서적 원인에 기인한다"고 설명하고 있다. 이와 같이 신체와 정신은 상호작용한다. 이를 장애인의 재활과 관련지어 볼 때, 신체의 장애는 개인의 정신에 영향을 미치고 가족이나 사회에까지 파급된다. 특히 재활과정에서 장애인은 불완전한 정서와 의욕상실이 나타나기 때문에 심리적 측면을 충분히 고려해야 할 것이다.

심리재활이란 대부분의 장애인들은 행동의 제한, 신체의 결함으로 인간관계의 긴장, 불안감, 열등감, 욕구불만 등을 가지고 자신의 능력에 대하여 비관하며 결국 재활의욕을 상실하게 되는데, 이와 같은 저해요인을 제거하여 장애인으로 하여금 새로운 가능성을 찾도록 도와주는 것이다. 심리재활이 되었다는 것은 장애인이 자신의 장애를 현실적으로 극복하고 사회적 기능을 다할 수 있음을 의미한다. 이러한 심리재활은 개별상담, 심리치료, 자기수용 등과 동기유발을 하는 여러 가지 방법 등으로 이루어지며, 임상심리전문가, 특수교사, 사회복지사는 중요한 역할을 한다.

심리재활에 관여하는 전문가들은 다음의 지식이 필요하다.

- 인간 성장 · 발달에 대한 이해
- 인체의 해부학적 · 생리학적 이해
- 사회적 · 직업적 적응에 영향을 주는 정신적 · 정서적 상태에 대한 이해
- 불구상태의 명확한 이해와 그 불구상태가 미치는 직업적 · 사회적 영향
- 의료적 치료에 대한 이해
- 상담관계의 바람직한 관계수립 능력
- 상담기술
- 직업분석력
- 적성 · 기술 · 흥미 · 교육적 배경
- 지역사회 자원 활용능력
- 지역사회의 재활사업 분야에 대한 발전과 그 해결을 위한 자원발견능력
- 사례연구 기록평가 보고에 대한 지식
- 지역사회조직에 대한 지식
- 재활복지행정에 대한 이해

재활전문가는 앞에서 기술한 지식들이 모두 필요하지만 보다 중요한 것은 다른 사람과 함께 일할 수 있는 마음과 장애인의 능력을 찾아낼 수 있는 통찰력과 혜안, 장애인의 능력을 신뢰할 수 있는 신념이다. 그리고 심리재활은 장애인을 대상으로 행해지는 것이 아니라 장애인과 함께 행하는 것이므로 장애인 자신이 재활에의 욕구와 의지를 지니고 협조하지 않으면 재활의 성과를 기대하기 힘들다.

2. 장애의 영향

장애는 생의 모든 측면에서 개인의 기능에 영향을 미친다. 지금까지 개인이 수행해 온 역할과 기능을 위협함으로써 스트레스를 야기한다. 또한 장애로 기인된 기능적 손상은 낮은 삶의 질과 상관이 있다. 그리고 장애에 의해 부과되는 특수한 심리적 적응문제는 정서적 반응과 자아개념에 영향을 미친다. 개인이 장애로 인해 경험하는 충격과 정서는 1차적으로 장애조건의 본질, 장애발생 이전의 개인의 성격, 장애에 대한 장애인 본인의 태도, 장애에 대한 타인의 반응, 그리고 그 개인의 가족적·사회적 지원의 범위에 달려 있다.

신체장애인들을 좌절하게 만드는 문제들은 장애 그 자체에서 일어나기보다는 장애의 심리적 혹은 사회심리적인 파생물로부터 발생한다. 어떤 사람에게 있어서 신체장애에 대한 반응은 사랑하는 사람의 죽음과 같은 정도의 정서적 충격으로 나타나며, 명예와 자존심의 손상, 욕구불만, 무기력, 좌절, 거부 등 여러 가지 불안정이나 부적응을 야기하기도 한다. 장애의 신체심리적 영향은 장애인의 동기화 및 재활수단에 대한 내담자의 반응에 매우 중요하다. 장애인은 외부적 환경과 부적응의 원인 이외에도 취학, 졸업, 결혼 등 일련의 생활주기에 따른 위기가 가중될 수 있으며, 이러한 변화로부터 오는 심리적 갈등과 독특한 사회구조적 환경으로 인한 사회적 갈등을 함께 극복하지 않으면 안 되는 어려움을 겪고 있다. 따라서 재활전문가들은 장애인이 직면하는 신체장애에 따르는 심리적 측면들에 대한 이해를 지녀야 한다. 특히 에릭슨(Erikson)은 자아발달의 각 단계마다 해결해야 할 발전적 위기를 제시하고 이를 대칭되는 양극의 개념으로 설명하였다.

장애는 개체적 의미와 사회적 의미를 동시에 가지고 있다. 개체적 의미는 장애가 개체에 미치는 신체적 또는 심리적인 영향을 말하고, 사회적 의미는 장애로 인하여 야기되는 일반 사회인의 반응과 태도를 말한다. 장애인의 행동은 그들 개체 내부의 내적 요소와 사회환경적인 외적 요소가 복합적으로 작용하여 결정된다. 장애인의 제반 재활사업을 수행하는 데 가장 기초적인 문제는 '장애'에 대한 바른 이해이다. 개체가 장애를 입게 되면 그 장애는 점점 개체 전반으로 퍼져서 심화·확대되어 가는데, 이를 4단계로 구분할 수 있다.

첫째 단계는, 특정한 신체장애가 다른 부위의 손상이나 기능저하를 직접적으로 초래하는 단계이다. 이 단계는 주로 의사나 생리학자들이 다루어야 할 영역이다. 둘째 단계는, 신체장애가 개체의 도구적인 기능에 영향을 미치는 단계이다. 이것은 신체에 직접적인 영향을 주는 것은 아니지만 학습 및 생활의 도구적인 기능에 영향을 주어 장애를 초래하는 경우이다. 이 단계에서는 장애의 부정적 영향으로부터 도구적 기능의 결함을 신속히 회복시켜 주어야 한다. 이 단계는 주로 물리치료사, 언어치료사, 작업치료사 등과 같은 준의료적 재활전문가들이 훈련·치료활동을 한다. 셋째 단계는, 신체장애가 개체의 정신적인 면까지 영향을 미치는 것이다. 심리와 생리는 서로 병행하여 작용하기 때문에 신체적 손상이 심리적으로 영향을 준다. 이 단계는 부모, 특수교사의 역할 수행이 중요하며 심리치료전문가의 도움이 필요하다. 넷째 단계는, 신체장애가 개체의 인격 전반에 걸쳐 영향을 미친다. 심지어 장애를 가진 사람을 둘러싼 환경에까지 영향을 미칠 수도 있다. 이 단계는 특수교사의 전문적인 지도뿐만 아니라 여러 분야의 전문가와 일반 사회인들의 협력적 노력이 있어야 한다.

3. 장애의 적응단계와 상담

숀츠(Shontz)에 의하면 개인이 장애에 대한 적응은 충격, 현실인식, 방어적 은둔, 승인, 그리고 적응이라는 단계를 거친다. 각각의 단계를 통과할 때 개인은 특정한 정서적 경험과 그에 대한 변화들이 수반된다. 각각의 적응단계들과 이에 수반되는 정서적 반응들은 절대적이고 획일적인 것이 아니라는 점을 유의해야 한다. 적응단계의 공식화는 종종 관찰되는 행동들을 합리적으로 유형화하는 데 기초를 제공하지만, 상담자는 장애인의 장애에 대한 반응들이 시기, 강도, 순서에 따라 다양하고 어떤 단계들은 융합된 형태로 나타나고 어떤 단계들은 전혀 나타나지 않는다는 것을 인식하여야 한다.

1) 충 격

장애 발생 후 초기 몇 시간 혹은 며칠 동안 그 개인은 일반적으로 별 감정을 보이지 않고 자신에게 어떤 일이 일어났는지 인식하지 못할 수 있다. 이런 초기의 단계를 충격이라 부른다. 이 시기는 무감각한 정서반응과 관련된다.

이 시점에서 상담 중재는 직접적인 효과가 없지만 상담자는 클라이언트를 만나서 관계설정(rapport)을 시도하는 것이 매우 도움이 된다. 특히 클라이언트가 다음 단계로 비교적 빠르게 이행하기 때문에 이 초기 상담 중재는 이후의 효과적인 상담을 위한 기초가 된다.

2) 현실인식

이 단계에서는 장애를 수반하게 된 개인은 현실과 장애의 심각성에 대한 지각이 시작된다. 불안, 공황과 같은 현저한 정서적 반응이 나타난다. 이러한 두려움은 잠재적 죽음 또는 치명적인 신체적 상실 혹은 예견할 수 없는 변화에 대한 기대에 기초하고 있다. 이 두려움의 정도는 장애의 심각성과 일치될 수도 있고 아닐 수도 있다. 우울과 분노 또한 이 단계에 때때로 표출되기도 한다. 상담자는 이 시기에 클라이언트를 이해하는 방식으로 불안을 수용하고 주목함으로써 도울 수 있다.

3) 방어적 은둔

개인은 장애의 심각성이나 존재를 거부함으로써 그에 따른 위협을 방어한다. 따라서 새로이 장애를 입은 사람은 “곧 회복되어 병실을 걸어 나갈 거야” 또는 “그래, 이 장애가 회복되지 않을 것이지만 내게 아무런 지장을 주지 않을 거야”라고 강하게 주장할 수 있다. 이러한 개인의 형태는 종종 장애 발생 후 곧 다시 나타나거나 지속적인 경우가 있다. 상담자는 이것이 클라이언트에게 중요한 심리적 효과가 있다는 것을 깨달아야 한다. 거부는 개인의 불안을 통제하거나 회피하는 것을 돕는 데 중요한 역할을 하기도 한다. 그러므로 만약 클라이언트의 거부가 상담자의 재활계획에 능동적으로 참여하는 것을 방해하지 않으면 일반적으로 내버려 두는 것이 좋다.

상담자는 장애에 의해 초래된 문제들과 제한점들에 대해 클라이언트에게 충분한 정보를 알려주어야 하지만, 이 부분은 장애를 경감시킬 수 있는 가능성과 재활에 관한 현실적인 정보와 함께 지지적인 방법으로 이루어져야 한다. 적응의 후반부에 합리적으로 성취될 수 있는 최대한의 기능수준을 인식하고 수용하는 클라이언트는 장애에 대한 회복의 희망을 지닐 수 있다. 이러한 희망은 거부와 혼돈되어서는 안 된다. 희망은 부분적으로 재활에 대한 개인의 동기를 유지시키기 때문에 상담자가 이를 깨뜨려서는 안 된다.

4) 승 인

승인이란 클라이언트가 장애의 본질과 그에 따른 제한점들에 대해 정확한 이해를 하는 단계를 의미한다. 어떤 클라이언트들은 이 단계 이전에 자신의 장애에 대한 아주 정확한 이해를 할 수 있지만, 장애에 함축된 의미들을 충분히 평가하지 못한다. 승인은 일반적으로 약간의 우울증을 수반한다. 장애를 가진 개개인은 일반적으로 그의 관습적인 환경으로부터 벗어나게 되고 바라는 많은 활동들, 그리고 그에 따른 보상들을 급격히 상실하게 된다. 이때에 상담자는 이러한 우울한 반응을 그의 동기 부족으로 전가하지 않아야 한다. 또한 어떤 상담자들은 우울은 반드시 일어나야 하며 우울기를 거치지 않은 장애인들은 거부단계에서 적응이 중지되었기 때문이라고 주장한다. 그러나 사실 모든 클라이언트의 적응이 반드시 이러한 단계들에 따라서 경험되어야 한다는 증거는 없다. 하지만 거부가 재활의 긍정적 진행을 심각하게 방해한다는 증거가 있을 때 상담자는 클라이언트의 불안 혹은 약간의 우울을 초래하더라도 확고하고 유연하게 클라이언트가 현실에 직면하도록 하는 것이 필요하다. 클라이언트가 느끼는 스트레스를 인식하는 데 민감한 상담자의 지지는 클라이언트가 보다 쉽게 거부를 포기하고 재활계획을 수립하며, 장애를 극복하려는 노력을 하도록 할 것이다.

5) 적 응

적응은 장애에 대한 마지막 적응단계이다. 이는 장애에 대한 주요한 정서적 반응들을 경험한 개인이 그의 제한점들에 대해 현실적이고 그의 잠재능력을 사용하기 위한 심리적 준비가 되었다는 것을 의미한다. 이것은 '수용'단계를 의미한다. 장애의 수용이란 장애인이 되는 것에 대해 행복하게 된다든가 위축된 삶에 대한 수용을 긍정한다는 것을 의미하지는 않는다. 수용이나 적응은 어떠한 제한점들을 지니고 생활하며, 잔존 능력을 최대한 사용하는 것을 배운다는 것을 의미한다. 재활상담은 정서적 지지와 성장을 위해 부분적으로 제공되기는 하지만, 주로 적응의 실제적인 어떤 문제들을 클라이언트가 해결하도록 돕는 방향으로 결정된다. 따라서 상담자는 적응의 보편적 과정을 깨닫고, 클라이언트가 그 과정을 따라 이행하도록 촉진시키도록 설계되어야 한다.

4. 장애극복

실제적으로 사회가 정상적인 기능과 정상적인 모습만을 선호하기 때문에 장애인은 사회적으로 열등한 위치에 놓이게 된다. 이러한 위치를 받아들이지 않으려는 장애인들은 자기 자신이나 다른 사람들에게 장애를 가지고 있지 않은 것처럼 보이려고 애를 쓰기도 한다. 이러한 태도는 스스로 죄책감을 갖게 하고 또한 자신의 정체성을 그대로 받아들이지 않게 된다.

사람은 누구나 신체의 일부분이 손상되거나 기능이 불가능하게 되면 그 사람의 가치가 떨어진다고 생각하기 쉽다. 이런 생각 때문에 개체의 어느 일부에 장애를 입게 되면 자아존중감(self-esteem)마저 상실하게 되는 것이다. 그러나 자신의 내면적인 가치체계 속에서 '장애'의 의미를 바르게 이해하게 된다면 장애가 반드시 자신의 가치를 떨어뜨린다는 생각은 없어지게 된다.

그러나 중요한 사실은 장애에 대한 사회적 반응이 반드시 부정적인 것만은 아니다. 장애인이 보다 긍정적인 자세와 태도를 가지고 어려움을 극복해 나가는 것을 보고 사회인들은 오히려 격려와 더 깊은 이해를 하게 된다. 중요한 것은 장애인들이 그들 자신에 대한 진정한 자아존중감을 가질 수 있는 심적 요건과 외적 환경이 무엇인가를 발견하려는 노력이 필요하다.

장애인이 자신의 장애를 극복하기 위해서 도움이 될 수 있는 몇 가지를 정리하면 다음과 같다.

1) 자신에 대한 올바른 이해

성숙한 자아는 사회적응을 높이는 데 필요하다. 자아를 다음과 같은 방법으로 강화할 수 있다.

첫째, 욕구나 충동을 적절하게 표현할 수 있게 한다. 욕구는 충족에 의해서 강화되며, 욕구의 성취가 강화되면 자아가 강해지게 된다. 자아가 강해지면서 자신에 대한 인식을 개선할 수 있다. 따라서 자아를 강화시켜 준다는 의미는 장애를 극복하는 데 확신과 용기를 갖게 해준다.

둘째, 자신을 있는 그대로 드러내는 용기는 자아의 성숙에 도움이 된다. 사회와 접촉하고 자신을 남에게 내놓을 용기가 생기면 자신의 단점이 현저히 줄어든다. 장애를 부정하고 숨긴다고 장애가 감소되는 것은 아니기 때문이다. 장애를 인정하고 개방함으로써 결국은 자기를 인정하게 된다. 지체장애인에게 체육, 오락, 여행 등을 장려하는 이유는 스포츠 정신이 건전하다기보다는 장애인들이 내놓을 수 없었던 육체를 시험하게 함으로써 자신을 발견하고 자신감을 키우고 장애를 극복하고 성취감에 도달할 수 있기 때문이다.

셋째, 사회참여 기회의 권장으로, 장애인이 다양한 사회경험에 참여할 수 있도록 한다. 행동이 부자유하고 물리적 제약으로 불편한 것이 많을 것이다. 그러나 이를 극복해야 일반 사람들과 함께 현실과 이상을 경험할 수 있고 자신을 객관화할 수 있다. 장애인이 혼자만 있으면 점점 자신감을 잃게 된다. 흥미와 능력에 맞는 경험과 성취감을 갖게 하는 것이 자아 강화에 도움이 된다.

2) 가정의 사랑과 수용

가정은 장애인에게 정서적 안정감을 줄 수 있는 가장 좋은 곳이며, 가족 간 친밀한 관계를 맺고 있는 사람과의 협력은 장애인의 상처를 줄여줄 수 있는 가장 중요한 치료제이다. 장애를 받아들이고 사회참여에 효과적으로 대응할 계기를 마련하는 것도 가정으로부터의 소속감과 애정에 기반을 둔 결과이다.

3) 보 상

보상이란 어떠한 분야에서 탁월하여 인정을 받음으로써 다른 분야에서의 실패나 약점을 보충하여 자존심을 고양시키는 중요한 요인이다. 인간은 장애의 유무에 관계없이 보상을 받으며 살아가는 존재이다. 보상은 적응을 통하여 개인적 · 사회적으로 유용하게 작용하도록 할 수 있다.

4) 감정표현

장애인은 사회적으로 부족한 환경에 고립되어 생활하기 쉬우므로 정서를 이해하고 표현하는 능력이 결핍되기 쉽다. 따라서 다양한 문화적 행사에 참여하여 타인의 감정을 이해할 기회를 제공해 주고, 자기의 정서표현을 하는 것이 필요하다. 감정과 행동을 통제하는 능력은 상황을 정확히 이해하고 파악하여 자기의 감정과 행동을 또는 다른 사람의 감정과 행동을 합리적인 방법으로 조정하는 능력을 말한다. 따라서 상담자는 해결책을 모색하는 과정에서 제시하는 모든 반응을 허용해야 한다.

5) 원만한 대인관계 형성

인간을 사회적 존재로 설명하는 가장 큰 이유는 인간관계에서 성공과 실패를 중요시하기 때문이다. 직장 내 대인관계를 형성하고 유지하는 능력은 '사람 대하기', '남의 말 경청하기', '자기 소개하기', '대화 나누기', '다른 사람 소개하기', '친구 사귀기', '협동', '참여하기' 등 세부적인 기술을 필요로 한다. 그러나 이보다는 우선 남에게 도움을 줄 수 있는 계기를 마련하거나 즐거움이나 사랑을 실천하려는 일을 시작해야 한다.

6) 가치관의 변화

장애가 인간의 가치를 상실하게 한다는 생각을 갖지 않도록 도와줄 수 있는 몇 가지 가치관의 변화를 살펴보면 다음과 같다.

첫째, 자기의 영역을 확대하는 일이다. 가치의 대상과 범위는 다양하며 또한 상대적인 것임을 알도록 개인적인 견해를 보다 더 확대시켜 주어야 한다.

둘째, 신체적 조건을 부차적인 것으로 보는 일이다. 신체적 조건이 불리한 상태라는 생각에만 얽매이지 말고 자신의 내적 가능성을 찾아 개발한다면 더 가치 있고 더 큰 능력을 가질 수 있다는 생각으로 전환해야 한다.

셋째, 장애의 영향이 크게 미칠 것이라는 생각을 견제하는 일이다. 장애인은 장애 때문에 가지게 되는 여러 가지 제한과 불편이 생활 전반에 확대되어 갈 것이라는 잘못된 생각을 가지기 쉽다. 실제로는 대부분의 장애가 생활의 장애와는 관계가 없는 경우가 많다. 하지만 장애가 모든 삶에 영향을 주리라는 생각 때문에 오히려 장애와 관계없는 삶의 전 영역에까지 퍼져나가게 된다. 따라서 장애가 다른 많은 삶의 영역에까지 영향을 끼치지 않도록 될 수 있으면 장애의 영향을 축소하여 생각하도록 하고 부정적인 생각을 억제하고 개선해 나가는 일이 중요하다.

넷째, 자기 자신이 '가지고 있는' 자산(asset)에 대하여 바르게 평가하는 일이다. 장애인들은 자칫하면 모든 것을 다 상실한 것처럼 생각하기 쉽다. '가지고 있지 않은' 면에만 집착하지 말고, 자신이 '가지고 있는' 능력 면에 더 강조점을 두도록 생각을 변화시켜야 한다. 자신의 능력 정도를 타인과 상대적인 비교를 함으로써 열등감에 빠지지 않도록 해야 한다. 즉, 자신이 가진 능력의 절대적 가치를 존중하고, 할 수 있다는 가능성에 대한 신념을 갖도록 해야 한다.

장애인은 장애에 대한 올바른 이해를 가져야 하며, 장애가 반드시 자아존중감을 해치는 것이 아니라는 사실을 자각할 수 있도록 하는 것이 중요하다. 그러기 위해서는 자신이 장애를 가지고 있지만 그래도 타인으로부터 존중을 받고 있다는 사실을 깨닫도록 하는 것이 중요하다. 그리고 장애인을 받아들이려는 수용적 태도를 가지고 그들을 대해야 하며, 장애를 특별시하는 일은 없어야 한다. 장애는 누구에게나 있을 수 있는 하나의 신체적 특징에 불과하다는 보편적 생각을 갖게 하는 것이 필요하다. 장애인이 자주 부딪히는 멸시나 거부 같은 특별한 취급을 능히 감당할 만한 강한 자아존중감을 함양시켜 주는 일이 장애극복 의지를 길러주는 길이 된다.

5. 일반적인 상담기법

1) 장애인에 대한 관심

타인을 돕는 관계란 책임감, 존중감, 보호감과 상대방에 대한 지식 및 그의 복리를 진심으로 기원해 주는 자세이다. 장애인으로 하여금 그가 희망하는 사람이 되게 하고, 그가 하고 싶어 하는 일을 할 수 있도록 도와주는 자세가 필요하다.

2) 사명감과 의무감

사명감과 의무감은 보다 긍정적으로 장애인과 동일화되어 일체감을 가지는 것인데, 상담자가 진정으로 그의 복지를 위해서 일하고 있다는 인상을 받아야 할 권리가 있다.

3) 수용과 기대

수용과 기대란 장애인이 소유하고 표현하는 모든 행위는 그 나름대로 성장하고, 힘든 상황이나 현실을 타개하기 위한 노력과 능력의 과시로서 존중해 주고 받아들이는 자세라고 할 수 있다. 따라서 상담자는 장애인이 가지고 있고 나타내고 있는 모든 것을 그대로 이해하고 받아들여 주어야 한다. 그렇게 함으로써 장애인들은 상담자를 믿고 있는 그대로의 자신의 모습을 드러내 보이게 된다. 그래서 그들의 문제를 있는 그대로 파악하여 현실적으로 효과적인 치료 계획을 세울 수 있다.

4) 감정이입

감정이입이란 자신의 존재를 망각하지 않고도 상대방을 느끼고 체험하는 상황 속으로 들어갈 수 있는 능력이라고 할 수 있는데, 즉 상담자가 자기의 주관이나 견해를 유지함과 동시에 장애인의 사고관에 이입하기 위한 적극적인 노력을 말한다.

5) 탐색적 질문

클라이언트를 이해하는 데 필요한 정보를 얻거나 그의 사고, 느낌, 행동방식을 구체적으로 확인하고 말하는 내용을 분명히 하기 위한 질문이다. 여기서 주의해야 할 것은 탐색적 질문은 상담자가 클라이언트의 문제를 파악하기 위해서보다는 클라이언트 자신이 자기 자신에 대한 이해와 문제해결방향 모색을 촉진하는 데 더 의미가 있다는 점이다. 즉, 상담자가 모르는 것을 알기 위한 질문보다 클라이언트가 스스로 자기 문제를 더 이해하고 정리하도록 촉진시키는 목적으로 사용되는 것이 바람직하다.

6) 반 영

반영은 클라이언트의 말과 행동에서 표현된 기본적인 감정 또는 생각 및 태도를 상담자가 참신한 다른 용어로 부연해 주는 것이다. 즉, 클라이언트가 표현한 말에 담긴 감정이나 생각 중에서 가장 중요한 부분을 다른 표현으로 바꾸어 말해주는 것이다.

7) 명료화

명료화는 클라이언트의 말 속에 포함되어 있는 불분명한 측면을 분명하게 밝히는 것으로 반응에서 나타난 감정이나 생각 등에 암시되었거나 내포된 의미를 명확하게 부각시켜 말해주는 것이다.

8) 직 면

클라이언트가 모르고 있거나 인정하기를 꺼리는 생각과 느낌에 대해서 주목하도록 하는 면접기법이다.

9) 해 석

해석은 클라이언트로 하여금 과거의 관점과는 다른 각도에서 자기의 행동과 마음을 파악하도록 하는 일종의 설명과정이다. 즉, 상담자가 클라이언트에게 새로운 판단 개념을 제공함으로써 자기의 문제에 대한 이해를 돕는 것이라고 볼 수 있다. 해석은 해석을 하는 상담자의 이론적 입장에 따라 그리고 클라이언트의 이해수준에 따라 다양한 표현으로 전달되어야 한다.

10) 구조화

구조화란 상담과정의 본질, 제한조건 및 방향에 대하여 상담자가 정의를 내려주는 것이다. 즉, 클라이언트는 상담관계가 합리적인 계획을 가지고 있다는 점을 느끼게 된다. 구조화에는 ① 시간제한 : 30분에서 1시간, ② 클라이언트의 행동제한 : 말로 표현하는 한 제한을 두지 않으나 신체적 공격이나 시설의 파괴는 허용되지 않음, ③ 상담자 역할 : 상담자는 권위자의 역할과 상담자의 역할이 별개의 것임을 이야기해 주어야 한다, ④ 클라이언트의 역할 : 상담이 성공하려면 클라이언트가 상담자의 특성을 이해하고 받아들이는 것이 필요하다. ⑤ 과정 및 목표 : 상담의 특성과 진행과정에서 규칙을 제시해 주는 것이다. 클라이언트가 상담에 대해서 잘못된 기대를 가지고 있거나, 어떤 절대적인 힘을 기대해 올 경우에는 이런 구조화가 필요하다.

Chapter

07

재활상담

Chapter 07

재활상담

재활상담은 재활대상자의 전인재활 과정에서 사회 · 심리적 영역을 다루면서 전반적인 재활영역에 관계하는 기능을 한다. 주로 장애인과 그 가족 등 주위 사람들의 심리적 어려움, 재활과정에서 욕구, 정서, 관심, 가치관, 태도 등의 심리적 요인에서 발생하는 어려움 등에 개입하는 과정을 심리재활 또는 재활상담이라고 한다. 이러한 재활상담은 장애의 정도와 종류, 발생원인, 각자의 심리적 성향 등에 따라서 다르게 접근해야 한다(양점도 외, 2015 : 248-249).

1. 재활상담의 기초

1) 재활상담의 기본철학

(1) 기본철학

재활상담은 인간의 총체적 특성, 재활의 목적, 자주성, 독특성, 건강관리에 대한 평등한 기회, 사회경제적 참여 등의 개념을 포함한다. 재활의 초점은 장애로 기인한 기능적 제한점에 두는 것이 아니라 통합적 개념의 인간을 대상으로 집중한다. 또한 총체적 특성은 개인의 신체적·정신적 양상뿐만 아니라 가족과의 관계, 학교, 직장, 전반적인 환경 전체를 말한다. 즉, 인간은 신체, 정신, 심리, 문화, 경제 등의 개별적 구성요소로 보는 것이 아니라 전인격적인 측면에서 전체적으로 본다.

(2) 기본원리와 목적

재활상담의 기본원리는 스스로의 회복과 재활에 대한 자주성을 최대화시키고, 전반적인 건강 유지와 증진을 도모하는 것이다. 주 목적은 장애인이 그들의 일상생활에서 발생하는 상황에 잘 대처할 수 있도록 스스로가 가진 능력을 개발하고, 발휘하도록 도와주는 것이다.

재활상담에서는 개인의 유전적 특징, 생물학적 특성, 사회심리적 독특성을 강조하며, 각각의 개인에게 맞는 상담과 재활서비스를 제공한다. 이러한 개별적 특성 때문에 개개인의 욕구에 기초한 상담접근과 재활계획이 요구된다.

(3) 재활상담의 목표

재활상담의 목표는 장애인이 최대한 신체적 · 정신적 · 사회적 · 직업 및 경제적 독립을 성취할 수 있도록 원조하는 것이다. 이는 사회가 지니는 제한점과 경제상황을 인식하는 동시에 장애인이 만족스러운 삶을 영위할 수 있는 최대의 능력을 배양할 수 있도록 도와주는 것이다. 이를 통해 신체적, 정신적, 심리적으로 완전히 평온한 상태로서 심한 질병을 앓거나 중증장애를 가지고 있는 사람이라 할지라도 최적의 건강과 건전성을 유지하는 일이 가능하도록 한다.

2) 재활상담 준비과정

(1) 상담을 위한 준비

상담구성을 위한 물리적 준비는 상담목표의 성취와 재활담당 사회복지사와 장애인 간의 신뢰감을 촉진시킬 수 있도록 하는 것이다. 장애인과의 최초의 접촉이 상담실(사무실) 밖에서 이루어질 때, 재활담당 사회복지사는 상담(인터뷰) 준비를 구성하는 데 제한을 받을 수도 있다. 최초의 접촉이 사무실 안에서 이루어질 때에는 재활담당 사회복지사가 신뢰감을 높이고, 관심을 전달할 수 있는 효율적인 가구를 배치하고, 불필요한 방해물을 제거하며, 적당한 시간계획이 있어야 한다.

(2) 상담 전 고려 사항

재활상담에서의 일반적인 상식은 클라이언트를 산만하게 하는 것과 클라이언트에게 보여선 안 되는 것들을 그들이 도착하기 전에 정리하는 일이다. 클라이언트 파일, 서류, 양식, 의학적 · 심리학적 보고서 등이 이에 포함된다.

재활담당 사회복지사는 비밀이 보장되는 장소에서 클라이언트를 만나야 한다. 클라이언트는 사생활이 충분히 보장되지 않는 장소에서는 진지하고 적절한 개인적 정보를 제공하지 않을 것이다. 재활담당 사회복지사는 클라이언트와의 상담(인터뷰) 목적을 달성하기 위하여 충분한 시간을 가져야 한다. 단시간에 너무 많은 클라이언트와 예약을 하는 일은 피해야 한다. 클라이언트는 일단 상담실에 도착한 후 자신이 재활담당 사회복지사의 관심 대상이 된다고 생각하는 일이 중요하므로 전화 벨 소리나 방문 시 노크 소리같이 정신을 산만하게 하는 요소를 제거하는 일이 예약된 상담 시간 전에 이루어져야 한다.

3) 재활상담의 단계 및 과정

(1) 접수

① **목표** : 서비스에 대한 클라이언트의 욕구를 결정한다. 서비스를 제공하기로 결정하고(screening), 그렇지 않을 경우 타 기관으로 의뢰하기도 한다.

② **재활담당 사회복지사의 활동** : 제시된 문제의 확인, 서비스에 대한 욕구를 결정하고, 필요한 서비스의 소재를 파악하며, 클라이언트의 도움 요청에 대한 결정을 강화한다. 또한 이용 가능한 서비스의 성질을 묘사하며, 원조과정에서 장애인의 역할을 결정하고, 필요한 경우 위기개입 서비스를 제공한다.

③ **클라이언트의 관점** : 클라이언트는 자신의 문제가 무엇인지 알고 싶어 하며, 자기반성과 변화에 대한 두려움이 있을 수 있고, 원조신청에 대한 불안과 양가감정을 가진다.

④ **자원** : 지역사회 자원에 대한 철저한 지식이 필요하고, 원조서비스의 대안을 위한 개인적 접촉을 시도한다.

(2) 사정과 사회진단

① **목표** : 사회진단은 재활담당 사회복지사가 클라이언트에게 미치는 신체적 · 사회심리적 충격 조건을 탐구하고 측정하여 나타난 문제를 발견하여 클라이언트가 경험하는 사회문제와 연결시켜 봄으로써 행동계획 및 변화목표를 도출하려는 합동과정이다.

② **재활담당 사회복지사의 활동** : 적절한 정보의 수집과 측정을 통해 클라이언트의 신체적 기능, 심리적 기능, 사회적 기능, 환경적인 내용을 수집 · 측정한다. 또한 진단적 진술의 준비를 위해 제시된 문제, 생리 · 심리 · 사회 · 문화적 정보의 요약, 진단적 요약 등을 준비한다. 필요시 케이스 컨퍼런스와 직원회의를 수행한다.

③ **클라이언트의 관점** : 클라이언트는 도움이 필요하다는 것을 알고 있지만 누군가가 그것을 알게 되는 것과 변화를 위해 노력해야 한다는 사실이 겁이 날 수도 있다. 또한 전문적인 도움 요청의 필요성에 대한 의심이 되풀이된다. 그러므로 미리 만들어진 해결방안에 대해 희망을 갖는 것이 필요하다.

④ **자원** : 정보획득을 위한 구조로 직접적 면접, 가정방문, 진단적 집단, 정신 · 심리적 · 신체적 검사, 중요한 타인과의 부차적인 접촉, 직접적 관찰 등을 사용한다.

(3) 변화목표 설정

① **목표** : 변화를 위한 특정 목표의 파악을 위해 제시된 문제와 직접적인 관련을 갖도록 한다. 클라이언트의 긴장을 해소하도록 하며, 원조관계 외부에서의 개선상태를 언급한다. 구체적인 행동의 변화를 설정하되 평가가 가능한 것으로 한다.

② **재활담당 사회복지사의 활동** : 전체 문제군(群)에서 문제를 결정하되 반복적으로 진행한다. 문제의 우선순위를 결정하며 바람직한 목표의 상태를 구체화한다.

③ **클라이언트의 관점** : 목표를 설정하는 과정에서 클라이언트는 시작도 끝도 없는 문제 속에 빠진 것같이 느끼거나 문제의 순서를 구체화시키는 데 어려움이 있다. 스스로 처리하고 싶다는 욕구와 재활담당 사회복지사에게 바로 해결방안을 얻고 싶은 욕구 사이에서 갈등이 있을 수 있다.

④ **자원** : 이전의 측정단계에서 수집된 정보 등이 자원으로 활용될 수 있다.

(4) 치료계획 선택

① **목표** : 사례계획의 개발로 사용하게 될 치료방법을 결정한다. 간접적 원조절차를 이용하며, 필요시 보조 서비스를 활용한다.

② **재활담당 사회복지사의 활동** : 누가 클라이언트인가를 결정하며, 문제의 특징과 변화목표를 결정한다. 클라이언트의 학습형식과 방법 등을 결정한다.

③ **클라이언트의 관점** : 클라이언트는 자신의 문제를 처리하기 위한 방향을 알고 싶어 하며, 원조과정의 참여 약속에 대한 망설임이 있을 수 있다.

④ **자원** : 원조 서비스의 대안에 대한 지식이 필요하다. 특히 최근에 발달된 원조방법에 대한 지식과 경험 등의 축적이 필요하다.

(5) 업무 동의 구성

① **목표** : 클라이언트와 재활담당 사회복지사의 의도를 서술한다. 원조에 대한 목표를 제공하며, 이를 위한 사회복지사와 클라이언트의 역할에 대한 동의를 실시한다. 이후의 활동이나 결과 평가에 대한 근거를 확보한다.

② **재활담당 사회복지사의 활동** : 변화목표, 원조방법, 클라이언트의 기대, 재활담당 사회복지사의 기대, 시간, 장소 등을 포함하는 업무에 동의를 구한다. 클라이언트와의 토의 및 그의 약속을 얻어내며, 기본 목표를 재요약한다.

③ **클라이언트의 관점** : 클라이언트는 자신이 정말 이 과정을 경험하고 싶어 하는 것일까에 대해서 끊임없이 생각하며 원조과정의 신비를 제거하게 된다. 때로는 문제가 자연적으로 풀릴지 모른다는 희망을 갖기도 한다.

④ **자원** : 계약과 관련된 형태주의적 문헌, 재활담당 사회복지사의 창조력 등이 필요하다.

(6) 치료의 지속

① **목표** : 사례계획을 수행하며 변화목표를 달성한다. 치료의 수행은 개별면접, 집단모임, 가족면접 등이 있다.

② **재활담당 사회복지사의 활동** : 직접적인 원조절차는 집단을 이끌고, 가족치료 모임을 주관하며, 개별상담을 하는 것이다. 클라이언트를 위해 부차적인 계약을 수행하며 클라이언트의 진전사항을 모니터링한다. 또한 새로운 정보를 재측정하고 클라이언트가 생의 위기를 처리하도록 도와준다.

③ **클라이언트의 관점** : 클라이언트는 '나는 변화하였다' 또는 '나는 여전히 그대로이다'와 같은 갈등적 감정이 존재한다. 재활담당 사회복지사가 좀 더 많이 도와주었으면 하는 생각을 갖기도 하며, 자신이 치료과정을 잘 이용하고 있다고 느끼기도 한다.

④ **자원** : 부수적인 원조서비스, 클라이언트 스스로의 생활환경 속 지원적 자원 등이 있을 수 있다.

(7) 평가

① **목표** : 클라이언트의 변화목표를 측정한다.

② **재활담당 사회복지사의 활동** : 행동변화 도표를 작성하고 측정한다. 행동변화에 대한 클라이언트의 느낌을 파악하고, 전체 원조과정을 측정한다.

③ **클라이언트의 관점** : 클라이언트는 내가 여기까지 왔다는 변화를 믿을 수 없다거나 진전사항에 대한 의기양양함과 앞으로도 여전히 계속해야 할 일에 대해 실망감 등이 있을 수 있다. 또한 성공과 실패의 여부와는 상관없이 하나의 인간으로 계속 인정받고 싶은 욕구가 있다.

④ **자원** : 측정과 평가에 대한 형태주의적 문헌 등이 있다.

(8) 종결과 사후관리

① **목표** : 클라이언트가 재활담당 사회복지사의 원조관계로부터 지역사회의 다른 자원으로 원만하게 이양하도록 돕는다.

② **재활담당 사회복지사의 활동** : 지역사회 내에서 가능한 지원서비스를 파악한다. 서비스 종결 이후의 사후관리 계획을 작성하며, 원조관계를 초기, 중기, 종결 단계로 재구성한다. 재활담당 사회복지사의 직접적인 도움 없이도 처리해 나가는 클라이언트의 능력을 지지한다.

③ **클라이언트의 관점** : 클라이언트는 본인이 얼마나 많이 진전되었는지에 대한 자부심과 서비스 관계를 종결하여 미래의 삶을 스스로 진행해 나가야 한다는 것에 대한 양가감정이 있다. 때로는 버림받는다는 느낌을 갖기도 하고, 원조경험을 다른 측면으로 대치하고 싶은 욕구가 생길 수도 있다.

④ **자원** : 의료적 · 사회적 · 여가자원 등과 같은 지역사회 자원뿐만 아니라 자기 스스로가 자원이 될 수도 있다.

4) 재활상담 기법

(1) 수용(acceptance)

클라이언트의 이야기에 주의를 집중하고 있으며, 받아들여지고 있다는 것을 보여주는 기법이다. 클라이언트가 자신의 문제를 진술할 때 주로 많이 나타난다. "음", "네" 등의 긍정적인 언어표현과 함께 표정, 몸짓 등의 비언어적 요소도 포함된다.

(2) 명료화(clarification)

진술의 내용을 반영해 주는 특별한 방법으로서 클라이언트가 이야기한 것의 실체를 요약해 주는 기법이다. 클라이언트의 감정을 밀어붙이지 않고 그의 방황이나 흩어진 반응 등을 단순화시켜 줌으로써 통찰의 발달을 촉진시켜 주는 기법이다.

(3) 경청(listening)

말을 하지 않으면서도 상담에 적극적으로 참여하는 기법이다. 침묵의 효과적인 처리로서 클라이언트로 하여금 적극적으로 상담과정에 참여하게 하고, 자신의 이야기에 대해 생각할 여유를 제공하며, 통찰의 기회를 제공한다.

(4) 탐색(probing)

클라이언트에게 필요한 정보를 얻거나, 클라이언트의 사고를 미리 지시하거나, 또는 클라이언트가 선택한 주제를 정교화(elaboration)한다.

(5) 안심(reassurance)

넓은 의미에서 지지를 보장해 주는 기법이다. 클라이언트의 현재 신념체계에 상담을 맞추어 주고, 클라이언트의 의견에 동조해 줌으로써 불안을 감소시키는 기법이다. 장애인의 언어화에 대하여 시인하고 숙지해 주는 방법과 상담장면 이외에서의 활동을 예견하거나 추후 기술하는 방법이 있다.

(6) 반영(reflection)

클라이언트에 의해서 표현된 요소로 클라이언트의 말을 그대로 되풀이하거나 그 내용을 반영해 주는 것이 아니라 그 밑바탕에 흐르고 있는 감정을 파악하는 것이 중요하다.

(7) 구성(structuring)

클라이언트 편에서 상담 진행의 성질, 조건, 제한점, 목적 등을 제시하는 기법이다. 예를 들면, 시간, 행동, 역할 등의 제한 범위를 분명히 함으로써 효과적인 상담을 수행하는 방법이다.

(8) 종결(termination)

한 주제를 끝내거나 상담을 끝낼 때 사용하는 기법이다. 이미 언급된 사항을 한데 묶어 요약해 주고, 다음에 만날 약속을 정하며, 그에 적절한 태도를 표명하는 것 등이 포함된다.

(9) 기타 기법

시작기법(opening), 해석(interpretation), 저항(resistance), 지지(support), 인식(awareness) 등의 기법이 있다.

2. 재활상담의 실천과정

1) 클라이언트 연결하기

클라이언트는 자발적인 방문을 비롯하여 기관, 가족, 지역사회조직 등으로부터 의뢰과정을 거쳐 기관과 접촉하게 된다. 그 외에 다른 접촉방법은 재활담당 사회복지사가 기관 밖으로 클라이언트를 찾아나서는 아웃리치(outreach)로 서비스 욕구를 가지고 있지만 스스로 접촉하지 못하는 클라이언트 집단을 찾아 나서는 것이다. 기관의 클라이언트에 대한 접촉 노력이 지역사회에까지 확장되어 클라이언트를 찾고, 기관의 서비스 체계로 들어오도록 장려하는 것이다. 일반적으로 클라이언트를 위해 접근을 제공하는 일은 각각의 재활담당 사회복지사가 시작하는 것보다 체계적인 기능으로서 기관이 해야 한다.

신규 클라이언트를 위한 조사 및 연구는 소요시간이 짧아야 효과적이고, 예약은 하루 안에 이루어져야 하며, 재활담당 사회복지사는 클라이언트와 직접 바로 접촉해야 한다. 또한 재활담당 사회복지사는 클라이언트의 유입을 위해 초기접촉을 위한 시간약속과 방문계획을 수립하는 것이 필요하다.

2) 접수면접 · 사정 및 목표 설정하기

(1) 접수면접

접수면접은 클라이언트의 문제와 상황을 밝혀내는 것으로, 재활담당 사회복지사가 적합한 기관과 클라이언트의 배치가 이루어졌는지를 결정하고, 서비스가 필요한 집단이나 개인을 설정해서 대상화하는 것을 말한다. 클라이언트의 자격조건을 검토하고 경제적 상황을 평가한다. 클라이언트에게는 기관의 서비스 내용, 요구사항, 제한점 등에 관한 정보를 제공한다. 때때로 이것은 오리엔테이션의 형태로 제공되고 집단을 기초로 수행되기도 한다. 최초의 개입계획이 시작되는 단계로 접수면접 과정은 개인의 일반적인 사회심리적 정보를 수집하고, 공식 신청서를 작성하며, 일상적인 지시나 교육을 하는 공식적인 과정으로 계약이 이루어지는 단계이다.

(2) 사정

사정(assessment)에서는 보다 철저하게 문제 확인이 이루어질 수 있도록 클라이언트의 사회적 · 심리적 · 신체적 기능수행 정도를 명확히 파악한다. 또한 가족이나 클라이언트가 전에 이용하던 기관과 같은 외부 정보제공자도 활용한다. 클라이언트의 능력부여가 중요한 목적이기 때문에 클라이언트는 사정과 그 이전 과정에서의 모든 단계에서 그들 자신의 최대한의 잠재력을 끌어내도록 장려된다. 사정 시 클라이언트의 강점과 제한점을 함께 인식해야 하며, 클라이언트와 함께 욕구사정을 수행한다.

조사는 클라이언트의 잠재적 이익과 장기간 클라이언트와 관계하기 위해 신중하게 사정을 수행해야 한다. 조사는 자료조사와 수집을 통하여 클라이언트에게 제공할 수 있는 가능한 혜택과 서비스에 대한 사정뿐만 아니라 만성 장애인에 대응하는 가족의 대처능력, 협조, 노력상황 등에 관한 면밀한 사정을 요구하며, 기관 내 다양한 분야의 전문가의 도움을 구한다. 가족과 다른 역동성을 다루기 위해서는 충분한 시간이 주어져야 하고, 적절한 사정도구를 사용하거나 개발할 필요가 있다.

(3) 목표 설정하기

서비스 목표는 사정을 토대로 수립되며, 종합적인 서비스 계획을 전개하는 것을 말한다. 대부분의 재활담당 사회복지사는 클라이언트가 개선이 필요하다고 인식하는 영역이 무엇인가를 알아보고, 전문적인 목표에 클라이언트의 개인목표를 포함시킨다. 일반적으로 장·단기 목적이 설정되는데, 예를 들어 단기목표가 급성 스트레스와 같은 위기상황이나 즉각적인 수용이라면, 장기목표는 자아존중감 향상, 직업적 목적, 주택마련 욕구 등을 들 수 있다. 실천계획이나 목표 설정 시에는 클라이언트의 한계와 현실적인 측면을 고려해야 하며, 서비스 목표가 설정되면 개입계획과 자원 확인 등의 두 가지 기능을 수행한다.

3) 개입계획 또는 동원 가능한 자원 확인

특정한 목적 달성을 위한 개입서비스를 계획한 후에는 계획 실행을 위해 필요한 자원을 찾는다. 이 단계의 문제는 서비스 자원이 부족하고, 서비스 체계가 급속하게 변화한다는 것이다. 재활담당 사회복지사는 먼저 자원층(resource pool)에서 이용할 수 있는 것을 결정하고, 현실에 기초하여 서비스 계획을 수립한다.

(1) 개입계획

개입계획에는 상담과 치료를 포함하는 직접적인 치료계획과 더 나은 실천원조를 위한 개입서비스 계획, 비공식적인 외적 지지를 위해 클라이언트의 연계를 포함한 서비스 계획 등을 포함한다. 개입계획의 수립에는 장·단기 목표를 성취하기 위한 방법이 포함되며, 클라이언트와 다른 차원의 체계와 이를 가로막는 장애물을 고려하고, 이에 대응하는 부수적인 단계를 수립한다. 개입계획의 수립과정에 클라이언트의 직접적인 참여로 자신의 욕구를 정확하게 밝혀 효율적인 개입계획을 수립해야 한다.

클라이언트의 지원망을 발전시키기 위해 필요한 구성요소는 첫째, 계획안에서 실행해야 할 관련된 욕구영역에 대한 특정화, 둘째, 주요 목표의 명확화, 셋째, 서비스와 지지적 목표에 대한 분류화와 항목화, 넷째, 계획된 목표 달성을 위해 고안된 특정 활동을 수행할 담당자 선정, 다섯째, 각각의 목표 달성을 위한 시간 안배, 여섯째, 각각의 목표가 성취되었을 때, 기대되는 변화에 대한 진술 등이 포함되어야 한다.

(2) 자원 확인과 목록화

동원할 수 있는 지역사회 내의 각종 자원을 확인하고, 이를 리스트화(listing)하는 것은 적절한 서비스 자원과 조직 정보에 대한 자료를 얻기 위해 필요하다. 기관과 전화 접촉하기, 기관 대표자가 참석하고 있는 모임에 참석하기, 비공식적인 관계망, 개인적인 자원 자료 확인하기, 사무실 보관문서 확인하기, 주소록이나 인명부 확인을 통해 자원을 확인하며, 때로는 클라이언트로부터 정보를 얻을 수 있다. 클라이언트를 위한 특정 자원의 제공기회가 결여되었거나 공급이 부족할 때는 새로운 자원을 개발할 필요가 있으며, 클라이언트에 대한 서비스와 지원계획은 클라이언트, 클라이언트의 사회망, 여러 영역의 다양한 전문가가 함께 하는 팀워크를 통한 상호협력적인 과정을 거친다.

4) 지역사회와 클라이언트 연계하기

연계는 모든 재활담당 사회복지사나 사례관리자가 일상적으로 반복하는 업무이다. 공식적 지지와 비공식적 지지는 협력체계로서 고려되어야만 한다. 공식적 지지가 활동단계에서 비공식적 지지보다 선행될 수 있을 뿐만 아니라 이 둘은 동시에 실행되기도 한다.

(1) 공식적 연계

공식적 연계는 다음과 같은 활동을 포함한다. 즉, 서비스 욕구 명확히 하기, 기관에 장애인의 욕구를 세심하게 맞추기, 초기 전화접촉, 클라이언트의 오리엔테이션, 문서준비, 기관 방문 등이다. 이 과정에서 보다 효과적인 연계는 활동적이고 촉진적인 것이다.

재활담당 사회복지사는 생산적인 관계를 촉진하기 위해 구체적이고 정서적인 지지 양자를 제공하기를 원한다. 연계는 서비스 관계를 효과적으로 활용하기 위해 조직적 기술(누구와 연결시키고, 어떤 수준인지)의 사용과 지역사회 중심 기술(새로운 서비스가 개발되는 것에 대한 지식, 입법기관의 정책이 적용되는 것에 대한 지식, 이용 가능한 기금에 대한 지식)을 필요로 한다.

(2) 비공식적 연계

비공식적 연계는 자연적인 원조관계망 범위를 정하는 것이다. 가족과의 관계망도 중요하지만 가족이 부담을 견딜 수 있는지, 그들이 돕고자 하는 마음이 있는지를 먼저 사정해 보아야 한다.

재활담당 사회복지사는 필요한 지도훈련을 제공하고, 비공식적인 지지역할을 이행시키고, 자연적인 원조를 위해 필요한 상담을 제공하는 시간을 구조화해야 한다. 이러한 연계는 친구, 이웃, 지역사회로 확대된다.

5) 모니터링과 재사정

모니터링과 재사정의 기능은 큰 맥락 안에서 서로 중복된다. 모니터링은 변화가 필요할지 어떨지를 결정하는 것으로 재사정 부분에 포함된다. 또한 재사정은 현재의 서비스 제공과 조정이 클라이언트에게 어느 정도 만족스러운 상태인지 아닌지 혹은 새로운 변화의 필요성 여부를 평가하기 위해 실시한다.

(1) 모니터링

기관서비스 제공자와 비공식적 지지자와의 체계적 접촉은 모니터링의 핵심이다. 모니터링은 수립된 실행계획에서 정해진 서비스의 전달과정을 추적하는 방법으로서 재활담당 사회복지사에 의해 행해지는 활동적이고 유동적인 과정이다. 모니터링에는 전화 접촉하기, 방문하기, 클라이언트에게 전화하기, 개별적 지지자 확보하기, 클라이언트가 재활담당 사회복지사에게 전화걸기 등이 있다. 그러므로 모니터링 활동은 업무시간의 유연성이 어느 정도 필요하다.

재활담당 사회복지사는 모니터링을 위해 다음과 같은 일을 검토한다. 첫째, 클라이언트 지원망의 구성원이 목표를 달성하고, 특정 활동을 수행하며, 그들의 책임을 수행하고, 적절한 시간 안배가 이루어지고 있는지를 점검한다. 둘째, 클라이언트에 대한 계획이 수립된 시점에서 욕구를 충족시킬 수 있는 필요 서비스와 자원을 가지고 있는지를 점검한다. 셋째, 클라이언트에 대한 서비스와 지원계획이 어느 정도 잘 이행되고 있는지 점검한다. 넷째, 그 계획이 성공적인지 혹은 역행적인 결과를 가져오고 있는지 등을 점검한다.

(2) 재사정

클라이언트에 대한 장기간 보호를 전제할 때, 상황에 대한 반복적 평가가 필수적이며, 시간적인 간격을 두고 설정된 시점에 따라 공식적으로 평가가 요구되기도 한다. 재사정은 공식적이거나 비공식적일 수 있고, 간헐적으로 진행될 수도 있으며 불규칙적이거나 반복적일 수도 있다.

재사정에는 여러 가지 장애요소가 있다. 분명하지 않거나 잘못 설정된 목표는 사정을 어렵게 만들며, 클라이언트가 정보를 제공하지 않을 경우에 재사정을 하는 데 어려움이 있다. 또한 재사정은 업무과정이나 시간제한으로 방해받기도 한다.

(3) 평가

종결을 위한 성과평가는 클라이언트가 보통 재활담당 사회복지사의 전문적 판단을 기초로 더 이상 서비스가 없어도 완전히 독립적인 방법을 수행할 수 있도록 준비되었을 때 시행한다. 그러나 대부분 취약한 클라이언트는 이러한 성과평가에 도달하기 어렵다는 점을 고려해야 한다.

성과평가의 종류는 다음과 같다. 첫째, 투입평가이다. 이는 개입계획 시 구성된 전문인력, 서비스, 자원이 목표로 한 서비스 목적을 달성하기에 적정한 것인가의 여부를 평가한다. 둘째, 과정평가이다. 이를 통해 클라이언트에 대한 서비스와 지원계획에서 정해진 활동과 과업이 적절한 방법으로 수행되고 있는가의 여부를 평가한다. 셋째, 연관성 평가이다. 클라이언트에 대한 서비스와 지원계획은 클라이언트의 욕구에 부합하는 것인지를 평가하는 것이다. 포괄적 강화실천 모델에서 평가는 재활담당 사회복지사에 의해 형성되고 조정되는 서비스 계획, 구성요소, 활동이 과연 시간을 투자할 만한 가치가 있느냐 없느냐를 측정하기 위해 이용되는 과정이라고 할 수 있다.

6) 간헐적 기능

간헐적 기능은 되풀이되는 구조로 상호교류하며, 모델의 전 단계에서 사용될 수 있다.

(1) 기관 상호 간 조정

기관 상호 간 조정(interagency coordination) 기능은 공식적 정책을 통하거나 조직 상호 간의 비공식적 동의에 의해 연계기능을 촉진하기 위해 기관 상호 간의 관계를 수립하는 것이다. 기관 상호 간의 조정은 클라이언트와 서비스 체계 간의 성공적인 연계를 촉진하는 수단으로 기관 상호 간에 상호의존적이고, 의미 있는 교환을 요구하고 있다. 기관 상호 간의 조정 이해는 서비스 프로그램 시작 전이나 프로그램을 운영하는 과정에 언제라도 만들어질 수 있다.

(2) 상담

상담은 정보와 조언을 제공하는 것으로 전통적인 치료에서와 같이 심리 내적인 것이 아니라 주거, 재정, 양육, 고용과 같은 영역에서 '지금-여기'의 문제해결, 현실검증, 사회화 기술, 지역사회에서 개별적 도움주기를 포함한다.

상담에는 가족 구성원, 기관 대표자 등에게 제공되는 자문이 포함된다. 효과적인 상담접근으로는 기본적인 생활 다루기, 역할 연습하기, 행동 리모델링하기 등을 포함하여 자기관리 기술을 촉진하고, 긍정적인 강화 사용을 촉진하는 것으로 모든 단계에서 사용된다.

(3) 치료

치료는 개인적 성격문제에 초점을 두는 장기치료와 가족위기와 룸메이트와의 갈등 등과 같은 즉각적인 생활문제에 초점을 두는 단기치료로 구분한다. 클라이언트의 긍정적인 행동변화를 강화·유지하기 위해 필요에 따라 가족 구성원을 포함시키는 것이 중요하다. 또한 치료는 클라이언트가 일상생활 상황을 다루도록 돕는 '지금-여기'를 강조한다.

사회적 지원은 개입의 가장 유용한 형태로 클라이언트의 관계, 사회적 저항, 즉각적인 실제 관리에 관심을 가지는 것이다. 클라이언트가 상담과 치료를 기능적으로 중복해서 받고 있기 때문에 상담과 치료를 따로 구분하기가 어려울 뿐만 아니라 치료는 실제 개입과정에서 일반적으로 상담을 포함하기도 한다.

(4) 옹호

옹호는 이 모델의 전 과정에서 초기에 필요할 수도 있고, 후에 배치되거나 연계될 때 제공될 수도 있다. 특히 장애인재활, 복지 향상, 권익보호를 위해 필수적인 실천기법이다. 옹호는 적절한 서비스를 제공받지 못하거나 부당한 처우를 받을 때, 클라이언트를 돕는 확실하고 단정적인 접근이다.

또한 옹호는 이익을 획득하기 위하여 관료적인 장벽에 부딪히는 클라이언트를 원조한다. 이를 통해 조직적인 정치성의 인식을 포함하여 조직이 구조화되고, 활동이 이루어지는지에 대한 정교한 이해를 요구한다.

3. 재활상담 프로그램

심리적인 재활은 일반적으로 검사의 실시, 이를 통한 상담, 치료과정 등으로 이루어지는데, 그 내용은 다음과 같다.

1) 심리검사

심리검사는 객관적으로 표준화된 방식으로 행동을 측정함으로써 개인 간의 차이 및 상이한 경우 나타나는 개인의 반응들 간의 차이를 평가하는 것으로 심리검사도구를 통해 개인의 다양한 속성들, 예를 들면 지능, 흥미, 적성, 학업 성취도 및 성격 특성을 측정하여 진단, 분류, 치료, 예후 등에 유용한 정보를 얻는 것으로 크게 지능검사와 성격검사로 나누어 볼 수 있다.

(1) 지능검사

지능검사는 인간의 감각, 지각, 기억, 사고, 판단력, 문제해결력 등의 기능을 측정하는 표준화된 질문과 과제로 구성된 심리측정 도구로 대표적인 것은 다음과 같다.

① **웩슬러 지능검사** : 미국의 심리학자인 웩슬러(Wechsler)가 1939년 제작한 것으로, 지능은 개인이 합목적적인 행동과 합리적 사고를 통해 환경을 이해하고, 그것에 적응할 수 있는 총합적 · 전체적인 능력으로 정의하였다. 한국판 웩슬러 검사로 K-WAIS(성인용 웩슬러 지능검사)와 K-WISC Ⅳ(아동용 웩슬러 지능검사)가 있다.

② **고대-비네 검사** : 시몬(Simon) 등은 1905년 비장애아동과 지적장애 아동의 감별을 목적으로 비네-시몬검사를 제작하였는데, 이것이 공식 지능검사의 효시가 되었다. 이 검사는 지능이 높거나 낮은 경우 변별력이 높기 때문에 발달이 빠른 유아기의 아동이나 지적장애가 의심되는 아동에게 많이 실시한다.

③ **포테이지 아동발달지침서** : 미국 위스콘신 지역의 장애가 있는 유치원 아동들에게 유치원과정을 가르치기 위해 고안된 검사로 행동목표를 설정하

여 실시하는 프로그램이다. 우리나라에서는 개개인의 발달 변화도를 보기 위한 도구로 사용된다.

(2) 성격검사

성격은 한 개인을 타인과 구별 짓게 하는 독특성이 있으며, 순간적이거나 불규칙하게 나타나는 것이 아니라 매우 안정되고 일관되게 나타난다. 그러므로 성격검사를 통하여 성격의 특성과 증상적 경향 중 일부를 과학적으로 측정·평가하여 학업, 진학 및 취업, 성격의 지도와 교정, 치료에 기초자료를 제공하며 피검사자의 현실적이며 객관적인 자기이해에 도움을 주고자 한다.

성격검사에 응할 수 있는 대상자는 IQ 80 이상의 중학생 이상 성인으로 어느 정도 자기통찰과 이해가 가능한 사람이 대상이다. 일반적으로 장애인기관에서 많이 사용하는 검사도구는 다면적 인성검사(MMPI), 아동기자폐증평정척도, 인물화검사, 벤더 게슈탈트 검사(BGT) 등이 있다.

2) 심리상담

상담을 통해 장애인 및 가족이 가진 심리적 문제를 수용하고 잠재능력을 개발하거나 지지하며, 문제해결을 위해 지역사회 자원을 연결시킴으로써 전인적 재활이 가능하도록 돕는 과정으로 다음과 같은 유형으로 상담이 진행된다.

(1) 개인상담

개인상담은 상담자와의 일대일 관계를 통해 내담자의 성장을 돕는 기법으로 장애 수용력, 대처능력, 문제해결 능력 등의 향상을 통해 장애인 스스로 자립하도록 돕는 서비스이다.

상담은 복잡한 위기적 문제를 가졌거나 전반적인 대인관계의 어려움, 집단 앞에서 이야기하는 것에 대한 두려움, 타인의 인정과 주목에 대한 욕구가 강하기에 나타나는 적응상의 문제 등 그 주제가 아주 다양하다.

(2) 가족상담

장애인 개인의 문제 해결을 위해 가족단위로 접근하는 상담기법으로 개인의 문제가 결코 개인만의 문제가 아니라 가족 구성원 전체와 연계된다는 전제하에 출발한다. 가족 내 장애인의 발생은 가족문제를 야기하고, 반대로 가족환경에 의해 장애가 발생되기도 하기 때문이다.

(3) 집단상담

집단상담이란 전문적으로 훈련된 상담자의 지도와 구성원들 간의 역동적 상호교류를 통해 감정, 태도, 성격 및 행동양식을 탐색하고 이해하며 보다 성숙한 수준으로 향상시키는 상담기법이다.

현대인이 겪는 긴장감, 불안, 소외감 등 정서적 문제가 증가하면서 집단상담은 더욱 필요하게 되었다. 특히 장애인을 대상으로 비슷한 상황의 구성원으로 집단을 형성하여 의도적 계획하에 집단의 역동성을 통해 장애인의 자기통찰, 자기존중감, 대인관계기술, 의사소통기술 등을 강화하는 데 유용하다.

3) 심리치료

심리치료는 고통을 경험하는 내담자가 심리치료자의 전문적 도움을 통해 부적응을 극복하는 일련의 과정으로, 증상의 제거 · 수정 · 완화를 통해 장애행동을 조정하여 긍정적 성격발달을 증진시킬 목적으로 훈련된 전문가가 환자와 의도적 관계를 형성하여 정서적 문제를 심리학적 방법으로 치료하는 것을 말한다. 심리치료의 대표적인 방법으로 놀이치료, 음악치료, 미술치료 등이 있으나 이 외에도 예술치료, 가족치료 등 다양한 치료기법을 사용한다(양점도 외, 2015 : 257-261).

(1) 놀이치료

심리적 갈등이 생기고 해소되지 않은 갈등은 사람의 정서 및 행동에 영향을 주며, 이는 정서와 행동상의 문제로 표출되기도 한다. 이러한 인간 내면의 갈등과 무의식과 관련된 문제를 다루는 것이 정신치료인데, 아동의 경우 언어적 표현이 미숙하여 대화보다는 놀이를 통해 자신의 감정을 표현하고, 과거의 일을 설명하면서 갈등을 해결해 나갈 수 있다.

이를 통해 긴장감과 불안감, 좌절감과 공격성, 두려움, 당혹감, 혼란 등을 발산하고 감소시켜서 아동으로 하여금 세상을 탐구하며 타협할 수 있는 기회를 제공함으로써 부적절한 행동을 수정하고 신체적 협응력을 향상시킨다. 이를 위한 프로그램으로 개별 또는 소집단을 대상으로 주로 실시되는 내용을 살펴보면 다음과 같다.

① **정신분석적 놀이치료** : 놀이를 아동이 무의식을 표현하는 도구로 보고 놀이의 내용 및 치료자와의 전이 관계를 다룬다.

② **아동중심 놀이치료** : 치료자의 개입을 최소화하고 아동 스스로 문제를 인식하고 놀이를 통해 극복하도록 돕는 것으로 버지니아 액슬린(Virginia Axline)이 처음 소개한 방법이다.

③ **가족 놀이치료** : 부모와 아이가 놀이를 진행하고 이를 치료자가 지켜보면서 치료적 개입을 한다.

④ **인지행동 놀이치료** : 인지행동이론에 입각하여 넬(Knell)이 개발한 것으로 아동이 가지고 있는 인지구조는 행동에 영향을 미치게 되므로 잘못된 인지는 치료를 통해서 교정해 주어야 한다는 개념으로 치료자와 아동의 관계 형성에 도움을 주는 매개로서 사용된다.

⑤ **발달 놀이치료** : 브로디(Brody)가 고안한 것으로 아동의 발달 과정에 필요한 놀이를 선정해서 치료를 진행하며, 신체 접촉 등을 포함한 놀이를 진행한다.

⑥ **모래상자 놀이치료** : 로웬펠드(Lowenfeld)가 개발한 치료법으로 모래상자를 통해 놀이를 진행하는 기법이다. 아동은 모래상자 안에서 여러 가지 상황을 만들어 놀이를 진행하고 이 과정에서 스스로 문제를 해결한다.

(2) 음악치료

음악치료는 정신과 신체 건강의 복원 및 유지, 향상을 위해 음악적 요소를 사용한다. 이를 통해 치료받는 개인에게 자신과 주변 세계를 깊이 있게 이해하게 하여 사회에 잘 적응할 수 있도록 돕는다. 주로 정신질환자와 지적장애 아동을 대상으로 시행하였지만 이제는 일반인을 대상으로 진행하기도 한다.

음악치료는 다음과 같은 효과가 있다. 첫째, 사회적 · 정서적 발달을 촉진한다. 둘째, 악기의 선택적 사용과 치료사의 음정이나 리듬의 모방을 통해 촉각, 시각, 청각을 통합하고 최적화시켜 감각통합에 유용하다. 셋째, 노래는 자폐아동에게 공간개념, 수학과 언어개념, 신체 이미지, 그리고 독립적 생활기술을 가르치는 데 유용하여 지적 개념 발달에 도움을 준다. 넷째, 커뮤니케이션을 위해 치료사는 다양한 악기를 아동의 동작이나 소리에 맞추어 연주하여 아동의 신체적 반응 자체가 음악적 지시가 되어 음악적 교류를 나누며, 입으로 소리내는 연습으로 발음 훈련이 가능하다. 다섯째, 박자를 따라 연주하면서 대근육 기술을 향상시키고 악기를 조작하면서 소근육 조절능력을 향상시킨다. 마지막으로 집단 속에서 행해지는 활동은 타인과의 관계형성, 유지, 발달과 관련하여 사회성을 기른다.

(3) 미술치료

미술치료란 시각 매체를 사용하여 인간 내면의 심상을 표현하게 함으로써 무의식 속의 자기치료 능력을 개발하여 문제를 해결하고자 한다. 미술과 심리학의 접목으로 교육, 재활, 정신치료 등 다양한 분야에서 널리 사용되는 치료법으로 미술을 진단과 치료의 도구로 처음 적용한 분야는 정신질환이다.

초기에는 자유화 속에 나타난 상징성을 통해 환자 내면의 갈등을 이해함으로써 무의식 갈등을 의식화시키는 미술치료법을 주로 사용하였으나 최근에는 환자에게 다양한 환경접촉 기회를 증가시키고, 현실 검증력을 높이는 기법이 활용되고 있다.

환자뿐 아니라 재소자나 일반인을 위한 인성계발 프로그램으로 활용되기도 한다. 장애아동을 위한 미술치료는 각 발달 단계에 적합한 프로그램을 적용함으로써 장애아동의 운동, 인지, 정서 능력을 신장시키는 데 도움을 주고자 한다.

Chapter 08

장애인복지정책

1. 장애인복지정책의 기본방향
2. 장애인복지정책의 대상
3. 장애인복지 전달체계

Chapter 08

장애인복지정책

1. 장애인복지정책의 기본방향

장애인복지법 제3조(기본이념)에는 장애인복지의 기본이념은 장애인의 완전한 사회참여와 평등을 통하여 사회통합을 이루는 데 있다고 정의하고 있으며, 제4조(장애인의 권리)에는 ① 장애인은 인간으로서 존엄과 가치를 존중받으며, 그에 걸맞은 대우를 받을 것을 규정하고 있으며, ② 장애인은 국가 · 사회의 구성원으로서 정치 · 경제 · 사회 · 문화, 그 밖의 모든 분야의 활동에 참여할 권리와 ③ 장애인 관련 정책결정 과정에 우선적으로 참여할 권리가 있음을 명시하고 있다. 장애인은 이러한 권리를 향유함에 있어 차별받지 않아야 하며, 장애인의 평등성, 정상화 및 통합화는 장애인복지의 기본이념으로 점점 더 다양한 분야에서 발전하고 있는 우리나라의 장애인복지정책은 이러한 장애인복지 기본이념을 충실히 이해하고 미래를 위한 비전과 방향성을 가지고 설정되어야 한다.

장애인복지이념에 근거하여 수립되는 장애인복지정책의 기본목표는 장애인이 사회의 구성원으로서 더불어 살아가고 보편적인 삶을 유지할 수 있도록 지원함으로써 완전한 사회참여와 평등의 보장을 실현하는 것이다. 현재 우리나라에서 실시하고 있는 장애인복지정책의 중점내용은 첫째, 사전예방 강화를 통한 선천적 · 후천적으로 발생하는 장애요인을 제거하는 것이며, 둘째, 생애주기에 따른 장애의 종류와 장애 정도, 성별 등에 맞추어 장애인에게 필요한 개인 맞춤형 서비스를 제공하는 것이고, 셋째, 기존의 시혜적 복지정책에서 벗어나 4차 산업혁명 시대의 국가 경쟁력 제고를 위한 다양한 인적 자원 활용을 위해 장애인 당사자뿐만 아니라 그 가족의 경제활동 및 근로활동을 활성화하고 장애 관련 산업 증진 및 확대 등 장애인의 사회참여기회 보장과 공동체적 삶에 대한 인식공유가 가능하도록 하며, 넷째, 사회적 인식개선 및 편견의 변화 등 다양한 분야에서 일자리를 찾을 수 있도록 지원하고, 직업훈련과 고용의 기회를 제공함으로서 경제적 독립을 통한 독립적 삶을 영위할 수 있도록 하며, 다섯째, 디지털 시대 웹 접근성, 스마트 기기 활용 등을 통해 정보 접근성을 확보하여 일상생활의 편의를 도모하고, 여섯째, 장애인복지정책에 대해 지속적으로 평가하고 필요한 부분의 개선을 통한 정책의 효과성을 측정하고 수정하여 지속적으로 발전해 나가는 데 중점을 두고 있다.

장애인복지정책을 분야별로 구분하면 소득보장, 직업재활 및 고용보장, 의료보장, 교육보장, 주거보장, 문화생활보장, 시설보호, 재가복지서비스, 생활환경 개선, 장애발생 예방, 장애인단체 육성 등으로 나눌 수 있다. 이와 같은 장애인복지정책 분야들은 장애인의 권리를 보장하고 능력을 개발하며 사회적 통합을 촉진시키기 위하여 필요한 다양한 정책들을 포함하고 있다. '장애인에 대한 권리선언'에서는 장애인의 권리를 보장하기 위하여 치료, 교육, 훈련, 원조, 상담, 경제 및 사회적 보장, 법적 원조 등을 실시하여야 한다고 하고 있다. 또 장애인의 사회참여와 기회평등의 실현을 위하여 제정된 "아시아 · 태평양지역

장애인 10년을 위한 실행의제"에서는 구체적인 실천계획으로서 11개 주요 영역과 각 영역별 실천방향을 제시하고 있다. 여기에 포함된 11개 영역은 국가적 조정, 입법, 정보, 일반인의 인식, 접근성 및 의사소통, 교육, 훈련 및 고용, 장애원인 예방, 재활서비스, 보조기구, 자조단체 등이다.

장애란 단순한 개념이 아닌 여러 가지 다양한 측면을 지니고 있어 이에 대한 정책적 대응방안 역시 매우 복잡하고 다양해진다. 이러한 복잡성과 다양성은 장애인복지정책이 다양한 부문의 정책들로 구성되어야 함을 의미하는 것으로 장애인들에 대한 포용과 참여를 증진하여 사회통합을 이루는 데 주요한 역할을 하게 될 것이다.

2. 장애인복지정책의 대상

1) 장애인구 및 일반 특성

장애인 실태조사에 따르면 우리나라의 등록 장애인은 262.3만 명(2020년 5월 기준)으로 2017년에 비해 약 4.2만 명 증가하는 등 지속적인 증가 추세를 보이고 있다. 장애인구 중 65세 이상 노인의 비율은 49.9%로 2017년(46.6%)에 비해 3.3.%p 증가하여 고령화 경향을 보이며, 전체 장애인 가구 중 장애인 1인 가구 비율 역시 27.2%로 2017년에 비해 증가한 것으로 나타나고 있다.

〈표 8-1〉 장애인구 및 고령 장애인구 추정 (단위 : 명)

구 분	2008년	2011년	2014년	2017년	2020년
장애인 추정	–	2,683,477	2,726,910	2,668,411	–
등록장애인	2,137,226	2,611,126	2,646,064	2,580,340	2,622,950
65세 이상 장애인구	36.1%	38.8%	43.3%	46.6%	49.9%
장애인 가구 중 1인 가구	14.8%	17.4%	24.3%	26.4%	27.2%

출처 : 한국보건사회연구원(2020). 2020년 장애인 실태조사.

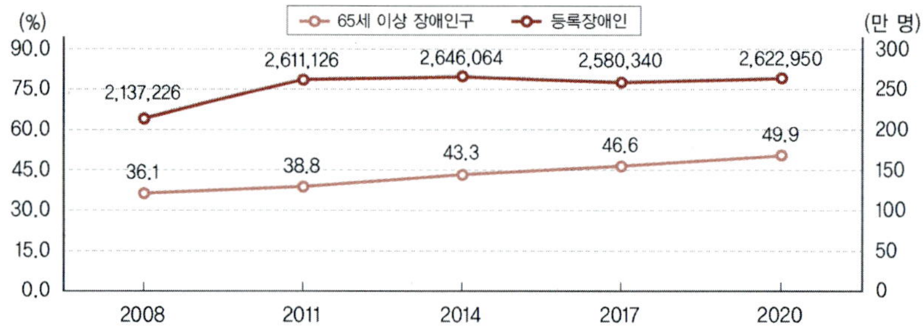

|그림 8-1| 장애인구 및 고령 장애인 비율

출처 : 한국보건사회연구원(2020). 2020년 장애인 실태조사.

(1) 교육 정도 및 결혼상태

장애인의 교육 정도는 대학 이상 학력자가 14.4%로 2017년 15.2%에서 다소 감소하였는데, 65세 미만의 대학 이상 학력자는 23.9%로 2017년 23.1%에 비해 증가하였고, 장애인의 결혼 상태는 배우자가 있는 비율이 51.3%로 나타났다.

〈표 8-2〉 장애인 교육의 정도(25세 이상 기준)

(단위 : %)

구 분	2011년	2014년	2017년	2020년	
				전 체	만 25~65세 미만
무 학	12.3	12.0	10.9	9.2	2.3
초등학교	33.0	29.4	27.5	28.4	11.6
중학교	18.4	16.0	16.8	18.1	17.2
고등학교	24.5	27.2	29.6	29.9	45.0
대학 이상	11.8	15.3	15.2	14.4	23.9
계	100.0	100.0	100.0	100.0	100.0

출처 : 한국보건사회연구원(2020). 2020년 장애인 실태조사.

〈표 8-3〉 장애인 결혼의 상태(만 18세 이상 기준)

(단위 : %)

구 분	2011년			2014년			2017년			2020년		
	남자	여자	전체	남자	여자	전체	남자	여자	전체	남자	여자	전체
미 혼	16.9	8.8	13.5	19.2	10.1	15.4	18.1	11.5	15.3	21.8	11.5	17.4
유배우	68.0	44.7	58.1	63.7	42.5	54.7	65.0	42.5	55.3	60.4	39.1	51.3
사 별	5.0	38.2	19.1	5.6	38.2	19.5	5.3	36.6	18.7	6.6	39.9	20.8
이 혼	8.8	7.2	8.1	9.3	8.0	8.7	9.9	7.9	9.0	10.5	8.7	9.7
별 거	1.3	1.1	1.2	2.0	1.0	1.6	1.6	1.5	1.6	0.7	0.7	0.7
기타 (미혼모/부)	0.1	–	0.0	0.1	0.1	0.1	0.0	0.1	0.1	0.0	0.2	0.1
계	100.0	100.0	100.0	100.0	100.0	100.0	100.0	100.0	100.0	100.0	100.0	100.0

출처 : 한국보건사회연구원(2020). 2020년 장애인 실태조사.

장애인 중 국민기초생활보장 생계급여 수급자 비율은 19.0%로 2017년의 15.0%에 비해 4.0%p 증가한 수준이며, 전체 인구의 수급률은 3.6%로 2019년 12월 기준에 비해 약 5.3배 높은 것으로 나타났다.

〈표 8-4〉 장애인 국민기초생활보장 급여 유형별 수급 (단위 : %)

구 분	2017년	2020년
생계급여	15.0	19.0
의료급여	16.2	25.8
주거급여	14.4	14.8
교육급여	1.4	1.8

주 : 제1차 의료급여기본계획에 따라 의료급여수급 대상자 중 중증장애인 가구에 부양의무자 기준 적용 제외
출처 : 한국보건사회연구원(2020). 2020년 장애인 실태조사.

2) 장애인의 생활 실태

(1) 소득수준

장애인 가구의 월평균 총 가구소득을 4분위로 구분한 후 총 가구소득에 따른 장애등록 여부에 대한 현황을 살펴보면, 장애등록을 하지 않은 비율은 1분위가 3.2%로 높은 편이고, 4분위가 1.8%로 낮은 편이다. 따라서 장애인 유무에 따라 장애인 가구의 월평균소득은 상대적으로 소득수준이 매우 낮은 것으로 나타났다.

〈표 8-5〉 월평균 총 가구소득에 따른 장애등록 여부 (단위 : 명, %)

장애등록 여부 / 가구소득	예		아니요		전 체
	빈 도	비 율	빈 도	비 율	
1분위	1,587	96.8	53	3.2	1,640
2분위	1,606	97.9	35	2.1	1,641
3분위	1,610	97.9	35	2.1	1,645
4분위	1,594	98.2	29	1.8	1,623
전체	6,397	97.7	152	2.3	6,549

출처 : 한국보건사회연구원(2020). 2020년 장애인 실태조사.

장애인의 소득 유무에 따른 장애등록 여부의 현황을 살펴보면, 장애등록을 하지 않은 비율은 소득이 없는 경우가 3%로 소득이 있는 경우 1%보다 더 높은 편에 속하였다.

〈표 8-6〉 소득 유무에 따른 장애등록 여부 (단위 : 명, %)

장애등록 여부 / 소득유무	예		아니요		전 체
	빈 도	비 율	빈 도	비 율	
소득 있음	2,208	99.0	22	1.0	2,230
소득 없음	4,819	97.0	130	3.0	4,319
전 체	6,397	97.7	152	2.3	6,549

출처 : 한국보건사회연구원(2020). 2020년 장애인 실태조사.

(2) 건강 수준 및 의료이용 실태

장애인 중 자신의 건강상태가 '좋다'고 생각하는 경우는 14.0%로 전체 인구 32.4%의 절반 이하로 낮고, 우울감 경험과 생활에서의 스트레스 경험률은 높은 것으로 나타나고 있다.

주관적 건강상태로 건강상태가 '좋음 또는 매우 좋음'이라고 응답한 비율은 14.0%이며, '나쁨 또는 매우 나쁨'은 48.7%의 비율로 나타나고 있다. 우울감 경험률은 18.2%이고, 자살생각률은 11.1%로 2017년 18.6%와 14.3%에 비해 낮아졌으나 전체 인구의 10.5%에 비해서는 여전히 높은 수준이다.

〈표 8-7〉 주관적 건강상태 (단위 : %)

구 분		장애인		전체 인구
		2017년	2020년	
주관적 건강상태	좋 음	14.9	14.0	32.4
	보 통	33.8	37.3	52.0
	나 쁨	51.3	48.7	15.6
계		100.0	100.0	100.0

〈표 8-8〉 우울감 경험, 자살생각(만 19세 이상) (단위 : %)

구 분	2017년	2020년			전체 인구
		전체 장애인	만 19~64세	만 65세 이상	
우울감 경험	18.6	18.2	17.9	18.5	10.5
자살 생각	14.3	11.1	10.8	11.5	–

출처 : 보건복지부 · 질병관리청(2019). 2019 국민건강통계.

장애인의 정기적 보건 · 의료서비스 이용은 낮아지고 미충족 의료서비스 경험 비율은 높아져서 코로나19 장기화 등 사회환경 변화로 보건 · 의료서비스 이용에 어려움을 경험하는 것으로 나타나고 있다. 또한 장애인의 76.3%가 최근 1년간 자신의 장애에 대한 치료, 재활, 건강관리를 포함하여 정기적 · 지속적 진료를 이용하고 있다고 하였는데, 이는 2017년에 비해 6.0%p 감소한 수준으로 나타났다.

〈표 8-9〉 현재 치료, 재활, 건강관리 목적의 정기적 · 지속적 진료 여부 (단위 : %)

구 분	2011년	2014년	2017년	2020년
지속적 진료 받음	72.4	78.3	82.3	76.3
지속적 진료 받고 있지 않음	27.6	21.7	17.7	23.7
계	100.0	100.0	100.0	100.0

장애인의 32.4%가 최근 1년간 병의원에 가고 싶을 때 가지 못한 경험이 있는 것으로 나타났는데, 이는 2017년에 비해 크게 상승한 것으로 보인다. 최근 1년간 병원에 가고 싶을 때 가지 못한 주된 이유는 '의료기관까지 이동의 불편', '경제적 이유', '가벼운 증상' 등의 이유로 나타났다. 또한 코로나19 등으로 인해 장애인의 외출 빈도가 크게 감소한 점도 병의원 이용경험에 영향을 미친 것으로 보인다. 장애인의 외출빈도는 2017년에 비해 큰 폭으로 감소하였으며, 전혀 외출하지 않는 경우도 8.8%로 약 2배 정도 늘어난 것으로 나타났다.

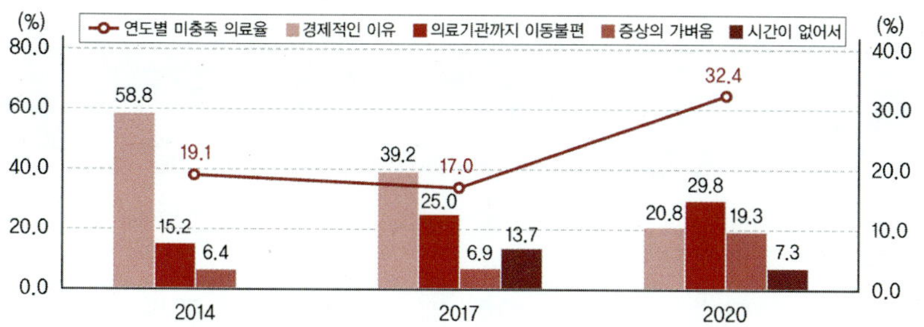

|그림 8-2| 연간 미충족 의료율(병의원) 및 주된 이유

출처 : 보건복지부 · 한국보건사회연구원(2020). 2020년 장애인 실태조사.

(3) 사회경제적 실태

장애인에 대한 차별적 인식은 좋아졌다고 느끼는 반면 장애인차별금지법에 대한 인식은 큰 변화를 보이지 않는 것으로 나타났다. 장애인 차별에 대하여 '없다'는 36.5%로 2017년 20.1%, 2014년 27.4%에 비하여 증가하였으나, 장애인차별금별지법에 대해 '알고 있다'는 10.5%로 2017년 13.9%에서 감소한 것으로 나타났다. 장애인에 대한 차별이 없다는 비율은 이전에 비해 높아졌으나 여전히 높은 수준임을 감안할 때 장애인 차별에 대한 지속적인 예방노력이 필요한 것으로 보인다. 또한 장애인차별금지법에 대한 인지율은 다소 감소하였는데, 연령별로는 장애노인의 장애인차별금지법 인지비율이 다소 낮은 것으로 나타났다.

〈표 8-10〉 장애인 차별 및 장애인차별금지법 인식(2020년)

(단위 : %)

구 분	전 체	연령별		
		만 19세 미만	19~64세	65세 이상
없 다	36.5	27.2	30.4	42.7
있 다	63.5	72.8	69.6	57.3
계	100.0	100.0	100.0	100.0

구 분	전 체	연령별		
		만 19세 미만	만 19~64세	65세 이상
알고 있다	10.5	17.8	15.5	5.4
들어본 적이 있으나 내용은 모른다	25.9	24.5	31.0	21.2
알지 못한다	63.6	57.6	53.5	73.4
계	100.0	100.0	100.0	100.0

출처 : 보건복지부 · 한국보건사회연구원(2020). 2020년 장애인 실태조사.

(4) 생활만족도

장애인의 생활만족도는 3.2점으로 2017년과 유사한 수준으로 유지되었으나 문화 및 여가생활에 대한 만족도는 2.9점으로 감소하였다. 생활영역에서는 '친구들의 수', '하고 있는 일'의 만족도가 낮아져서 외출의 어려움 등 좁아진 사회관계와 고용의 어려움을 반영하고 있는 것으로 보인다. 코로나19의 장기화는 장애인의 생활에도 영향을 미치고 있는데, 장애인이 경험한 가장 큰 어려움은 '외출', '정서적 안정', '경제활동', '의료 이용'의 순으로 나타났다.

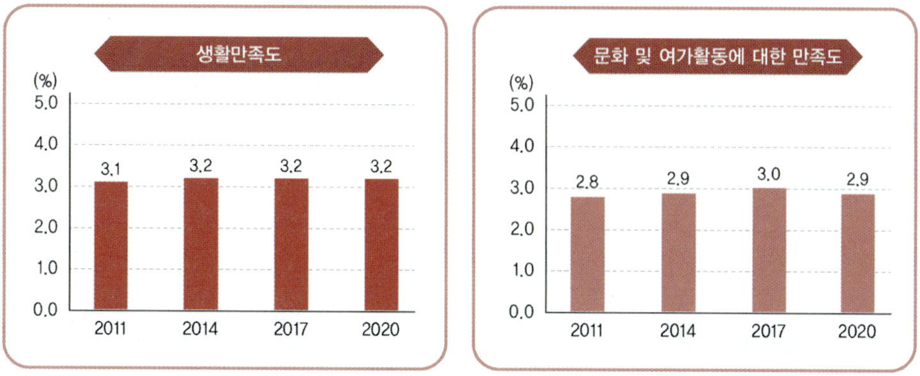

|그림 8-3| 장애인의 생활만족도와 문화 및 여가활동에 대한 만족도

출처 : 보건복지부 · 한국보건사회연구원(2020). 2020년 장애인 실태조사.

〈표 8-11〉 코로나19 장기화로 인한 어려움 (단위 : %)

구 분	어려움 없음	다소 어려움	상당히 어려움	계
식료품 및 일상용품 구매	57.5	33.3	9.2	100.0
경제활동(출퇴근, 실직 · 휴직, 휴업 등)	51.6	30.7	17.7	100.0
사회서비스 이용	52.3	34.6	13.1	100.0
의료 이용(병의원, 약국 이용)	48.5	37.9	13.6	100.0
교육 활동(학교, 학원, 온라인학습)	56.4	32.5	11.0	100.0
외 출	39.7	40.4	19.9	100.0
정서적 안정	41.9	42.5	15.5	100.0

출처 : 보건복지부 · 한국보건사회연구원(2020). 2020년 장애인 실태조사.

(5) 장애인의 주관적 경제적 인식

장애인 가구의 주관적 경제적 계층에 대한 인식은 2017년에 비하여 낮아진 것으로 나타나고 있으며, 경제적 계층에 대해 상층 또는 중층으로 인식하는 비율은 30.6%로 2017년 대비 7.9%p 감소하였으나 하층으로 인식하는 비율은 69.4%로 7.9%p 증가한 것으로 나타났다. 또한 장애인 가구는 낮은 소득 수준과 식 · 주거 및 의료비 지출 비중이 높은 열악한 경제 구조로 보인다. 장애인

가구소득은 전국가구에 비해 낮았는데, 전국가구의 71% 수준으로 소득분위 1~2분위에 59.8%가 분포하는 등 저소득가구 비중이 높으며, 장애인 가구의 소비지출은 의료비 비중이 11.6%, 전국가구는 6.7%로 저소득일수록 생계 · 의료 지출 비중이 높은 열악한 구조로 나타나고 있다.

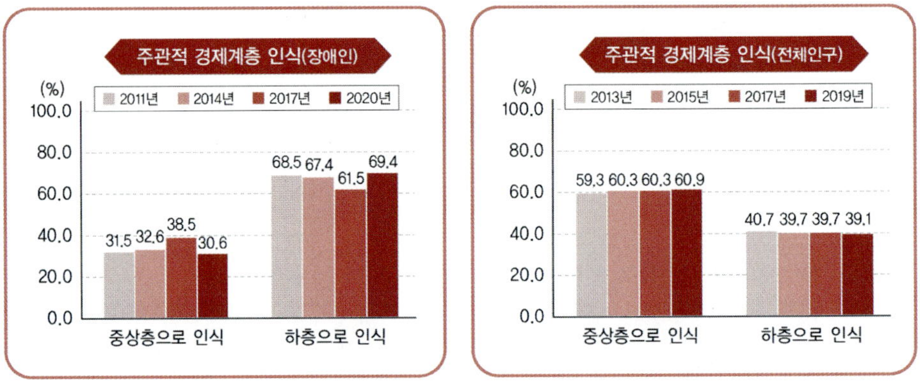

|그림 8-4| 장애인 및 전체인구의 주관적 경제계층에 대한 인식

출처 : 보건복지부 · 한국보건사회연구원(2020). 2020년 장애인 실태조사; 통계청(2020). 2020년 가계금융복지조사.

3) 장애인을 위한 돌봄의 특성과 복지혜택의 욕구

(1) 일상생활 지원 서비스

장애인의 32.1%가 일상생활에서 다른 사람의 지원이 필요한 것으로 나타났으며, 2017년의 33.9%에 비해 다소 감소하였다. 이 중 '거의 모든 일에 다른 사람의 지원이 필요'한 경우는 6.2%로 2017년(5.5%)에 비해 증가하였다. 또한 만 65세 이상 장애노인의 경우 일상생활에서 도움이 필요한 경우는 34.1%로 2017년에 비해 감소하였다. 장애인의 일상생활을 지원하는 주 지원자는 가족구성원이 76.9%(2017년 81.9%)로 여전히 가족 비중이 높게 나타났으나, 공적 돌봄 서비스 제공자의 경우도 18.7%로 지속적으로 증가하고 있는 것으로 나타났다.

활동지원사, 요양보호사 등 공적 돌봄 서비스 제공자가 주 지원자인 비율은 18.7%로 2017년 11.5%, 2014년의 11.1%에서 보다 증가하였다. 장애인 활동지원 사업의 확대, 발달장애인 활동지원서비스 등 돌봄 지원 서비스 확대 노력의 결과라 할 수 있다. 일상생활 지원 서비스(장애인 활동지원서비스, 노인장기요양보험 등) 이용 경험률은 13.5%로 2017년의 9.5%에 비해 4.0%p 증가하였다. 돌봄 서비스 확대와 이용 경험의 증가에도 불구하고 장애인의 일상생활 지원의 충분한 도움의 정도는 낮아진 경향을 보였는데, 이는 코로나19로 인한 돌봄 공백 등이 발생하였음을 알 수 있다.

(2) 복지혜택의 욕구

장애인이 가장 우선적으로 요구하는 복지혜택의 사항은 '소득보장'(48.9%), '의료보장'(27.9%), '주거보장'(7.4%), '고용보장'(3.6%)의 순으로 나타나고 있다. 소득보장에 대한 욕구가 더욱 커지고 있음과 의료보장에 이어 주거보장의 욕구가 높게 나타나는 것은 2017년과는 다소 차이를 보이고 있으며, 소득보장 욕구 증가와 고용보장 욕구의 감소는 코로나19 장기화로 인한 소득감소와 고용시장 위축을 고려하여 이해할 필요가 있을 것이다.

특히 보육·교육 시 가장 필요한 지원으로 27.0%가 발달 재활 서비스의 확대를 꼽았고, 다음으로 특수교육 보조인력 증원(19.7%)이 높게 나타났다. 여성장애인이 가장 필요로 하는 서비스는 자녀양육 지원 서비스(13.3%)였고, 뒤이어 장애인 활동지원서비스(11.3%), 출산비용 지원(10.2%), 건강관리 프로그램(10.0%)에 대한 욕구가 높은 것으로 나타났다.

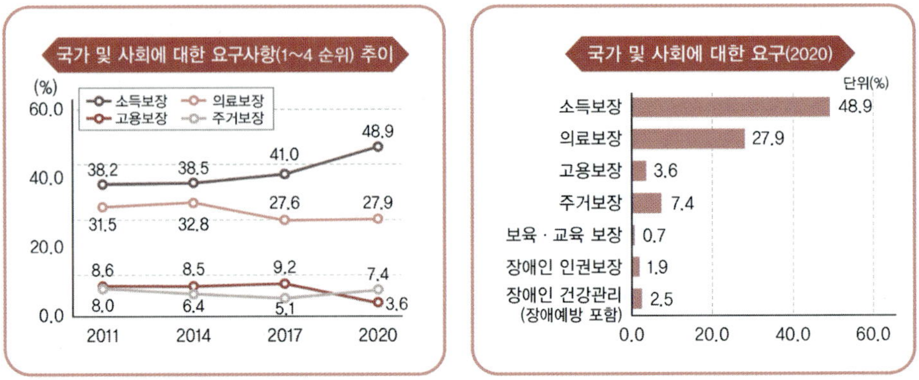

|그림 8-5| 국가 및 사회에 대한 복지 혜택의 욕구

출처 : 보건복지부 · 한국보건사회연구원(2020). 2020년 장애인 실태조사.

3. 장애인복지 전달체계

1) 장애인복지 서비스 업무기관

장애인복지 업무를 담당하는 중앙부처는 세 가지 영역으로 복지영역은 보건복지부, 교육영역은 과학기술정보통신부, 고용영역은 보건복지부와 고용노동부가 실시하고 있다. 다시 말하면 장애인복지 서비스 공급의 궁극적인 책임과 민간부문을 포함한 대부분의 재정을 부담하고 있는 공공부문과, 장애인 클라이언트와 직접 접촉하면서 장애인 복지서비스를 제공하는 민간부문으로 설명할 수 있다.

(1) 장애인정책과 : 장애인정책 및 관련법 입안 등을 통한 장애인 인권 및 권익보호

① 장애인복지 관련 종합계획의 수립 및 조정

② 장애인복지 관련 정책의 수립 및 평가

③ 장애인복지 관련 법령에 관한 사항

④ 장애인등록 및 판정에 관한 사항

⑤ 장애인 복지업무 평가에 관한 사항

⑥ 장애인단체에 관한 사항

⑦ 한국장애인개발원 운영지원

⑧ 장애예방과 발생에 관한 사항 총괄 및 조정

⑨ 외국인 장애인복지 서비스에 관한 사항

⑩ 장애인차량 LPG지원 사업

⑪ 장애인복지 전문 인력의 양성 및 지원

⑫ 그 밖에 국내 다른 과의 주관에 속하지 아니하는 사항

(2) 장애인권익지원과 : 장애인의 재활과 이동편의, 편의시설 등을 확충하고 관련법 관리

① 장애인거주시설의 지원 및 육성

② 장애인복지관 등 지역사회재활시설의 지원 및 육성

③ 장애유형별 재활프로그램의 개발 및 지원

④ 장애인 자립생활센터 및 관련 서비스의 지원·육성

⑤ 장애인차별 관련 관리·운영 및 종합대책 수립

⑥ 장애인차별금지 관련 법령 및 제도개선에 관한 사항

⑦ 장애인의 권익증진 및 사회적 인식개선에 관한 사항

⑧ 「장애인의 권리에 관한 협약」 등 국제협력에 관한 사항
⑨ 장애인의 사회참여 평가에 관한 사항
⑩ 장애인 편의증진에 관한 계획의 수립 및 평가
⑪ 장애인 편의증진 관련 법령에 관한 사항
⑫ 장애인의 이동편의 지원에 관한 사항

(3) 장애인자립기반과 : 장애인 소득보장, 취업, 직업재활 등을 통한 경제적 안정

① 장애인의 직업재활 및 소득보장에 관한 계획의 수립 및 조정
② 장애인 소득보장 관련 법령에 관한 사항
③ 장애인의 일자리 창출에 관한 사항
④ 장애인 직업재활시설의 지원 및 육성
⑤ 장애인 직업재활 프로그램의 실시 및 평가
⑥ 장애인 생산품의 판매촉진 및 우선구매제도에 관한 사항
⑦ 장애인의 창업 지원 및 자립자금의 대여사업 등 생활안정 지원에 관한 사항
⑧ 장애인 직업재활 전문 인력제도의 운영 및 지원
⑨ 장애인연금 관련 법령 및 제도에 관한 사항
⑩ 장애인연금 운영에 관한 사항
⑪ 장애인연금 국비 · 지방비 부담 기준 관리 등 재정운영에 관한 사항
⑫ 장애인연금 수급자의 선정 및 적정관리에 관한 사항
⑬ 장애수당 및 장애아동수당 운영에 관한 사항
⑭ 장애아동 특별보호연금에 관한 사항
⑮ 장애인 자산형성 및 경제적 지원 대책에 관한 사항

(4) 장애인서비스과 : 발달장애인, 여성장애인, 장애아동을 위한 활동지원 사업 관리

① 발달장애인 지원 기본계획의 수립 및 평가에 관한 사항

② 여성장애인 관련 정책의 개발 및 지원에 관한 사항

③ 장애아동 및 장애인가족 지원에 관한 사항

④ 장애인 후견제도 지원에 관한 사항

⑤ 장애인활동지원 관련 법령 및 제도에 관한 사항

⑥ 장애인활동지원 수급자의 관리 및 지원정책 수립 · 조정에 관한 사항

⑦ 장애인활동지원급여의 기준 및 급여비용의 산정에 관한 사항

⑧ 장애인활동지원 관련 이용지원에 관한 사항

⑨ 장애인활동지원기관 운영 및 활동보조인 양성에 관한 사항

⑩ 장애인활동지원기관의 현지조사 및 관리 · 평가 등에 관한 사항

⑪ 장애인활동지원급여의 사후관리에 관한 사항

⑫ 장애인활동지원사업 관리기관의 관리 · 감독에 관한 사항

⑬ 장애인활동지원사업 국비 · 지방비 부담 기준 관리 등 재정운영에 관한 사항

⑭ 장애인활동지원사업에 관한 조사 · 연구 · 홍보 및 통계관리에 관한 사항

⑮ 발달장애인 주간활동서비스 및 방과 후 활동서비스에 관한 사항

⑯ 발달장애인지원센터 운영에 관한 사항

⑰ 발달장애인 권리보장 및 지원 사업에 관한 조사 · 연구 · 홍보 및 통계관리에 관한 사항

(5) 장애인건강과 : 장애인 건강보건관리와 의료 관련 서비스지원 및 이용기관 관리

① 장애인 건강권 및 의료접근성 보장에 관한 법령에 관한 사항

② 장애인 건강보건관리 전달체계의 구축 및 지원에 관한 사항

③ 장애인 건강보건관리 사업에 관한 사항

④ 장애인 의료재활에 관한 사항

⑤ 국립재활원의 운영 및 지원에 관한 사항

⑥ 여성장애인 건강 관련 정책에 관한 사항

⑦ 장애아동 발달재활서비스에 관한 사항

⑧ 장애인 보조기기에 관한 사항

⑨ 장애인 의료비 지원에 관한 사항

⑩ 발달장애인 거점병원 및 행동발달증진센터에 관한 사항

2) 장애인정책조정위원회

장애인정책조정위원회는 장애인 종합정책을 수립하고 관계 부처 간의 의견을 조정하며, 그 정책의 이행을 감독·평가하기 위하여 국무총리 소속하에 설치되어 있다.

(1) 심의 및 조정 기능

① 장애인복지정책의 기본방향에 관한 사항

② 장애인복지 향상을 위한 제도개선과 예산지원에 관한 사항

③ 중요한 특수교육정책의 조정에 관한 사항

④ 장애인 고용촉진정책의 중요한 조정에 관한 사항

⑤ 장애인 이동보장 정책 조정에 관한 사항

⑥ 장애인정책 추진과 관련한 재원조달에 관한 사항

⑦ 장애인복지에 관한 관련부처의 협조사항

⑧ 기타 장애인복지와 관련하여 대통령령이 정하는 사항

(2) 권한 및 구성

위원회는 필요하다고 인정되면 관계 행정기관에 그 직원의 출석 · 설명과 자료의 제출을 요구할 수 있다.

위원회의 구성은 위원장 및 부위원장 각 1인을 포함한 30명 이내의 위원으로 구성하며, 위원장은 국무총리가 되고, 부위원장은 보건복지부장관이 되며, 위원은 당연직 위원과 위촉위원으로 구성한다.

당연직 위원은 위원장이 지정하는 중앙행정기관의 장이 되며, 위촉위원은 장애인 관련 단체의 장이나 장애인 문제에 관한 학식과 경험이 풍부한 자 중에서 위원장이 위촉하되, 위촉위원 중 2분의 1 이상은 장애인으로 한다.

(3) 장애인정책조정실무위원회

위원회는 심의사항을 미리 검토하고 관계기관 사이의 협조사항을 정리하기 위하여 위원회에 '장애인정책조정실무위원회'를 둔다. 실무위원회의 위원장은 보건복지부차관이 되고, 부위원장은 보건복지부 소속 장애인 관련 업무를 담당하는 고위공무원단 소속 공무원이 된다.

3) 장애인정책책임관

중앙행정기관의 장이 해당 기관의 장애인정책 수립 · 시행을 담당하는 고위

공무원단 소속 공무원 또는 이에 상당하는 공무원 중에서 지정할 수 있다.

① 장애인정책 추진계획의 수립에 관한 사항

② 장애인정책 추진상황의 점검 및 평가에 관한 사항

③ 장애인정책 추진 관련 대외협력 업무

④ 그 밖에 장애인의 권익증진과 장애인에 대한 사회적 인식 개선을 위한 사항으로서 중앙행정기관의 장이 정하는 업무

4) 지방장애인복지위원회

장애인복지 관련 사업의 기획 · 조사 · 실시 등을 하는 데에 필요한 사항을 심의하기 위하여 지방자치단체에 지방장애인복지위원회를 설치할 수 있으며, 위원장 1인(지방자치단체의 장)을 포함한 30인 이내의 위원으로 구성한다.

5) 장애정도심사위원회

장애인의 장애인정 및 등급사정에 관한 업무를 담당하게 하기 위하여 보건복지부에 장애정도심사위원회를 설치할 수 있으며, 위원회는 장애인정 · 장애등급 사정기준 및 장애진단방법에 관한 사항, 기타 장애인정 및 장애등급사정과 관련하여 보건복지부장관이 부의하는 사항 등에 관하여 심의한다.

6) 장애인복지상담원

장애인의 복지향상을 위한 상담 및 지원업무를 담당하도록 하기 위하여 시 · 군 · 구에 장애인복지상담원을 둔다. 장애인복지상담원은 그 업무를 행함

에 있어 개인의 인격을 존중하고, 업무상 알게 된 개인의 신상에 관한 비밀을 누설하여서는 안 된다. 이 규정을 위반하여 업무상 알게 된 개인의 신상에 관한 비밀을 누설한 자는 1년 이하의 징역 또는 500만 원 이하의 벌금에 처한다.

(1) 장애인복지상담원의 임용자격

① 사회복지사 자격증의 소지자
② 특수학교의 교사자격증 소지자
③ 장애인복지 관련 직무 분야에서 근무한 경력이 3년 이상인 사람으로서 해당 지방자치단체의 규칙으로 정하는 임용예정 계급에 상당하는 경력기준에 상응하는 사람
④ 임용예정 직급과 같은 직급에서 공무원으로 2년 이상 근무한 사람

(2) 장애인복지상담원의 직무

① 장애인과 그 가족 또는 관계인에 대한 상담 및 지도
② 장애인에 대한 진단 · 진료 또는 보건 등에 관한 지도와 관계 전문기관에 대한 진단 · 진료 또는 보건지도 등의 의뢰
③ 장애인복지시설에 대한 장애인의 입소 · 통원 또는 그 이용의 알선
④ 장애인에 대한 재활보조기구의 교부와 사용 · 수리 등에 관한 지도
⑤ 장애인에 대한 직업훈련 · 취업알선과 이에 관한 관계 전문기관에 대한 의뢰
⑥ 장애인을 위한 지역사회자원의 개발 · 조직 · 활용 및 알선
⑦ 장애인복지시설 또는 장애인에 관한 조사 및 지도
⑧ 기타 장애인의 복지증진에 관한 사항

7) 전달체계의 문제점과 개선 방안

장애인복지서비스 전달체계는 보건복지부를 중심으로 교육부, 고용노동부, 행정안전부 등 상당수의 중앙부처가 적용 대상에 따라 부분적으로 관여하고 있다. 장애인의 다양한 욕구와 문제 해결을 위하여 다양한 조직이 유기적으로 협력과 조정을 통하여 서비스를 전달하는 것은 매우 바람직하다. 하지만 한편으로는 각 부처의 담당 업무를 중심으로 단편적으로 서비스를 제공하기 때문에 시너지 효과를 발생시키지 못하는 측면을 간과할 수 있다. 이에 향후 장애인복지 전달체계를 개선하기 위한 문제점과 개선방안은 다음과 같다.

(1) 수직적 전달체계

우리나라의 장애인복지는 일방적이고 수직적 전달체계라는 점이다. 상의하달식 수직적 전달체계는 지역 특성과 욕구를 반영한 복지서비스를 제공할 여건이 되지 못한다. 장애인의 욕구는 즉시적으로 충족되어야 할 뿐만 아니라 지역적 특성에 따라 욕구는 상이하게 나타날 수 있다.

(2) 전문 인력의 부족

전문 인력의 부족 문제를 들 수 있다. 장애인의 자립 · 자활을 가능하게 하려면 상담 등의 전문적 대인서비스가 필요하며, 사후관리와 보호가 이루어져야 하며 이러한 과제는 전문 인력에 의해 수행되어야 한다. 하지만 전문 인력을 양성하는 교육기관도 충분하지 못할 뿐만 아니라 교육받은 전문가들이 활동할 수 있는 현장도 조성되어 있지 못한 실정이다.

(3) 연계성과 통합성의 부족

공공부조 및 관련 서비스 영역과의 연계성과 통합성의 부족이다. 현재 장애인복지서비스 대상자는 대부분 공공부조 대상자이며, 이들에게 제공되는 서비스는 각 분야별로 분리해서 제공되는 것보다 연계된 서비스 제공이 효율적일 것이다.

(4) 역할분담의 미비

중앙정부와 지방자치단체 간의 역할분담이 미비하다. 장애인복지서비스에 대한 중앙정부와 지방정부, 지방정부 간, 즉 광역자치단체와 기초자치단체 간, 공공기관과 민간기관 간에 정확한 역할 분담이 이루어지지 않고 있다.

이와 같은 문제점을 해결하기 위한 방안을 제시하면 다음과 같다.

첫째, 중앙부처 기능의 통합과 조정이 필요하다. 장애인복지서비스의 정책 결정과 집행의 일관성 및 전체성을 중시하여 중앙부처 간의 업무가 조정되어 장애인의 욕구를 해결할 수 있는 전문적 서비스가 유기적으로 제공될 수 있도록 전달체계를 재정비하고 통합적으로 운영해야 할 것이다.

둘째, 광역시 · 도의 역할과 기능 강화이다. 사회복지와 관련된 업무가 지방자치단체로 이관되어 지방자치단체가 실질적으로 장애인복지사업을 계획하고 실시할 수 있는 환경이 마련되었다. 따라서 시 · 도가 수행하는 업무의 분담에 대한 기능을 강화하여야 하며, 이를 위하여 관련 부서의 업무를 통합하거나 조정하는 구조개혁이 요구된다. 장애인 자립과 관련된 욕구는 지역의 특성과 실정에 적합한 정책을 계획하여야 하며 광역시 · 도는 이러한 업무를 효과적으로 수행할 수 있도록 역할과 기능이 강화되어야 한다.

셋째, 지역사회의 역량강화이다. 장애인재활과 자립을 위하여는 공공 영역의 전달체계만으로는 한계가 있다. 장애인복지관을 비롯하여 지역사회에 존재하고 있는 다양한 조직과 단체를 모아서 네트워크를 형성하고 자원 활용, 인식 개선, 재활사업의 참여 등에 지역사회가 적극적으로 참여할 수 있도록 역량을 강화하여야 한다. 특히 보건복지부 산하 조직이 없기 때문에 시 · 군 · 구 단위의 보건소 및 행정복지센터를 적절하게 활용하여 장애인복지전담인력을 확보하는 것도 고려할 수 있을 것이다.

Chapter

09

장애인 소득보장

1. 소득보장
2. 고용보장
3. 장애 예방
4. 이동권 및 정보접근권 보장

Chapter 09

장애인 소득보장

장애인 소득보장정책은 장애인의 기본적인 생계를 보장하고 경제활동에 참여할 수 있는 기회를 제공함으로써 사회참여를 돕는 정책으로 장애인의 경제적 자립 및 생활수준 향상 등을 목표로 하며 장애인이 최소한의 안정적 생계를 유지할 수 있도록 다양한 급여와 지원을 제공하는 것을 말한다.

1. 소득보장

장애가 초래하는 경제적 비 보장에 효과적으로 대응하기 위해서는 장·단기적 관점에서 소득보장체제 개선을 위한 방안이 필요하다. 소득보장정책은 사회보장정책의 하위 개념으로서 장애인의 소득을 일정 수준 이상으로 유지시켜 주는 제도를 의미한다. 즉, 단기 또는 장기 실업과 관련된 위험을 완화시키고 사회불안을 사전에 예방하며 소득재분배를 통해 공평한 사회로 가기 위한 제도라 할 수 있다. 우리나라 장애인 소득보장 정책은 저소득계층으로 한정하여 지원하는 직접적 소득보장정책과 간접적 소득보장정책으로 나누어진다.

1) 직접적 소득보장

직접적 소득보장정책은 공공부조로서 행해지는 정책과 사회보험정책이 있으며, 국민연금, 산업재해보상보험, 국민기초생활보장제도와 장애수당제도, 장애아동부양수당제도, 장애인연금 등이 있으며, 개별 법률 규정에 의하여 이루어지고 있다. 정부는 장애인의 직접적 소득보장을 위해 장애인복지법에 근거하여 국민기초생활보장법상의 생계급여 수급자로서 장애 등급이 1급 또는 2급인 자, 3급 지적장애 또는 발달장애인으로서 다른 장애가 중복된 자에 대하여 1인당 월 6만 원의 장애수당을, 그리고 장애등급이 3~6급인 장애인에게는 월 2만 원의 장애수당을 별도로 지급하고 있다.

또한 국민기초생활보장법상의 생계급여 수급자로서 18세 미만의 1급 장애아동의 보호자에 대하여 1인당 월 5만 원의 장애아동부양수당을 지급하고 있다. 그러나 국민기초생활보장제도의 경우 수급자 선정 및 급여에 있어 장애로 인한 추가 지출 비용이 고려되지 않아 소득 보충에 어려움을 겪고 있는 실정이다.

그리고 개별 법률의 규정에 의하여 장애를 입은 경우 일시금으로 보상금을 지급하고 있다. 예를 들면, 국민연금법에 따른 장애급여, 산업재해보상보험법에 따른 장애급여, 교통사고 등에 따른 일시급여 등을 들 수 있다. 그러나 이러한 급여가 일시에 지급됨에 따라 노동력을 상실한 장애인에게 안정적 소득이 되지 못하는 점을 감안한다면, 최소한 공적보험의 성격을 가진 보험의 경우,

급여를 연금방식으로 전환함으로써 장기적 생활 안정이라는 제도 본래의 목표를 달성할 수 있을 것이다.

2) 간접적 소득보장

정부의 장애인에 대한 간접적 소득보장정책은 경제적 부담을 경감시키는 정책으로 장애인 의료비 지급, 장애인 자녀교육비 지원, 장애인 재활보조기구 교부 및 관세 감면, 장애인용 자동차에 대한 감면, 장애인에 대한 공동주택 공급, 소득세 공제 등 기타 장애인의 지원정책을 들 수 있다.

(1) 장애인 의료비 지원

장애인의료비 지원 사업은 장애인으로 등록된 자의 외래 입원, 약국 등을 통해서 치료를 받을 경우 일정 부분의 본인부담금만 부과하고 일정 금액 또는 전액을 지원하는 것을 말한다. 장애인의료급여 지원대상은 국민연금공단의 등급판정을 받은 등록 장애인으로서 건강보험상의 차상위계층으로 의료비 본인부담경감대상자 가운데 만성질환자이거나 18세 미만인 경우, 의료급여 2종 수급자로서 근로능력세대인 기초수급자이다. 장애인의료급여는 〈표 9-1〉에서 보는 바와 같이 외래(방문)치료의 경우 개인의원(1차의료기관)을 방문해서 약을 직접 조제 받았다면 본인부담금 1,500원 중에서 750원을 납부하고 750원은 경감되며, 외래치료로 2차의료기관(준종합병원)에 만성질환자가 MRI, CT, PET 등의 특수촬영을 받았다면 촬영비 총액의 15%를 지원받는다. 또한 약국에서 직접조제를 받거나 처방조제를 받는 경우에는 의료비 지원을 받을 수 없고 본인부담금만 납부하면 된다.

〈표 9-1〉 장애인 의료비 지원 내용

<table>
<tr><th>구 분</th><th colspan="2">의료급여기관</th><th>구 분</th><th>본인부담금</th><th>장애인의료비
지원내용</th></tr>
<tr><td rowspan="7">외래</td><td colspan="2" rowspan="2">제1차 의료급여기관
(의원, 보건의료원)</td><td>원내 직접 조제</td><td>1,500원</td><td>750원</td></tr>
<tr><td>그 이외의 경우</td><td>1,000원</td><td>750원</td></tr>
<tr><td rowspan="4">제2차
의료급여기관</td><td rowspan="3">제17조
만성질환자</td><td>원내 직접 조제</td><td>1,500원</td><td>전액</td></tr>
<tr><td>그 이외의 경우</td><td>1,000원</td><td>전액</td></tr>
<tr><td>특수장비촬영
(CT, MRI, PET)</td><td>특수장비총액의 15%
(차상위 14%)</td><td>전액</td></tr>
<tr><td>만성질환자 외</td><td colspan="2">의료(요양)급여비용 총액의 15%
(차상위 14%)</td><td>전액</td></tr>
<tr><td colspan="2">제3차 의료급여기관</td><td colspan="2">의료(요양)급여비용 총액의 15%
(차상위 14%)</td><td>전액</td></tr>
<tr><td rowspan="2">입원</td><td colspan="2" rowspan="2">제1 · 2 · 3차 의료급여기관</td><td colspan="2">의료(요양)급여비용 총액의 10%
(차상위 14%)</td><td>전액</td></tr>
<tr><td colspan="2">본인부담 식대</td><td>없음</td></tr>
<tr><td rowspan="2">약국</td><td colspan="2" rowspan="2">약국에서 의약품을 조제하는
경우</td><td>처방조제</td><td>500원</td><td rowspan="2">없음</td></tr>
<tr><td>직접조제</td><td>900원</td></tr>
</table>

출처 : 보건복지부(2023). 장애인복지사업안내.

(2) 장애인 자녀교육비 지원

장애인 자녀의 교육과 관련하여 장애인복지법 제38조 "장애인복지실시기관은 경제적 부담 능력 등을 감안하여 장애인이 부양하는 자녀 또는 장애인 자녀의 교육비를 지원할 수 있다"는 규정에 따라 장애인 가구의 소득과 재산을 고려하여 자녀교육비를 지원하고 있다. 이 규정에 따른 지원대상은 최저생계비(1인가구 784,424원/ 2인가구 1,335,642원) 130% 이하 1~3급 장애인 중고생 본인 및 1~3급 장애인 중고생자료이다. 지원내용은 〈표 9-2〉와 같이 중학교 재학생 수업료 및 고등학교 입학생과 재학생의 입학금 및 수업료 전액을 지원하고 있다.

〈표 9-2〉 장애인 자녀교육비 지원 내용

구 분	대 상	지급기준	기존대상자	신규대상자
학비 (입학금/ 수업료)	高	입학금 : 高1년만 전액 수업료 : 전액 월할지급	입학금 : 전액 수업료 : 전액 월할 지급	입학금 : 3~5월 중 신청자만 전액 수업료 : 전액-신청달부터 월할지급
교과서	高	125,900원-학년초 일괄지급	학년초 일괄지급	최초 학비와 동시지급(연 1회 무조건)
부교재	中	37,500원-학년초 일괄지급	학년초 일괄지급	신규발생 시 지급(연 1회 무조건)
학용품	中/高	25,500-1학기 25,500-2학기	학년초 일괄지급	상반기 신청 : 1, 2학기 지급 하반기 신청 : 2학기만 지급

출처 : 보건복지부(2023). 장애인복지사업안내.

지원 대상 학교의 범위는 중학교, 실업계 · 인문계 정규 고등학교와 기술학교, 고등공민학교 또는 이에 준하는 각종 학교와 중학교, 실업계 및 인문계 고등학교 과정 학력 인정 평생교육시설이 해당된다. 그러나 타 법령에 의해 이중 지원을 받는 경우는 제외된다.

(3) 장애인 재활보조기구 교부 및 관세 감면

정부는 장애인의 재활보조기구 교부와 관련하여 장애인복지법 제8조의 규정에 따라 국민기초생활보장법상 수급자 및 차상위계층의 지체, 뇌병변, 시각, 청각, 심장애인에 대하여 욕창방지용 매트, 음향신호기의 리모컨, 음성탁상시계, 휴대용 무선신호기, 자세보조용구를 공급하고 있다.

그러나 정부가 지원하는 재활보조기구의 지원 대상이 국민기초생활보장 수급자 및 차상위계층으로 한정되어 있어 중산층 장애인에게는 아무런 실익이 없으며, 지원 품목도 단순 품목 정도에 그치고 있는 실정이다. 따라서 재활보조기구 시장의 제약이라는 특성과 고기능성 제품의 비용 과다 등의 요인으로 인해 실제 중증장애인이 재활보조기구에 의존하여 평생을 살아간다는 것은 어려운 실정이다. 그러나 관세법 제91조 4, 5호 규정에 의거 장애인을 위한 용도로 특수하게 제작 또는 제조된 물품과 장애인의 진단 및 치료를 위한 의료용구의 수입 관세의 감면으로 장애인의 경제적 부담을 경감해 주고 있다.

또한 장애인복지법 제32조의 규정에 의한 장애인복지시설 및 장애인의 재활의료를 목적으로 국가 · 지방자치단체 또는 사회복지법인이 운영하는 재활병 · 의원에서 장애인의 진단 및 치료를 위하여 사용하는 의료용구와 시각장애인, 청각장애인, 언어장애인, 지체장애인, 만성신부전증 환자, 희귀 난치성 질환자들을 위한 용도로 특수하게 제작되거나 제조된 물품 중 관세법 시행규칙 별표2에서 정하는 물품들을 공급하고 있다.

〈표 9-3〉 장애인 재활보조기구 지원 내용

구 분	물품내용
부가가치세 0세율 적용 물품	팔 의지, 다리 의지/수동휠체어, 전동휠체어/청각보조기기/점자교육용보조기기/점자읽기자료/휴대용점자기록기/점자프린터/표준네트워크전화기/특수출력소프트웨어/특수키보드/컴퓨터 포인팅용 장치/다리보조기/척추 및 머리보조기/팔보조기/보행용 막대기 및 지팡이/촉각막대기 또는 흰지팡이/팔꿈치 목발/아래팔목발/겨드랑이 목발/양팔 조작형 보행용 보조기/욕창방지방석 및 커버/욕창예방용 등받이 및 패드/침상용 욕창 예방보조기구/침대 및 침대장비(욕창 방지용으로 한정)/대소변 흡수용 보조기구/비디오자막 및 자막텔레비전 해독기/시각 신호 표시기/음성출력읽기자료/영상 확대 비디오 시스템/보청기/인공달팽이관장치/인공후두
관세 면제 물품	음성 또는 점자 체온계, 체중계, 혈압계/점자 교육용 보조기기/점자읽기자료/지각훈련용 보조기기 중 청각 훈련용 보조기기/음성 및 언어능력 훈련용 보조기기/팔, 몸통, 다리 운동 장치 및 스포츠용 머리보조기/기립틀 및 기립을 위한 보조기기/팔 의지, 다리 의지/호흡용 보조기(산소통 없이 사용하는 것)/안면보형물, 구개보형물, 가슴보형물 의지/대호장치, 의사소통용 증폭기(휴대용)/TV용, 전화용, 강연청취용 헤드폰/청각보조기기, 청각보조용 액세서리/시각신호표시기/읽기 및 독서용 시력보조기/영상확대 비디오 시스템/확대용 돋보기안경, 렌즈 및 렌즈시스템/양팔조작형 보행용 보조기/수동휠체어, 전동휠체어/시계 및 시간측

정장치/시각장애인용 나침반, 타이머/문자판독기/촉각막대기 및 흰지팡이/대소변흡수용 보조기구/욕창방지방석 및 커버/욕창예방용 등받이 및 패드/침상용 욕창예방 보조기구/욕창방지용 침대 및 침대장비/목욕통, 목욕의자, 바퀴가 있거나 없는 샤워의자/소변처리기/안경 및 콘텍트렌즈/점자타자기/촉각화면 표시기/점자키보드/프린터/사람을 제외한 질량 특정용 보조기기 및 도구/특수출력소프트웨어/음성화면표시기/장애인 보조견/인공후두/인공달팽이관장치/인조인체부분/보청기/장애인용특수차량, 선천성 대사질환자용 식품/인공신장기/치료제(고쉐병, 부신백질 디스트로피, 근육이양증, 윌슨병, 후천성면역결핍증, 혈우병, 삼킴장애, 장기이식, 타이로 신혈증, 신경섬유종, 헬모글로빈뇨증, 요독증후군, 전신 중증근무력증, 시신경척수염)/핸드벨 및 차임벨/몬테소리교구/디 · 엠 · 엘 교구

(4) 장애인용 자동차에 대한 감면

장애인은 장애로 인하여 보행에 불편을 겪을 뿐 아니라 보행상의 불편을 이유로 사회적 참여의 제한을 받는 경우가 많다. 이러한 보행상의 불편과 사회적 참여의 문제를 해결하기 위한 방안으로 장애인용 자동차에 대한 조세 감면과 더불어 유료 도로통행료 할인, LPG연료 사용을 통한 경제적 부담경감책을 추진하고 있으며 내용은 다음과 같다.

첫째, 장애인 자동차 표지를 발급받아 부착한 차량에 대하여 장애인전용주차구역에 대한 주차 허용, 10부제 적용 제외, 지방자치단체가 조례로 정한 범위 내에서 주차요금 감면, 지방자치단체가 건설한 유료 도로 통행료 등 면제, 둘째, 장애인용 차에 대한 특별소비세 및 교육세 전액 면제, 셋째, 승용자동차에 대한 LPG 1일 2회 사용 허용(회당 40,000원 한도) 및 LPG 연료인상액 세금 지원, 넷째, 장애인용 차량에 대한 취득세, 등록세 등을 면제해 주고 있다.

〈표 9-4〉 장애인 자동차 관련 지원 내용

구 분	혜택내용
자동차 검사 수수료 감면	• 지원대상 : 중증장애인, 경증장애인 및 주민등록등본상 같은 세대보호 1인 • 지원내용 : 승용자동차, 12인승합차, 적재량 1톤 화물차는 자동차 정기, 종합검사 시 장애등급에 따라 검사수수료 차등 감면 [장애정도가 심한 장애인(1~3급) : 50% 감면] [장애정도가 심하지 않은 장애인(4~6급) : 30% 감면]
자립자금 지원	• 지원대상 : 기준중위소득 50% 초과 100% 이하 가구의 성년 등록 장애인 • 지원내용 : 생업이나 출·퇴근을 위한 자동차 구입비에 대한 정부대여지원 [9인승 이하 승용차] [휠체어 탑승장치 등 특수장비 장착비용 추가지원 가능] [출·퇴근용 특수차량 자동차 분류기준과 무관하게 지원]
LPG 승용차	• 지원대상 : 장애인 본인 또는 주민등록등본상 동일 세대 보호자 1인 • 지원내용 : 승용차 LPG연료 사용 가능, 휘발유차량 LPG차량 변경 가능
고속도로 통행료감면	• 지원대상 : 장애인 또는 공동명의로 등록한 보호자가 운행하는 차량에 장애인 동승 시 • 지원내용 : 장애인 자동차 표지가 부착된 차량에 장애인이 탑승 시 50%
과태료 감면	• 지원대상 : 장애 정도가 심한 장애인(1~3급) • 지원내용 : 교통법규 위반 시 과태료 50% 감면, 장애인 본인이 운전할 시
공영주차장 주차요금 감면	• 지원대상 : 장애인 본인 또는 공동명의로 등록한 보호자가 운행하는 차량에 장애인 동승 시 • 지원내용 : 공영주차장 이용 시 주차요금 면제 및 할인 [일반 공영주차장 : 50% 할인] [환승 공영주차장 : 1회 한해 3시간 면제 후 80% 할인]

(5) 장애인에 대한 공동주택 공급

대한주택공사 등의 공공기관 또는 민간업체에서 국민주택 등에 해당하는 공동주택을 공급(분양·임대)할 때 무주택 세대주인 장애인에 대한 특별공급을 알선함으로써 장애인의 주거 안정을 지원하고 있다. 장애인이 거주하는 주택의 구조에 관하여는 국가적으로 아무런 정책이 없는 실정이다. 즉, 장애인이 거주하는 주택에 대한 화장실 손잡이 설치 등 편의시설에 대한 표준설계기준이 전무한 실정으로 주택 공급자의 일방적 공급에 맞추어 입주하고 있는 실정으로 앞으로 노인주택뿐만 아니라 장애인이 주로 거주하는 주택에 대한 표준설계도 등이 개발되어야 할 것이다.

(6) 기타

장애인의 간접적 소득보장정책으로 소득세 공제, 상속세 공제, 증여세 비과세, 전화요금 할인, TV 수신료 면제, 이동통신요금 감면, PC통신 요금 감면, 교통요금 및 공공시설 이용요금 등 할인, 법률구조제도 및 무료법률구조제도, 특허출원료 또는 기술평가 청구료 등의 감면정책 등이 있다.

2. 고용보장

1) 장애인 경제활동 현황

'2022년 하반기 장애인경제활동 실태조사' 결과에 따르면 우리나라의 만 15세 이상 등록장애인구는 2,583,530명이며, 경제활동참가율 36.0%, 고용률 34.3%, 실업률 4.5%로 나타났다. 이는 2022년 상반기 대비 경제활동참가율과 고용률 모두 2.1% 하락하였으나 실업률은 변동이 없는 것으로 보이며, 같은 기간 전체인구의 경제활동참가율은 0.6%p, 고용률은 0.3%p 하락하였고 실업률은 0.6%p 하락하였다. 전체 인구와의 고용률 격차는 28.4%로 2022년 상반기(26.6%p) 대비 1.8%p 하락하였다. 즉, 경제활동참가율의 경우 전체 인구와의 격차는 28.3%p로 2022년 상반기의 26.8%p보다 증가하였고, 실업률은 장애인이 더 높으며, 전체 인구와의 격차는 2.1%p이며, 2022년 상반기의 1.5%p보다 상승하였다.

우리나라 만 15~64세 등록장애인 수는 1,222,640명으로 51.5%가 취업, 실업의 형태로 경제활동에 참여하고 있는데 취업자는 594,867명으로 고용률은 48.7%, 실업자는 30,410명으로 4.9%로 나타났다. 만 65세 이상 등록장애인 수는 전년대비 13,579명 증가한 1,360,890명으로 추정되었으며, 21.4%가 취업, 실업의 형태로 경제활동에 참여하고 있으며, 만 65세 이상 장애인의 경제활동지표는 전체인구와 반대로 경제활동률과 고용률은 하락하고 실업률은 상승하는 것으로 나타났다. 또한 15세 이상 장애인의 경제활동상태를 주요 인구통계학적 변수로 살펴보면 여성은 경제활동참가율과 고용률이 남성의 절반 수준으로 실업률은 0.9%p 높으며, 15～29세와 60세 이상의 연령대에서 경제활동참가율과 고용률이 상대적으로 낮으며, 실업률의 경우 15～29세 연령대에서 6.5%로 가장 높게 나타났다. 중증장애인의 경제활동참가율과 고용률은 경증장애인의 절반 수준에 그치며, 실업률은 1.7%p 높게 나타났다. 그러나 장애 정도가 심한 장애의 경제활동지표는 중증장애인보다 높은 것으로 보인다. 지체장애 이외 신체외부 장애인, 정신적 장애인, 신체내부 장애인의 경제활동상태가 상대적으로 열악하고 발달장애인의 경우 경제활동참가율은 27.6%, 고용률은 25.5%로 나타났다.

2) 장애인 고용의무 현황

정부는 장애인이 능력에 맞는 직업 활동을 통하여 인간다운 생활을 할 수 있도록 장애인 고용촉진 및 직업재활을 목적으로 1991년 1월 1일 '장애인고용촉진 등에 관한 법률'을 제정한 이후 2000년 7월 1일 '장애인고용촉진 및 직업재활법'으로 명칭을 개정하였고, 장애인의 고용은 장애인고용촉진 및 직업재활법의 개정을 계기로 급속한 변화를 보이며 오늘에 이르고 있다. 장애인고용촉진 및 직업재활법에서는 국가와 지방자치단체, 기업의 장애인 고용 의무 기준을 명시하고 있으며, 상시근로자 50인 이상 사업주의 경우 3.1% 이상을 장애인으로 고용해야 하며, 미달 고용인원에 대해서는 매년 장애인고용분담금을 납부하도록 규정하고 있다. 또한 일정 비율 이상을 초과하여 고용했을 경우에는 고용 장려금을 지급하고 있다.

고용노동부 장애인고용의무 현황을 살펴보면, 2021년 기준 정부부문은 2.97%, 민간부문은 2.96%에 그치고 있다. 해마다 점진적으로 증가하고 있으나 고용부담금 납부나 명단 공표 등 제도적 압박에 의한 수동적 변화일 수도 있고 공단 차원의 고용컨설팅 등을 통한 적극적인 지지체계 마련도 하나의 영향일 수 있을 것이다. 한편 고용노동부는 지난 2022년 12월 20일에 장애인고용률이 현저히 낮음에도 불구하고, 장애인 고용을 위한 노력을 기울이지 않은 기관 및 기업을 명단을 공표하였다. 업종별로는 제조업이 145개소로 전체 33.2%를 차지하여 가장 많았고, 그다음으로 건설업, 도소매업 순이었다. 장애인을 1명도 고용하지 않아 3년 이상 명단공표 대상에 포함된 기업이 11곳에 달하였다. 대부분의 기업들이 장애인 고용으로 인한 불편과 부담보다는 분담금을 내는 것이 더 낫다고 생각하고 있다. 숫자를 기준으로 하여 몇 명을 고용했을 때 얼마의 효과가 있는지를 고려한다면 장애인고용은 어려울 것이다. 그러므로 회계적인 논리가 아닌 사회적 가치를 반영한 기준으로 접근해야 할 것이다.

한국장애인고용공단의 2022년 기업체 장애인 고용실태조사에 따르면 장애인 근로자를 채용하지 않는 이유로는 '장애인에게 적합한 직무가 부족해서'(15%), '업무능력을 갖춘 인력이 부족해서'(14.2%), '장애인 지원자 자체가 없어서'(12.8%)로 나타났다. 또한 미고용기업체 중 '장애인을 고용할 의사가 없다'는 응답이 90%로 나타났는데, 고용의사가 없는 이유로는 '장애인에게 적합한 직무가 부족하거나 찾지 못해서'(72%)가 가장 큰 이유로 나타났다. 이렇듯 장애인 고용에 대한 전반적인 부정적 인식으로 정부의 규제에 따라 소수의 인원을 고용(소극적 고용)하거나 장애인표준사업장을 설치하여 운영(적극적 고용), 직접고용, 간접고용 등 다양한 형태의 고용유형이 존재하고 있다.

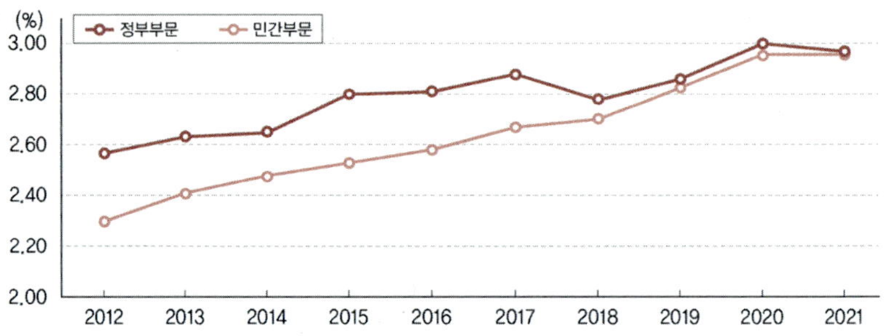

|그림 9-1| 장애인 의무고용 현황

출처 : 고용노동부(장애인 고용계획 및 실시상황 보고자료).

장애인 고용문제는 장애인에게 생계를 유지하기 위해 일자리를 제공하는 것 외에 소득이 있는 직업을 갖게 함으로써 비장애인과 동등하게 사회활동에 참여할 기회를 제공하는 역할을 한다. 그리고 근로능력이 취약한 장애인에게는 직업훈련을 통한 사회적 재활을 도모하는 역할을 담당하고 있다. 이러한 장애인의 고용정책을 크게 구분하면 장애인도 비장애인과 동등하게 취업이라는 시장경제의 흐름을 존중하되 정부가 작업에 필요한 지원을 하는 일반고용과 취업하기가 곤란한 중증장애인을 위한 보호고용으로 구분해 시행하고 있다.

그러나 장애인 취업알선, 직업훈련, 창업지원 등을 위한 정부의 취업지원서비스가 미흡하여 낮은 경제활동참가율 및 높은 실업률, 장애인고용에 대한 낮은 사회적 인식으로 인한 미흡한 장애인 고용률, 잦은 이직, 낮은 임금, 직장 부적응 등 불안정한 고용상태를 보이고 있는 것으로 나타났다. 직업재활시설에 대한 인력과 운영 지원이 미약하고, 장애인 생산품의 판로 개척 등에 어려움을 겪고 있어 장애인고용에 대한 지원정책의 효과성은 저조하다 하겠다.

〈표 9-5〉 장애인고용촉진 및 직업재활법의 장애인 고용 관련 주요 내용

<table>
<tr><th colspan="2">장애인고용촉진 및 직업재활법</th></tr>
<tr><td>고용의무</td><td>• 제27조 국가와 지방자치단체의 장은 장애인을 소속 공무원 정원에 대하여 1,000분의 36(2022년~2023년 기준)에 해당하는 비율 이상 고용하여야 한다.
• 제28조 사업주의 장애인 고용 의무 조항으로 상시 50명 이상의 근로자를 고용하는 사업주는 그 근로자의 총수의 100분의 5의 범위에서 대통령령으로 정하는 비율 이하"의무고용률"이라 한다) 이상에 해당(그 수에서 소수점 이하는 버린다)하는 장애인을 고용하여야 한다(이는 동법 시행령 제25조 제3호에 따라 2019년 이후는 1000분의 31로 규정하고 있다.
• 제28조의3 장애인 고용인원 산정의 특례조항에서 장애인 고용인원을 산정하는 경우 중증장애인의 고용은 그 인원의 2배에 해당하는 장애인의 고용으로 본다. 다만, 소정 근로시간이 대통령령으로 정하는 시간 미만인 중증장애인은 제외한다.</td></tr>
<tr><td>고용부담금</td><td>• 제32조의2 장애인 의무고용률에 못 미치는 장애인 공무원을 고용한 기관의 장은 매년 고용노동부장관에게 장애인 고용부담금을 납부하여야 한다.
• 제33조 의무고용률에 못 미치는 장애인 공무원을 고용한 기관의 장은 매년 고용노동부장관에게 장애인 고용부담금을 납부하여야 한다.</td></tr>
<tr><td>명단공표</td><td>• 제27조 ⑦ 고용노동부장관은 고용 의무 이행 실적이 현저히 부진한 때에는 그 내용을 공표할 수 있다.
• 제29조 ③ 고용노동부장관은 장애인 고용의무를 현저히 불이행한 경우 그 내용을 공표할 수 있다.</td></tr>
</table>

3. 장애 예방

모든 문제가 그렇듯이 장애인 문제 또한 문제 발생 이전에 미리 예방하는 것이 최선의 대책이며 최소의 비용으로 최대의 효과를 거둘 수 있으나 우리나

라 장애인복지정책 대부분은 장애가 발생한 후의 치료 중심의 사후적 정책이어서 장애 예방 정책의 추진이 미흡하다.

모자보건사업은 임산부와 영유아를 대상으로 장애 발생을 예방할 목적에서 실시되고 있는 사업으로서 모자보건센터와 보건소를 중심으로 실시되고 있다. 정부에서는 저소득층 자녀를 대상으로 지적장애아 발생 예방을 위하여 무료로 선천성 대사이상 검사를 실시하고 있다. 이러한 직접적 장애 발생 예방사업 이외에 모자보건교육의 강화를 위하여 보건교사를 위한 모자보건교육 책자를 발간하고, 선천성 장애 예방을 위한 홍보물을 제작, 배포하고 있다.

우리나라에서는 1960년대 이후 산업화 과정을 거치면서 산업재해로 인한 장애인이 증가하였다. 산업재해로 인한 장애발생을 예방하기 위하여 1990년에 산업안전보건법을 개정하여 상시 100인 이상 사업체에 대하여 산업안전보건위원회의 설치를 의무화하고, 사업장에 보건안전관리책임자를 선임하여 산업안전에 관한 사항을 관장하게 하고 있다. 노동부에서는 불량 작업 환경 개선을 위한 시설 투자 산업체에 대한 산업재해예방시설자금 융자, 위험기계·설비에 대한 기술적 안전평가제 실시, 불량 작업 환경 사업장에 대한 정기 감독과 개선 지도를 실시하고 있다. 그리고 산업안전보건 전문인력을 양성·배치하고, 산업재해에 대한 인식 개선을 위한 재해 예방 교육 실시, 직업병 조기 발견 및 장애 상태에 이르는 질병 예방을 위한 특수검진지정기관과 근로자에 대한 검진 항목을 확대하고 직업병 예방대책을 수립하여 실시하고 있다. 산업재해로 인한 장애 발생과 더불어 자동차의 증가, 교통환경의 미비, 운전자와 보행자의 안전의식 미미 등으로 인하여 교통사고로 인한 장애인이 증가하고 있다. 정부에서는 교통사고의 예방과 교통안전 증진을 위하여 교통안전정책심의위원회를 설치·운영하고 있으며, 매 5년마다 교통안전기본계획 종합 대책 및 세부시행계획을 수립하여 시행하고 있다.

1) 제1차 장애인복지 발전 5개년 계획

정부는 1996년 제1차 '장애인의 완전한 사회참여와 평등 보장'을 목표로 하여 3대 분야(복지확대/특수교육강화/고용촉진사업) 71개 세부과제를 선정함으로써 장애인복지 발전 5개년 계획(1998~2002)의 추진을 통해 선천성 장애의 예방에 중점을 두고 장애 발생을 예방하기 위하여 유전성 질병검사 등 산전관리 건강보험 급여를 실시하였고, 선천성 대사이상 검사를 무료로 실시함으로써 선천성 장애 발생을 예방하여 왔다. 또한 응급의료체계 개선 종합 대책을 수립하고 산업재해 예방 5개년 계획 등을 수립하여 산업안전 보건사업을 강화함으로써 사고로 인한 후천적 장애 발생을 감소시키려는 노력을 기울여 왔으나 다음과 같은 문제점을 지닌다.

첫째, 후천적 장애와 관련 목표의 설정이 추상적이어서 주요 질환에 대한 예방 관리 계획이 부족하고 장애 예방 계획이 산재사고나 교통사고에 국한되어 기타 사고에 의한 장애 예방 계획이 전무하다는 것이다. 둘째, 기초적 장애 관련 통계의 부실과 기초 통계 자료에 대한 데이터베이스가 구축되지 못하여 장애 예방을 위한 효과적 정책을 수립, 시행할 수 없는 문제점을 나타내고 있다. 셋째, 장애 예방 사업이 많은 부처에서 독자적으로 시행되고 있어 부처 간의 조정 및 연계성 유지, 업무를 효과적으로 조정할 수 있는 일관된 사업 추진 체계가 구축되지 않아 각 사업 간 연계성이 없고 비효율적으로 이루어지고 있다. 넷째, 장애 예방을 위해서는 교육 및 홍보가 무엇보다도 중요하지만 장애 예방을 위한 조기교육이 이루어지지 못하고 있으며 교육과 홍보를 전담기관의 부재, 안전 및 장애 예방에 대한 홍보의 부족으로 국민의 안전의식이 결여되어 있다.

2) 제2차 장애인복지 발전 5개년 계획

정부는 제1차 장애인복지 발전 5개년 계획(1998~2002)의 추진 성과 및 문제점을 바탕으로 제2차 장애인복지 발전 5개년 계획(2003~2007)을 통해 장애 예방 정책을 수립 · 시행하였다. 생애주기별로 특화된 복지서비스 개발 및 제공/통합교육 확대/안정적인 장애인 고용의 실현/디지털복지 사회구현/장애인이 대등한 시민으로 참여하는 통합적 사회실현을 목표로 하여 103개 세부과제를 선정하였는데 그 주요 내용을 살펴보면 다음과 같다.

첫째, 선천적 장애 발생을 예방한다. 세부적으로는 심신장애아 출생 방지를 위해 보건소 임신 신고 후 모자보건수첩 교부 및 임부 병력 · 가족력 상담 강화를 통한 임부 건강진단의 내실화 및 유전상담 강화, 선천성 대사이상 검사 대상자를 단계적으로 확대, 선천성 대사이상 검사 확대, 심신장애 발생률이 높은 저체중 출생아 등 미숙아와 선천성 이상아 보건소 등록체계 확립 및 저소득가정 미숙아 및 선천성 이상아 의료비 지원을 통해 미숙아 및 선천성 이상아를 등록 관리한다.

둘째, 영유아 건강진단을 내실화한다. 세부적으로는 저소득계층 영유아 건강진단으로 질병의 조기 발견 및 조기 치료를 도모하고, 영유아 성장 발육 지연 및 발달 이상아 조기 발견을 위해 보건소 영유아 성장 발달 스크리닝 사업을 실시한다.

셋째, 성인병 · 노인성 질환으로 인한 장애의 철저한 관리이다. 세부적으로는 당뇨, 고혈압의 유병률, 사망률에 대한 역학 조사를 실시하고, 뇌 · 심혈관 질환에 대한 표본병원제 실시, 보건소를 중심으로 중증 만성질환자 등 질병 고위험자 대상 방문보건사업 실시, 치매상담신고센터 지원 확대 및 노인보건센터로 기능 전환과 치매 전문 의료기관, 요양시설의 지속적 확충 및 노인 무료 건강검진 대상 및 항목 확대를 통해 노인성 치매 등 예방 · 관리의 내실화를 기한다.

넷째, 응급구조 체계의 개선이다. 과도하게 밀집된 대도시권 응급의료센터는 감축하되 농어촌 등 응급 의료 취약지의 응급의료센터 건립 육성을 통한 응급의료기관을 재정비하고 시·도별 지역응급의료위원회 구성 및 지역응급의료계획 수립 및 응급의료기관 진료수준에 대한 평가관리체계 구축의 응급의료기관 인프라 개선, 응급환자 이송 정보시스템 시범사업 전개를 통한 신속한 응급환자 이송을 위한 정보관리체계 구축, 응급의학 전공의 수련보조수당 지급, 응급전문 간호사제도의 신설과 응급의료인력, 시설, 장비 확충을 위한 융자 및 운영 지원을 통한 응급전문 인력·시설 장비 확충을 통해 적정 진료수준을 확보한다.

다섯째, 교통안전 대책 및 산업재해 예방 대책을 강화한다. 주요 도시 교통문화 지수 측정을 통해 교통안전 관심을 촉구하고 교통안전 담당기관 간 협의체 구성 및 운영 활성화와 교통안전을 위한 지능형 교통체제 활용을 통한 교통안전 의식 확립 및 교통안전관리체계 정립, 산업 해재 위험이 높은 50인 미만 소규모 사업장 예방활동을 강화하고 취약 시기 대비 건설현장 일제 점검 등 안전관리의 내실화 및 위험 기계·기구, 방호 장치 및 보호구 안전성 확보, 제도 개선을 통한 산업재해 취약 부문을 집중지도·지원한다.

장애예방을 위한 이러한 정책들은 장애 발생 통계 생산 및 정보체계의 구축, 사업 추진체계 정비, 장애인의 인식 개선을 위한 홍보 및 교육체계가 강화될 때 실효성 있게 시행될 수 있다.

3) 장애인복지 2차 도약기(2007년부터 현재에 이르기까지)

1998년부터 2006년까지를 장애인복지발전 1차 도약기로 설명할 수 있으며,

이후 2007년 제정된 장애인차별금지 및 권리구제 등에 관한 법률이 2008년 4월부터 시행된 이후 현재에 이르기까지 우리나라 장애인복지발전 2차 도약기로 살펴볼 수 있는데 그 내용은 다음과 같다. 첫째, 사회서비스 전자바우처제도의 일환으로 장애아동 재활치료 지원사업, 시각장애인 안마서비스가 시행되었다. 둘째, 정부는 2008년 6월 장애인의 권익증진과 사회참여를 확대하기 위한 장애인 권리에 기반을 둔 참여확대와 통합사회 구현을 비전으로 한 제3차 장애인복지 발전 5개년 계획(2008~2012)을 발표하였다. 셋째, 장애인연금법이 2010년 4월 입법되어 2010년 7월부터 시행되었다. 넷째, 2011년 4월 장애인활동지원에 관한 법률을 제정하였고 그해 10월부터 장애인활동지원제도를 도입하였다. 다섯째, 정부는 2011년 3월 장애인복지법을 개정하여 2012년 3월부터 시행하였다. 주요 내용은 장애인 생활시설을 포함한 장애인복지시설의 개념과 기능을 재정립하여 생활시설의 거주기능을 별도로 분리하였고, 장애인거주시설의 정원은 30명을 초과할 수 없도록 하였으며, 장애인생활시설 이용에 대한 절차 및 시설이 제공하는 서비스의 최저기준을 도입하였는데 이는 장애인복지 증진에 이바지함을 목적으로 하고 있다. 여섯째, 정부는 2012년 12월 제4차 장애인정책종합계획(2013~2017)을 수립하였다. 일곱째, 2018년 3월 정부는 4차 장애인정책종합계획의 성과와 한계를 분석하고, 장애인 및 고용 관련 단체와 학계 등의 의견을 수렴하여 5대 분야, 22대 중점과제, 70개 세부과제로 구성한 장애인정책종합계획(2018~2022)을 수립하였고, 2018년 상반기까지 장애인등급 폐지 및 종합판정도구 단계적 도입의 구체적 이행방안 등을 마련하고 2019년 7월부터 시행하였다.

4. 이동권 및 정보접근권 보장

1) 이동권

장애인이 이동권을 확보하기 위한 물리적 수단은 편의시설이라 할 수 있다. 우리나라의 경우 산업화의 진전과 각종 사고에 의한 후천적 장애인이 지속적으로 증가하고 있다. 장애인의 이동권을 위한 편의시설은 1998년 장애인 등의 편의증진법의 시행 이후 점차적으로 설치되고 있으나, 대부분이 공공청사, 터미널 등 대상 시설의 의무시설 위주로 설치되고 있어 장애인의 이동을 위한 지역사회와 개인생활공간에의 편의시설의 설치는 매우 어려운 실정이다. 이러한 이동권의 제약은 결과적으로 통학, 취업 등의 외출을 어렵게 하는 사회적 장벽이 되어 사회통합의 저해 요인이 되고 있다. 또한 시각 · 청각 장애인 대상의 편의시설은 미약한 실정이며, 주택 개조를 위한 지원비용 또한 미비하여 많은 어려움을 겪고 있는 것으로 보인다.

2020년도 장애인 실태조사 결과에 의하면 재가 장애인의 외출 시 불편한 이유에 대하여 55.8%가 '장애로 인한 몸이 불편해서'라고 응답하였다. 또한 장애인 중 39.8%가 교통수단 이용 시 어려움을 겪고 있다고 응답하였다. 이에 따라 정부에서는 장애인의 사회활동참여와 복지증진의 실현을 위하여 공공시설의 장애인 접근성 제고, 장애인 편의시설에 대한 사회인식 개선, 생활공간의 주거 및 이동편의시설 확충 등 장애인의 이동권 보장을 위해 제도적인 노력을 시행하고 있다.

또한 장애인 · 노인 · 임산부 등의 편의증진보장에 관한 법률에 근거한 '제4차 편의증진 국가종합 5개년 계획(2015~2019)'을 수립하고, 편의증진법상 적합성 확인 강화와 장애물 없는 생활환경 인증 제도를 확산하여 법적 기준 이상의 시설물을 확충하고자 '장애인 · 노인 · 임산부 등의 안전하고 편리한 시설이용 편의수준 향상'을 기본방향으로 삼고 4대 추진방향별 16개 추진과제, 28개 세부계획을 제시하였다.

장애인의 자립생활, 정상화와 사회통합을 위해서는 이동권의 확보가 필수불가결하다. 이동권 확보를 위한 편의시설 설치의 활성화를 위해서는 첫째, 이동권 보장 강화를 위해 편의시설 설치 및 대상을 확대해야 한다. 이를 위해서는 휠체어 전용 좌석 설치, 안전관리를 강화하고 근린생활시설 등 민간시설의 편의시설 설치 유도 방안을 강구해야 할 것이다.

둘째, 신고보상금제 도입, 장애인 표지제도 개선 작업 등과 연계 추진, 편의시설 설치촉진기금 관리 개선 방안을 추진하는 등 장애인전용주차구역 관리를 강화하고 장애인 이동편의증진추진위원회를 구성하여 정부 부처 간의 유기적 협조체제를 구축해야 한다.

셋째, 편의시설의 안정성이 확보되고 강화되어야 한다. 이를 위해서는 휠체어리프트, 엘리베이터 등 승강 설비의 검사기준, 사용자 수칙 등을 개정, 보완하고 엘리베이터 설치를 원칙으로 하고 불가피한 경우에만 리프트를 설치하도록 법제화할 필요가 있으며, 전동 스쿠터 법적 근거, KS, 운전자 교육 등 관련 부처 참여하에 법적 관리 방안이 모색되어야 한다.

넷째, 편의시설 설치 및 운영 관련 전문성을 제고하기 위해서는 편의증진법령에 대한 전문적 지식을 가진 건축사 양성을 위해 건축사 예비시험 내용에 편의증진법령의 내용을 포함시켜야 한다. 편의시설 관계 민간 자격 도입을 통해 규정에 적합한 대상시설 설계 · 시공을 도모하기 위해 민간 자격 도입이 검토되어야 할 것이며, 편의시설 가용률을 높이기 위해 관리상의 문제점을 분석한 후 효율적 운영 방안이 마련되어야 한다.

다섯째, 시각장애인의 편의 증진을 위해서는 점자 · 문자 안내 표지판 등 설치를 확대하고 시각장애인을 위한 학습지원센터 확대 운영을 통해 점자 블록의 규격화, 음향신호기 및 음성유도기의 설치를 의무화하고 음향신호기의 호환성을 유지하는 등의 방안을 마련해야 한다. 청각장애인을 위해 수화통역센터 확대 및 긴급지원센터를 운영하고 청각장애인의 공연장, 상영물 접근을 위한 보청 시스템의 설치를 추진하고 한국수화규범의 표준화 사업이 지속적으로 추진되어야 한다.

여섯째, 장애인의 선거권 행사를 위해 선거방송을 수화통역하고, 자막방송 실시 및 투표 장소에 수화통역사를 배치하고 점자 선거 정보 제공 등의 편의 증진을 위한 정책이 수립 · 시행되어야 한다.

2) 정보접근권

정치, 경제, 사회, 문화뿐만 아니라 개인의 의식과 삶의 양식 등 인간생활의 모든 영역에 정보통신기술의 발달은 커다란 변화를 초래하고 있다. 그러나 장애인의 정보화 수준은 정부의 무료 정보화 교육 등을 통해 상승하였으나, 장애와 경제적 어려움으로 전체 국민의 정보화 수준에 비해서는 낮은 수준이다.

21세기 '디지털 시대'에 사회 각 분야에서는 정보통신망과 새로운 IT기술을 활용한 전산 · 정보시스템 개발을 통한 생산성 향상과 새로운 부가가치를 창출하는 등 산업사회에서 지식기반사회로의 전이가 이루어지고 있는 실정이다. 이는 정보화가 해당 분야의 경쟁력 확보뿐만 아니라, 국가적 차원의 핵심 역량을 극대화하고 국가경쟁력을 확보하기 위한 수단으로 활용되고 있기 때문이다. 사회복지환경은 사회 전반적인 정보기술의 발전으로 인한 복지서비스 수혜자들의 보편적 지식 향상으로 다양한 복지서비스 제공의 필요성이 대두하고 있는 실정이며, 서비스 수혜자들의 요구의 다양화로 인한 유연성과 신속한 대응력을 필요로 하고 있는 실정이다.

우리나라의 장애인 정보화 사업은 장애인재활협회와 장애인복지관협회를 중심으로 구축·추진되고 있는데, 장애인재활협회는 장애인 정보화 사업의 방향을 다음과 같이 추진하고 있다. 첫째, 장애인 정보접근 환경을 조성하여 장애인이 신체적·경제적·지역적 여건 등에 구애됨이 없이 정보화의 혜택을 누릴 수 있도록 정보 이용 환경을 조성한다. 둘째, 이용자 중심의 서비스 체계 구축을 통하여 이용자에게 서비스의 접근성을 높여 이용기회를 확대하고 통합적 서비스 제공이 이루어지도록 이용자 중심의 서비스 체계를 구축한다. 셋째, 재활 정보 서비스를 제공하여 장애인복지에 필수적 주요 복지 정보, 생활 정보, 온라인 교육, 상담 및 진단, 교류 협력 증진, 이메일 계정 서비스 등 장애인들이 원하는 장소에서 필요한 서비스를 제공받을 수 있도록 종합적 정보를 제공한다. 그리고 장애인 정보 격차 해소를 위한 사업을 지원하기 위해 PC보급사업, 정보화 교육, 방문AS사업, 정보요원단 운영 등 각종 정보화지원 사업을 운영한다. 그러나 경제적으로 취약한 지역이나 사회적 약자들은 디지털 기술에 대한 접근이 제한되거나 기술적 능력이 부족할 수 있다. 이러한 문제를 해결하기 위해 사회복지는 디지털윤리와 협력하여 디지털 기술의 보급과 사용을 포용적이고 공정하게 이끌어 내고, 디지털 기술을 활용하여 사회적 불평등과 격차를 해소할 수 있도록 다양한 정책과 프로그램을 개발해야 한다.

Chapter

10

선진국의 장애인복지

Chapter 10

선진국의 장애인복지

1. 스웨덴의 장애인복지

스웨덴의 장애인복지정책은 부족한 부분을 채워주어 정상인과 같은 삶을 살도록 돕는 '정상화'의 기조로 장애를 가진 모든 장애인이 일상생활이나 사회생활을 하는 데 있어서 사회 구성원과 동일하게 보편적 생활을 할 수 있도록 지원해 주는 것을 목표로 하고 있다. 1970년대 이후 정상화(Normalization) 이념에 근거하여 이를 장애인복지실천에 적용하고 있으며, 중증장애인을 제외하고는 시설보호보다 양육가정 또는 부모, 본인의 가정에서 생활하는 것을 원칙으로 하고 있다. 또한 장애인 개개인의 욕구와 상황에 따른 맞춤형 서비스를 제공하고 함으로써 모든 장애인 자기 자신의 삶을 주도적으로 이끌어 나갈 수 있도록 지원하고 있다.

1) 장애인복지의 이념

스웨덴 장애인정책은 정상화의 원칙들이 모든 장애인을 위한 실천적 복지이념으로 정착되기 시작하였고, 대규모 시설에 장애인을 보호하는 것을 금지하고 있다. 장애인복지정책을 실시한 초기에는 장애인에 대한 부정적 인식과 사회적 편견을 감소시키기 위해 모든 장애인을 포용하고 다양성을 존중하는 데 초점을 두었으며, 장애인들이 사회에서 존중받고 동등한 기회를 가질 수 있도록 보편주의 원칙에 입각한 정책적 배려와 보장을 실시하고 있다. 또한 장애인 재활과 각종 직업훈련에 참여함으로써 사회에 참여하도록 돕는 것이 전체 사회에 유익하다는 것에 대해 교육과 캠페인 등을 통해 적극 홍보함으로써 장애인에 대한 편견을 없애고 그들에 대한 이해를 높이는 노력을 기울임으로써 사회적 인식 수준이 개선되었다.

2) 정책기구 및 전달체계

스웨덴의 보건사회부(Ministry of Health and Social Affairs)는 정부의 중앙 행정기관으로서 보건, 복지, 사회정책 등 다양한 분야를 담당하고 있으며, 특히 산하조직인 스웨덴 사회복지국(Swedish National Board of Health and Welfare)에서는 사회복지 서비스 아동 및 가족복지, 노인복지, 정신건강 등 분야의 정책개발과 지원을 하고 있다. 장애인복지정책 자문기구로는 중앙장애인위원회가 조직되어 있고 의료복지, 노동시장, 직업안전, 주택, 환경 계획 및 건축, 사회보험, 교육위원회 등 7개 중앙위원회로 구성되어 있다. 전달체계와 재정은 정책 실정에서부터 장애인 일상생활에 실제로 미치는 결과까지 크게 광역지방자치단체에서 주요 정책을 집행하고 있으며 정책의 성격에 따라 지방자치단체에서도 단독 집행 또는 광역, 기초자치단체가 공동으로 집행하기도 한다. 정리하면 정책 설정에서부터 장애인 생활에 실제로 미치는 결과까지 세 가지 영역으로 볼 수 있다. 첫째, 정부와 시민사회(비장애인)과 장애인 간의 상관관계 속에서 이해할 수 있는데, 제도의 틀을 규정하는 정부 당국의 의지와 사회연대성을 부여해 주는 시민사회의 환경은 장애인 스스로가 민주적인 조직체계를 구성하기까지 큰 역할을 해 왔고, 현대에 와서는 장애인 조직체가 역으로 정부나 시민사회에 영향을 미치도록 중요한 기능을 발휘하고 있다. 둘째, 스웨덴의 행정구조는 지방분권제도로 사회복지 정책을 관할하고 실행하는 것은 중앙정부와 지방정부가 분담한다. 지방정부 지역을 대표하는 23개의 광역시(ianslandsting)와 286개의 지방자치단체(kommun)가 있다. 장애인복지정책에 대한 책임은 중앙정부와 지방자치단체와 광역시가 동시에 가진다. 셋째, 중앙정부는 장애인을 위한 사회보험과 사회서비스 프로그램의 계획 및 보편성, 혜택분배에 관한 기본원칙과 법을 제정하고 재조정하는 역할을 하며, 지방자치단체는 교육, 주택, 문화와 여가활동, 어린이보호 등 직접적인 사회서비스를 관할하고, 광역시는 전반적인 장애인의 보건과 의료혜택, 일부 수송 관리에 대한 책임을 진다.

3) 정 책

(1) 소득보장

첫째, 일상생활, 직장생활, 학업생활에서 제3자의 도움 및 장애로 인한 특별비용이 필요하다고 전문의의 진단 시 장애수당을 받을 수 있으며, 대상연령은 19~65세이다. 둘째, 장애아동아동이나 장기질병을 앓고 있는 아동을 돌보거나 부모의 역할을 하는 이들은 장애아동 돌봄 수당을 받을 수 있고, 6개월 이상 돌봄을 필요로 하는 아동이 대상으로 갓난아이부터 19세까지의 자녀를 둔 부모가 신청할 수 있다. 셋째, 대중교통 이용의 어려움을 가지고 있거나 중증장애아를 둔 부모는 승용차 또는 오토바이를 구입할 때 보조금을 지급받을 수 있으며 승용차는 9년 이상의 사용보장이 되어야 승용차 구입 보조금을 지원받을 수 있다. 그 외 장애인연금을 통한 현금급여를 비롯하여 보건의료사업을 통해 치료, 재활사업, 의료기구 보조 등의 각종 혜택이 있다.

(2) 교육

장애인의 사회통합과 정상화를 기본 이념으로 하여 장애인들의 교육을 위한 별도의 지원체계를 갖추고 있으며, 교육목표와 프로그램이 결정되어 가능한 한 많은 장애아동과 장애청소년이 일반학교에서 일반학생들과의 통합교육 실시를 원칙으로 하고 있다. 또한 특수교육기관, 튜터링서비스, 학습 장애인들을 위한 특별한 교육 등을 제공함으로써 장애를 가진 학생들도 적극적인 교육지원을 받을 수 있다. 장애아동에 대한 의무교육기간을 10년으로 하여 일반아동의 의무교육보다 연장하여 실시하며, 거주지와 상관없이 동등한 질의 교육을 제공할 것을 명시함으로써 장애학생들의 고등교육 진학률은 비장애학생보다 약간 높은 편이다.

(3) 주택

지방자치단체는 주거 계획과 환경 조성, 교통 및 통신시설 설치에 책임을 진다. 지방정부는 주택 개조를 원하는 장애인을 대상으로 주택적응보조금제도를 실시하고 있다. 지방자치단체의 책임하에 거동하기 어려운 장애인과 중증장애인을 위하여 특수 설계된 공동주택을 설치 · 운영하고 있으며 24시간 가정방문서비스를 제공하고 있다.

(4) 고용

장애인고용대책에 대한 기본법은 1974년 고용촉진법에 기초하고 있으며 장애인을 위한 고용법을 따로 두지 않고 일반인과 같은 법에 의해 취급하고 있다. 근로환경법에 의해 모든 사업주는 장애인을 포함한 개개 근로자의 물리적 · 정신적 요구에 적합하도록 작업 조건을 조성할 의무를 가지고 있다. 고용보조금제도를 실시하고 있어 장애인을 신규 채용하는 고용주에게 임금보조금을 지원해 주고 있으며, 일정 규모 이상 공공기관과 민간기관에서는 조정그룹제도 설치를 의무화하고 있다. 또한 기업인들에게 장애인에 대한 고용을 적극적으로 장려하고 있으며, 이를 위해 다양한 혜택과 장려금을 제공하고 있으나 장애인할당고용제도는 실시하지 않고 있으며 다른 나라에 비해 보호고용 비율이 높다.

2. 미국의 장애인복지

1) 장애인복지 정책의 이해

미국은 52개주로 구성된 연방국가로, 장애인복지정책은 강한 지방분권적 성격을 가지고 있으며, 연방정부는 주정부에 강제적인 방법을 사용하지 않고 대부분의 경우 주정부의 자발적 참여를 도모한다. 장애인복지정책의 수혜자와 직접 접촉하는 대부분의 기관이 사설이므로 미국의 장애인복지체계는 정부기관과 민간기관의 구분이 어려울 수 있으며, 미국의 장애인복지제도의 입법에 있어서는 장애인복지제도의 수혜자에 대한 자조의 원칙이 매우 강조되고 있다.

2) 미국장애인법

'평등의 이정표가 된 선언'이라고 정의할 수 있는 미국의 장애인법(ADA)은 심신장애나 질병을 가지고 있는 사람들에게 사회참여 기회의 권리를 보장하고 정부나 기업이 장애인의 사회활동에 대한 지장이 없도록 제도와 시설을 갖추도록 규정하고 있다. 또한 시민권법(1964년)과 재활법(1973년)을 근간으로 제정된 장애인차별금지법이라 할 수 있으며, 첫째, 고용주로 하여금 자질을 갖춘 장애인의 취업에 대한 차별을 못하도록 하며, 둘째, 식당, 호텔, 쇼핑센터, 사무실과 같은 공공시설을 장애인이 쉽게 출입하고 사용할 수 있도록 보장하며, 셋째, 보다 광범위한 교통서비스를 받도록 하며, 넷째, 청각/시각 장애인을 위한 통신시설을 확보하도록 하고 있다.

(1) 기본이념

미국의 장애인복지정책은 '인간 가치실현'으로 장애를 가진 사람에게 특별한 보호를 하는 것이 아니라 '적절한 배려'에 의해 생활의 모든 면에서 장애인이거나 건강한 사람이거나 관계없이 균등한 기회가 주어지는 것을 기본이념으로 하고 있다.

(2) 장애인의 정의

1990년 제정된 미국장애인법(ADA : Americans with Disabilities Act)은 장애인을 "개인의 주요 일상생활 중 한 가지 이상을 현저히 제한하는 신체적/정신적 기능장애를 지닌 자, 기능장애의 기록이 있는 자, 기능장애를 가진 것으로 간주되는 자"로 규정하고 있다. 여기서 '주요 일상생활'이란 자기보호, 보호, 듣기, 말하기, 걷기, 숨쉬기, 손으로 하는 작업의 수행, 배우기, 일하기 등의 기능을 뜻하며, '기능장애를 가진 것으로 간주된다는 것'의 의미는 다음과 같다.

① 주요 일상생활을 현저히 제한하지는 않으나 고용인에 의해 그러한 제약을 가졌다고 취급되는 정신적 또는 신체적 기능장애를 가진 것
② 오직 기능장애에 대한 고용인의 태도의 결과로서 주요 활동을 제한하는 기능장애를 가진 것
③ 어떠한 기능장애도 갖지 않았으나 고용인에 의하여 그러한 장애를 가진 것으로 취급되는 것

(3) 목적

① 장애인에 관한 차별을 제거하기 위해 명백하고 종합적인 국가의 기본 방침을 규정하기 위한 것이다.
② 장애인의 차별에 대응하기 위해 명확하고 강력하며 지속적으로 실행 가능한 기준을 제정하기 위한 것이다.
③ ADA에서 확립한 기준을 실시함에 있어 장애인을 대신해 미국연방정부가 주 역할을 하도록 보장한다.
④ 장애인이 일상적으로 경험하는 차별의 주요 문제를 해결하기 위해서 헌법의 수정 제14조의 집행 권한 및 통상 규제 권한을 포함한 의회의 권한을 발동하기 위한 것이다.

(4) ADA의 주요 내용

① 고용(employment)

15인 이상의 종업원을 고용하는 고용주는 유자격 장애인에 대하여 고용과 관련된 모든 기회에서 비롯되는 편익을 다른 사람과 동일하게 제공하도록 하였다. 구체적으로 금지된 사항은 종업원의 취업 응시 절차, 채용, 승진, 해고, 종업원 보수, 연수, 고용에 대한 규정, 조건 및 권한에 대해 자격을 갖춘 장애인을 장애라는 이유로 차별해서는 안 된다. 고용관계에서 사용자는 채용 지원자나 종업원에 대해 장애 유무나 장애의 성질이나 정도에 대한 건강진단 또는 문의를 할 수 없다. 다만, 채용 이전에 지원자의 직무 관련 기능 수행 능력에 대해 문의할 수 있다. 또한 채용이 결정되면 건강진단을 실시할 수 있다.

② 공공서비스(public service)

공공서비스의 주체는 주 또는 지방정부, 주 또는 지방정부의 부서, 기관, 특별 관할기관, 기타 기관, 전국철도여객공사, 기타 모든 통근서비스 제공기관이며 연방정부의 재정 보조 여부와 상관없이 모든 주정부나 지방정부의 활동에 적용된다.

공공서비스 부분은 첫째, 주정부나 지방정부의 모든 사업, 활동, 서비스, 둘째, 주정부나 지방정부가 운영하는 공공교통에 대한 규정으로 나뉘어 있다. 즉, 주정부나 지방정부는 장애인에 대한 공공교육, 고용, 공공교통, 레크리에이션, 보건의료 조치, 사회서비스, 법원, 투표, 지역회의 등의 모든 기능에 있어서 동등한 편익을 향유할 수 있는 동등한 기회를 제공하도록 하고 있다.

③ **민간단체가 운영하는 공공편의시설과 서비스**(public accommodations and services operated by private entities)

민간이 운영하는 공공편의시설, 일정 종류의 교육과정과 시험, 교통수단, 상업시설 등에 대하여 장애인에 대한 배제, 분리 및 불평등 취급 등의 차별 행위를 금지하고 신·개축 건축물에 대한 기준을 설정하고 정책과 관행 및 절차에 대한 합리적 수정 의무를 부과한다. 특히 공공편의시설의 경우 기존 건물에 대해서도 당 시설의 재원을 고려할 때 큰 어려움 없이 장애인의 출입을 가로막는 장벽을 제거할 수 있는 경우에는 그렇게 할 의무를 부과하고 있으며 공장이나 창고와 같은 상업시설의 경우에는 신·개축할 경우에 ADA의 건축 기준을 준수하도록 하였다.

적용되는 공공편의시설은 여관·호텔 등의 숙박시설, 식당·술집 등의 식음료 제공 시설, 영화관·극장·운동장 등의 전시 또는 오락시설, 음악회장·회의장·강연장 등의 다중운집시설, 제과점·식료품점·옷가게·쇼핑센터 등 판매 또는 임대시설, 세탁소·은행·이발소·미장원·여행사·주유소·변호사 사무소·터미널·정류장·기타 항공을 제외한 특정 공공 운송에 이용되는 정거장·공원·동물원·오락공원 기타 레크리에이션 장소, 사립유치원·초·중·고등학교·대학교 등 기타 교육장소, 탁아소·노인정·가출자보호소·음식구호소 등 기타 사회서비스 시설 등이다.

④ **전기통신의 이용권 보장**(telecommunications)

유선 또는 무선 통신서비스 제공업자는 청각 및 언어 장애인에 대하여 전화통화 서비스 및 연방정부의 재정보조를 받는 공공서비스의 TV 공고에 대해 장애인의 접근권을 보장하고 있다. 특히 TV 공공서비스 공고는 청각장애인이 그 내용을 알 수 있도록 반드시 그 내용을 자막 처리하도록 하고 있다.

⑤ 기타 사항(miscellaneous provisions)

1973년의 재활법(Rehabilitation Act)을 포함한 다른 법률과 ADA의 관계, 보험의 제공과 관련된 필요조건, 접근위원회(Access Board)에 의한 규칙, 주(州) 면책의 폐지, 의회와 의회의 기관의 포함, 각 장의 실행, 분쟁 해결을 위한 대안의 촉진, 기술 지원의 제공 등과 같은 논점을 다루고 있다.

3) 정책기구 및 전달체계

미국 장애인은 1990년에 제정된 미국장애인법(ADA : Americans with Disabilities Act), Rehabilitation법, 사회보장법, 미국장애인교육법의 보호를 받고 있다.

연방정부 차원에서 장애인복지를 담당하고 있는 부서는 보건후생부(Department of Health and Human Services)이다. 산하 사회보장국에서는 노령, 유족, 장애보험(OASDI) 업무를 담당하여 장애인에게 사회보장연금을 지급하고 보충적 소득보장(SSI) 프로그램을 시행하며, 보건의료재정국에서는 저소득 빈곤장애인을 위한 의료부조(Medicaid) 업무를 담당한다.

독립 부서로 요부양아동가정부조(AFDC)와 인간개발서비스국(Office of Human Development Service) 산하에 재활부(Rehabilitation Service Administration)가 있어 장애인의 직업적 재활 프로그램을 사회서비스기금(SSBG) 제도하에서 각 주정부와 지방정부에 보조금을 지급하는 업무를 담당하고 있다.

4) 정 책

(1) 소득보장

1935년 사회보장법 제정으로 장애의 원인이 노동으로 인한 경우에 한하여 사회보장 혜택을 부여하였으며, 1950년 사회보장법의 개정으로 영구적이고 완전한 장애인에 대한 부조를 포함한 프로그램(APTD)을 연방정부와 주정부의 공적 프로그램으로 추가하고 1956년 장애보험(SSDI)을 추가하였다. 1972년에 개정된 보충적 소득보장(SSI)이라는 단일 프로그램으로 통합되어 1974년부터 실시되었다. 현재는 OASDI(노령 · 유족 · 장애보험)를 실시하고 있는데, 이는 노인이나 65세 미만의 영구적 노동 상실 장애인, 사망자의 유족에 대해 소득을 보장해 주는 제도로서 대부분의 근로자가 가입되어 있다.

(2) 교육

연방정부 차원에서 장애인의 특수교육과 직업적 재활을 담당하는 부서는 교육부이며 산하에 특수교육 및 재활서비스국이 있어 각 주정부에서 재활교육과 고용을 연계한 발달장애인을 대상으로 한 지원고용서비스를 실시하는 경우 정부보조금을 지원하고 있다. 1984년 장애인교육법이 제정되었다.

(3) 주택

연방정부의 주택보조 프로그램에 의하여 장애인에게 주거비의 일부를 보조하거나 집단가정 설치비용을 지원하며, 주택 임대 시 장애인에 대한 차별을 금지하는 공정주택개정법(Fair Housing Amendment Act)이 있다. 이 밖에 장애인을 위한 주간보호서비스가 1940년대부터 실시되고 있으며 단기보호시설로 일반병원, 재활센터, 일반시설센터 등이 있으며 장기보호시설로 요양시설 등이 있다.

(4) 고용

직업적 재활 프로그램(Vocational Rehabilitation Program), 보호작업장(Sheltered

Work-shops), 직접적 직무개발(Direct Job Creation), 직접고용(Direct Employment), 보조고용(Employment Subsidies) 정책으로 장애인고용을 실시하고 있다.

3. 일본의 장애인복지

1) 장애인의 정의

장애인기본법에서 장애인을 신체장애, 정신지체 또는 정신장애로 인해 장기간에 걸쳐 일상생활이나 사회생활에 상당한 제한을 받는 자로 정의하고 있다.

2) 장애인대책의 기본 요건

장애인이 가정과 지역사회에서 생활하기 편리한 생활 조건 정비의 기본 요건은 장애인이 자립적 일상생활을 할 수 있는 능력을 갖추기 위한 교육과 훈련, 건강하게 문화생활을 유지하기 위한 소득보장과 보건의료, 주택 등의 제 요소, 장애인의 사회참여를 촉진하기 위한 교통기관과 의사소통, 수단, 고용 조건, 레크리에이션 등의 여러 환경 조건과 기회의 제공이라 할 수 있다.

3) 장애인복지 관련 시책

(1) 보건 · 의료

① 건강진단제도

건강진단제도는 심신장애 또는 환자를 조기에 발견하고 치료함으로써 중대한 상태에 이르는 것에 대한 사전 예방 목적을 가지고 있다. 대표적 시책은 다음과 같다.

㉠ 지역보건 : 모자보건대책, 노인보건대책, 전염병에 관한 예방대책

㉡ 학교보건 : 취학 시 건강진단, 아동 · 학생의 건강진단, 직원의 건강진단

㉢ 직역보건 : 정기건강진단 외 분진, 이상기압, 방사선 등 기타 특수건강진단

② 의료급부제도

의료급부제도는 사회보험에 의한 것과 공비 부담에 의한 것으로 구분되며 대표적 시책을 보면 다음과 같다.

㉠ 사회보험에 의한 것 : 건강보험법의 피용자보험 각 법 및 국민건강보험법에 의해 실시되고 있다.

㉡ 공비부담의료제도 : 갱생의료/육성의료와 같은 복지법의 시책으로 실시되는 것도 있으며, 피해보상, 공중위생, 치료 연구와 같은 공적 부조와 시책의 성격은 다양하다.

(2) 교육

장애인에게 실시되고 있는 교육제도로는 특수교육, 학습지도, 직업지도 등

이 있으며, 특수교육은 맹학교, 농학교, 양호학교 등의 특수교육학교와 정신박약, 지체부자유, 병약 · 신체허약, 약시, 난청, 언어장애, 정서장애를 대상으로 하는 특수학급이 있다.

(3) 고용 · 취업

① 일반고용

장애인들에 대한 일반고용은 장애인고용촉진 등에 관한 법률에 의해 촉진되고 있으며, 이 법은 장애인의 직업안정을 도모하기 위한 목적으로 직원규모 50명 이상 민간 기업을 대상으로 전체 상용직 근로자의 2%를 장애인으로 고용할 것을 명시하고 있다. 일본 후생노동성의 통계조사에 따르면 장애인 근로자의 수는 2017년 기준 49만 5,000명(지체장애인 33만 3,000명, 지적장애인 11만 2,000명, 정신장애인 5만 명)으로 민간 기업의 전체 근로자 중에서 장애인 근로자가 차지하는 비율은 1.97%이다.

② 복지적 취업

복지적 취업의 법적 배경은 신체장해자복지법, 정신박약자복지법, 정신보건법, 사회복지사업법, 생활보호법이며 대표적 시설은 수산시설과 소규모 작업소를 예를 들 수 있다. 수산시설은 신체장애인으로 고용되는 것이 곤란하거나 생활에 곤궁한 사람을 입소시켜 필요한 훈련을 실시하여 직업을 주어 자활할 수 있도록 하는 시설이다. 소규모 작업소는 수산시설과 다르게 법외시설 또는 무인가시설이다. 일반 중증장애인이 폭넓게 사용하고 있다.

(4) 소득보장

장애인을 위한 소득보장제도로는 연금보험, 수당, 생활보호제도, 재해보상,

경제부담경감제도, 생활환경개선제도 등이 있다.

① 연금보험

연금보험제도에는 연금보험제도, 장해연금제도가 있다.

㉠ 연금보험 : 연금보험제도의 제1호 피보험자는 20세 이상 60세까지의 모든 국민이며, 제2호 피보험자는 65세 미만의 후생연금보험의 가입자 및 공제조합의 조합원, 제3호 피보험자는 제2호 피보험자의 피부양 배우자로 20세 이상 60세 미만의 자이다.

㉡ 장해연금 : 장해연금에는 장해기초연금과 장해후생연금이 있으며 장해기초연금은 피보험자가 일정의 장애 정도에 해당하는 경우 지급되며, 보험료 납부기간이 가입 기간의 3분의 2 이상을 갖추는 것을 요건으로 하며 초진일로부터 20세 미만인 장애인은 20세가 되면서부터 장애기초연금을 수급한다. 장해후생 연금은 장해기초연금의 대상이 되는 장애 중 후생연금보험 가입 중 초진일에 어떤 병이 발생했을 때 장해기초연금에 추가하여 지급된다. 장해기초연금이 1, 2급에 해당하지 않는 경증의 장애에 대해서도 후생연금의 장애 정도 등급표에 해당하는 경우는 3급의 장애후생연금 또는 장애수당금(일시금)이 지급된다.

② 수당

장애인 수당제도로는 특별아동부양수당, 특별장해자수당, 장애아복지수당, 경과적 복지수당 등이 있다.

㉠ 특별아동부양수당 : 정신 또는 신체에 장애를 가지고 있는 아동에 대하여 수당을 지급함으로써 아동의 복지 증진에 기여할 목적을 가지고 있다. 20세 미만으로 정신 또는 신체에 중증 이상의 장애가 있는 아동

을 가정에서 감독, 양육하고 있는 부모 또는 다른 사람에게 지급한다.

㉡ 특별장해자수당 : 정신 또는 신체에 중증 장애를 가지고 있어 일상생활에 항상 특별 개호를 필요로 하는 상태에 있는 재가의 20세 이상인 자에게 지급된다. 수급 자격자 또는 배우자, 부양 의무자의 전년도 수입이 일정 이상인 경우 또는 원폭 피폭자에 대한 특별조치에 관한 법률에 기초하여 개호수당을 받는 경우는 지급이 제한된다.

㉢ 장애아복지수당 : 정신 또는 신체에 중증의 장애를 가지고 있어 일상생활에 항상 개호를 필요로 하는 상태에 있는 재가의 20세 미만인 자를 지급 대상자로 한다.

㉣ 경과적 복지수당 : 20세 이상의 중증장애인에 대한 복지수당은 1986년 4월 장해기초연금 및 특별장애인수당의 창설과 함께 폐지되었으나 종래 복지수당을 지급받는 자 중 특별장애인수당의 지급 요건에 해당하지 않고 또는 장해기초 연금도 지급되지 않는 자에 대하여 경과 조치로서 복지수당을 지급한다.

③ 생활보호

장애인을 위한 생활보호제도는 공적부조로서의 성격으로 보족성, 세대단위 등의 원리 원칙에 의하여 제도가 운영된다. 헌법상 권리로서 보장된 최저생활 수준과 내용을 유지하기 위한 조치이다.

보호의 내용으로 생활부조, 주택부조, 교육부조, 의료부조, 출산부조, 생업부조, 장제부조가 있으며, 보호 기준은 거주지별, 연령별, 세대 구성별 등으로 정해져 있으나 일정 정도 이상의 장애를 가지고 있는 자에 대해서는 일상생활상 특별의 수요를 필요로 하는 것을 고려하여 각종의 가산이 행해지고 있다.

④ 재해보상

재해보상제도로는 업무상의 재해보상제도, 전상병자보상제도, 기타 피해보상제도가 있다.

㉠ 업무상 재해보상 : 업무상 재해에 의한 장애에 대해서는 산재보상보험에 의해 장애보상연금이 지급된다.

㉡ 전상병자보상 : 전상병자, 전몰자 유족 등 원호법에 의해 장애연금, 은급법에 의해 증가은급 등이 지급된다.

㉢ 기타 피해보상 : 원자폭탄 피폭자에 대한 특별조치로서 건강관리수당, 개호수당 등의 지급, 대기오염, 수질오염에 의한 피해에 대한 공해건강피해보상제도의 장애보상비 등, 의약품의 부작용에 의한 피해에 대한 의약품 부작용피해구제제도의 장애연금 등, 예방접종에 의한 피해에 대한 예방접종건강피해구제제도의 장애아양육연금 등, 자동차사고대책센터법에 의한 자동차사고피해자에 대한 개호료의 급부 등이 있다.

⑤ 경제부담의 경감

경제부담의 경감제도로는 세제에 의한 부담경감제도, 공공요금의 할인, 생활복지자금의 대부제도가 있다.

㉠ 세제에 의한 부담의 경감

- 소득에 관한 감세 : 납세 의무자가 장애인인 경우 또는 납세 의무자가 공제대상 배우자, 부양친족이 장애인인 경우 소득에서 공제된다.
- 지방세 비과세
- 사회복지관계급금에 관한 면세
  - 생활보호법, 아동복지법, 신체장애인복지법, 모자보건법에 의한 지

급 금품

- 아동부양수당법, 특별아동부양수당 등의 지급에 관한 법률, 아동수당법에 의한 각종 수당
- 국민연금법, 후생연금보험법 등에 의한 연금 및 은급법에 의한 증가은급, 부조료
- 지방공공단체가 시행하는 심신장애인부양보험제도에 의해 지급된 급부금

■ 상속세 등의 감세

- 장애인의 이용에 도움이 되는 자동차 등은 자동차세, 경자동차세 또는 자동차 취급세 감면
- 신체장애인용으로 제작된 기구, 물품, 자선, 구휼 또는 사회복지시설에 기증되는 급여품의 수입에 대한 관세 면제
- 장애인이 상속한 경우, 본인이 70세에 달하기까지 1년에 6만 엔 이상 상속세액으로부터 공제
- 특별장애인을 위한 수익자로 하는 신탁계약에 의해 금전 등의 재산이 신탁된 경우는 6,000만 엔을 한도로 증여세 비과세

■ 기타 : 사회복지사업을 하는 자에 대한 소득세, 법인세에 대한 감세, 사회복지사업용에 도움이 되는 자산과 물품에 대해 비과세, 사회복지사업에 대한 기부, 증여 등에 대한 감세 조치

ⓛ 공공요금 할인

- 여객 운임 할인
- 유료 도로통행 요금 할인
- 방송 수신료 감면
- 우편료 감면

ⓒ 생활복지자금 대부

저소득세대, 신체장애인이 있는 세대에 대하여 대부하는 제도로서 도도부현(道都府縣 : 광역자치단체)의 사회복지협의회가 실시 주체이다.

⑥ 생활환경의 개선

생활환경 개선제도로는 주택의 정비, 공공건축물의 정비, 도로·교통안전시설의 정비, 교통기관의 정비 사업 등이 있다.

㉠ 주택의 정비사업 : 공영주택의 우선 입주, 공단주택의 우선 입주, 주택금융금고에 의한 우선 조치, 연금복지사업단의 피보험자주택대부 등

㉡ 공공건축물의 정비사업 : 마을 만들기 사업, 공공건축물의 정비 등

㉢ 도로·교통안전시설의 정비

㉣ 교통기관의 정비사업 : 차량 구조의 개선으로 버스의 계단을 낮춰 단차를 낮추거나 경사로를 달아 장애인의 승하차를 용이하게 하고, 넓은 폭의 문, 차내의 우선석, 손잡이 설치 등의 개선, 정류장 개선 등으로 장애인 이용을 용이하게 하는 사업 실시, 철도의 이용 편의를 위해 개찰구의 폭, 단차의 경사로화, 엘리베이터 설치, 장애인용 화장실 설치, 자동발매기의 점자 부착, 시각장애인용 유도블록 설치 등의 사업 실시, 장애인용 택시 운행

(5) 장애인을 위한 개호보험제도와 지원비제도의 비교

1980년대 이래 노인 인구의 급속한 고령화, 여성의 사회진출 증가, 가족의 소규모화, 맞벌이 중심의 생활방식 증가 등으로 사회적 요보호자인 노인과 장애인에 대한 가족부양의 어려움이 사회적 문제로 대두되기 시작하였다. 이러한 문제를 해결하기 위한 국가·사회적 차원으로 노인을 위한 개호보험제도와

장애인을 위한 케어서비스를 실시하여 사회적 부양을 위한 노력을 하고 있다.

개호보험제도는 노후에 드는 개호비용으로부터 가족의 부담을 경감하여 안정적 사회보장체계를 구축하고자 도입되었다. 이 개호보험제도는 사회보장 구조개혁 구체화의 일환으로 국가의 일방적 행정조치에 의한 서비스 제공에서 서비스 이용자가 주체가 되어 서비스를 선택하고 자유롭게 결정하는 계약제도로 전환되었다는 점에 의의가 있다.

그러나 점차 늘어나는 노인의 개호 부담에 대한 안정적 재정 확보를 위하여 지금까지 국가가 조치제도를 통하여 부담해 왔던 개호서비스 비용을 보험료라는 형태로 국민에게 부담하게 하려는 제도라는 비판도 있다.

개호보험제도의 급여 대상자는 65세 이상(제1호 피보험자), 40세에서 64세 사이의 노인질환을 가지고 있는 노인(제2호 피보험자)이다. 재원 구성은 총 급여비용의 50%는 피보험자가, 나머지 50%는 공적 부담으로 하고 있다. 피보험자 부담 50%는 65세 이상 노인의 경우 17%, 40세에서 64세 노인의 경우는 33%를 부담하며, 공적 부담의 경우 중앙정부, 도도부현(광역자치단체), 시정촌(지방자치단체)이 각각 2 : 1 : 1(25%, 12.5%, 12.5%)로 부담하도록 하고 있다. 공적 부담 중 국비의 5%는 시정촌의 재정력 격차 조정에 충당하도록 하고 있다.

개호 이용 시 본인 부담은 본인 부담은 10%의 정률 부담으로 되어 있으며 시설 입소의 경우 식비에 있어서는 의료보험과 같이 이용자 부담이 있다.

서비스는 재가와 시설보호로 나누어 제공하고 있는데, 재가서비스로는 방문개호, 방문목욕개호, 방문간호, 방문재활, 복지용구 대여, 단기입소생활개호, 단기입소요양개호, 재가요양관리지도, 치매대응형 공동생활개호, 특정시설입소자 생활개호, 거택개호지원서비스가 있으며, 시설서비스로 특별양호노인홈, 노인보건시설, 요양병동에서 개호보험을 이용하고 있다.

케어서비스는 지역사회에서 장애인들의 자립생활을 돕기 위하여 도입된 제도이다. 이 케어서비스는 조치제도에 의해 홈헬프서비스, 생활보호의 생활부조에 의한 개호, 전신성장애자개호인파견사업을 중심으로 제공되어 왔으나, 사회복지구조개혁으로 2003년 4월부터 장애인지원비제도로 바뀌게 되었다. 즉, 지원비제도에 의한 케어서비스의 제공은 기존의 조치제도에 단점을 보완한 것으로 공적 비용을 장애인에게 지원하여 서비스의 선택권을 장애인에게 주었다는 점, 서비스 제공 주체를 다양화하였다는 점, 서비스 제공에 있어서 경쟁원리를 도입하였다는 점에서 의의를 가진다. 또한 자립생활센터의 핵심서비스인 개조인파견사업이 제도화되기도 하였다.

장애인지원비제도의 대상이 되는 장애인들은 이하의 신체장해자복지법, 지적(정신지체)장해자복지법, 아동복지법에 해당하는 사업에 적용되는 사람들이다.

장애인지원비제도의 재원은 공적 비용과 이용자 부담으로 마련된다. 공적 비용은 조세 방식에 의해 조성되는데 시정촌(지방자치단체)이 각 이용자의 급부액을 서비스 내용과 소득에 따라서 결정하게 되면 시정촌은 이용자 부담을 제외한 부분을 조성한다. 시정촌의 조성에 대해서는 국가 및 광역단체가 분할 보조하고 있다.

장애인지원비제도의 이용은 서비스를 이용하고자 하는 장애인이 시정촌(지방자치단체)과 상담을 통하여 서비스 지급 신청을 하게 되면 시정촌은 심사를 통하여 지급 결정 및 이용자 부담액을 결정하여 이용자에게 알려주게 된다. 수급자로서의 자격을 갖게 된 이용자는 사업자와 서비스 이용에 대한 계약을 하게 된다.

지원비 지급 기간은 장애 정도나 서비스를 제공하는 사람의 상황에 따라 달라질 수 있으며 후생노동성이 정한 기간은 재가지원은 1년, 정신지체장애인지역생활시설(그룹홈)은 3년, 시설 지원은 3년이다.

두 제도의 공통점은 이용자의 신청에 의해 서비스의 선택이 이루어진다는 점, 이용형태가 이용자와 사업자 간의 계약에 의해 이루어진다는 점, 서비스의 제공 주체가 다양화되었다는 점, 일부 이용자 부담이 전제된다는 점이다. 반면에 두 제도의 차이점을 보면 개호보험제도는 사회적 위험(개호)에 대한 사회보험 방식에 따른 운영으로 급여 조건은 기여(보험료)와 개호의 인정 정도를 전제로 한다. 이에 비해 장애인지원비제도는 주로 조세 방식에 의한 운영이기 때문에 기여와 관계없이 현재의 장애 상태와 소득수준이 서비스 급여의 조건이 된다.

Chapter

11

여성장애인과 사회복지

1. 여성장애인복지
2. 여성장애인의 차별 실태와 대안
3. 여성장애인과 결혼
4. 여성장애인과 가족

Chapter 11

여성장애인과 사회복지

1. 여성장애인복지

여성장애인은 우리나라의 전통적인 가부장적 문화와 사회적 체제 속에서 장애인으로서뿐만 아니라 여성이라는 성차별이 가중되어 이중의 고통을 겪고 있다. 즉, 사회적 관습에 의한 차별적 구조 속에서 여성장애인은 장애와 여성이라는 이중적 또는 그 이상의 고통을 지닌 대상이 되어 이중의 차별(double discrimination)을 받으므로 남성장애인과 비장애여성보다 더 소외적인 상황에 있다. 특히 여성장애인은 사회적 참여의 기회가 제한되어 있고, 그 결과 교육, 취업, 결혼 등의 생애과정 속에서 소외되어 살아가고 있다. 즉, 남성중심적인 사고가 지배적인 상황하에서 여성장애인은 여성에 대한 차별과 편견에 더하여 장애에 대한 차별과 편견이 복합됨으로써 더욱 열등하게 처우될 소지가 있다.

종래의 여성장애인에 대한 관심, 나아가 여성장애인의 사회활동을 지원하는 정책 및 제도의 모색은 매우 미흡한 수준에서 이루어지고 있다. 이는 여성장애인의 생활실태에 대한 파악이 미흡하여 여성장애인의 욕구가 사회문제화 되지 않았기 때문이기도 하다. 그러나 보다 주요한 이유는 여성장애인의 문제를 해결하기 위한 방안으로 전반적인 장애로 인한 차별과 편견 해소를 보다 선행하는 과제로 인식하고 이의 해결에 우선순위를 두어 왔기 때문이다. 즉, 장애인 일반문제에 대해 접근하고 이를 해소한다면 자연스럽게 장애인의 하부집단인 여성장애인 문제도 해결될 것으로 전망하였다. 그러나 여성장애인의 경우, 여성과 장애라는 이중적 어려움 때문에 남성장애인과는 또 다른 차원의 대책이 필요하다.

일반적으로 장애인의 사회통합 및 자아실현을 추구하기 위해서는 장애인 문제를 일률적으로 규정하여 포괄적으로 접근하기보다는 장애인의 다양한 욕구를 파악하고 이에 따른 차별적 접근이 시도되어야 한다. 여성장애인에 대한 접근도 통합과 개별화의 측면에서 동시에 시도되어야 한다. 즉, 여성장애인 집단의 특성 및 욕구에 따르는 개별적 접근 및 지원이 필요하다. 이를 위해서는 여성장애인에 대한 생활실태 파악이 우선되어야 한다.

현재까지 우리 사회에서 장애인은 일방적으로 어떤 도움을 받아야 하는 위치에 있는 인구집단이라는 정도로 인식되어 왔다. 그러나 장애인이 비장애인과 같이 더불어 살아갈 수 있도록 하는 서비스 이념인 정상화와 사회통합은 비장애인과 똑같이 장애인의 경우에도 생애주기와 발달과업에 대하여 집중적인 관심을 기울일 것을 강조하고 있다. 이에 생애주기를 중심으로 여성장애인이 만나게 되는 생애사건 중에서 대표적 사건인 교육, 취업, 성폭력, 성, 결혼, 출산, 육아의 문제를 살펴보고 이에 대한 대안을 찾아보고자 한다.

재가장애인의 성별 분포도를 보면 남자가 57.8%, 여자가 42.2%로 남자가 다소 높은 것으로 나타나며, 장애 유형별로 보면 자폐성장애는 남자의 비율이 85.3%로 특히 높았으며, 정신장애의 경우 여자의 비율이 51.3%로 상대적으로 높게 나타났다.

〈표 11-1〉 재가장애인 성별 현황(2020년)

(단위 : %, 명)

구 분	남 자	여 자	전국 추정 수
지체장애	55.7	44.3	1,215,914
뇌병변장애	60.0	40.0	250,961
시각장애	58.9	41.1	252,702
청각장애	55.9	44.1	384,668
언어장애	73.8	26.2	21,954
지적장애	63.6	36.4	214,792
자폐성장애	85.3	14.7	29,466
정신장애	48.7	51.3	103,031
신장장애	60.8	39.2	94,249
심장장애	65.4	34.6	5,253
호흡기장애	80.9	19.1	11,427
간장애	78.3	21.7	13,419
안면장애	68.7	31.3	2,676
장루 · 요루장애	64.6	35.4	15,376
뇌전증장애	56.8	43.2	7,062
전 체	57.8	42.2	2,622,950

출처 : 보건복지부 · 한국보건사회연구원(2020). 2020년 장애인 실태조사, p. 207.

2. 여성장애인의 차별 실태와 대안

1) 여성장애인의 교육

여성장애인이 자립하는 데 중요한 요인 중 하나는 교육이다. 교육은 여성장애인이 스스로 살아갈 수 있는지의 여부에 직접적인 영향을 주는 요인으로 우리나라의 높은 교육열에 비교하여 볼 때 여전히 여성장애인의 교육수준은 낮고 그 실정은 열악하다. 또한 교육은 고용과 소득에 관련이 있으므로 여성장애인의 삶의 수준을 결정하는 데 중요한 요인이 된다.

전체적으로 일반적인 교육과 관련된 연령층의 성별 분포를 살펴보면 유치원, 초·중·고등학교 및 대학교에 해당하는 전 연령층에서 남자가 1.48%, 여자가 0.81%로 남자가 더 많은 교육과정에 분포된 것을 볼 수 있다.

〈표 11-2〉 교육 관련 장애인 성별 분포 현황(2022년) (단위 : 명, %)

구 분	합 계			남 자			여 자		
	추계 인구수	장애 인구수	비율	추계 인구수	장애 인구수	비율	추계 인구수	장애 인구수	비율
0~4세	1,483,112	5,124	0.35	760,945	3,098	0.41	722,167	2,026	0.28
5~9세	2,141,600	28,165	1.32	1,096,835	19,538	1.78	1,044,765	8,627	0.83
10~14세	2,309,760	30,524	1.32	1,188,744	20,627	1.74	1,121,016	9,897	0.88
15~19세	2,278,815	30,939	1.36	1,179,762	19,784	1.68	1,099,053	11,155	1.01
20~24세	3,099,640	44,458	1.43	1,620,221	28,664	1.77	1,479,419	15,794	1.07
전국 추정수	11,312,927	139,210	1.16	5,846,507	91,711	1.48	5,466,420	47,499	0.81

출처 : 보건복지부(2022). 2022년 장애인 현황. '전국 연령별 등록장애인 수' 재구성. 2023. 8. 20. 인출; 보건복지부(2022). 장래인구추계. '성 및 연령별 추계인구' 재구성. 2023. 8. 20. 인출.

장애인의 교육수준은 '무학' 8.9%, '초등학교' 28.6%, '중학교' 17.8%, '고등학교' 30.5% 그리고 '대학 이상'이 14.3%인 것으로 나타났다. 장애유형별로는 지체장애의 경우 '초등학교' 비율이 28.9%로 가장 높고 다음이 고등학교(27.9%), 중학교(20.1%), 대학 이상(14.0%), 무학(9.1%) 순으로 나타나고 있다. 지적장애의 교육 정도는 '고등학교' 비율이 45.6%로 가장 많고 다음이 초등학교(25.2%), 중학교(13.4%), 대학 이상(9.3%)의 순이다. 자폐성장애는 '초등학교' 교육 정도가 41.9%로 가장 비율이 높고 고등학교(38.3%), 대학 이상(11.6%), 중학교(8.2%) 등으로 나타났다. 발달장애(지적장애, 자폐성장애)를 한 집단으로 할 때 교육수준이 '대학 이상'인 경우가 20.9%로 이들 장애유형의 평균 교육수준이 예상보다 높음을 알 수 있다.

여성장애인들은 초등학교 교육에 있어서 교육받을 기회가 제약되어 있으며 특히 학령기에 인성발달 및 취업 등에 직접적으로 영향을 미치는 적절한 교육을 이수하지 않을 가능성이 훨씬 높다. 더욱이 장애인이 여성인 경우 장애아의 부모는 멀리 떨어진 곳에 특수학교가 있을 경우 남자아이와는 달리 보내려 하지 않는 경향이 있다. 이로 인해 성장 후의 취업이나 사회생활에 큰 제약을 받게 된다. 이러한 결과로 볼 때, 여성장애인에게 가장 심각한 문제 중 하나는 적절한 교육의 기회가 부여되지 않고 있다는 점이며, 이는 여성장애인이 교육을 충분히 받을 수 있도록 여건을 마련해 주는 것이 필요하다는 점을 시사한다.

〈표 11-3〉 장애학생 교육 현황(2020년) (단위 : %, 명)

장애유형별	무학	초등학교	중학교	고등학교	대학 이상	전국 추정 수
전 체	8.9	28.6	17.8	30.5	14.3	2,610,558
지체장애	9.1	28.9	20.1	27.9	14.0	1,215,914
뇌병변장애	6.6	28.3	18.2	32.3	14.7	247,837
시각장애	7.5	27.5	14.7	31.7	18.4	252,703
청각장애	16.4	37.6	16.5	19.9	9.7	382,707
언어장애	5.3	28.2	18.2	36.5	11.8	20,035
지적장애	6.5	25.2	13.4	45.6	9.3	212,384
자폐성장애	0.0	41.9	8.2	38.3	11.6	26,814
정신장애	1.6	13.9	15.2	47.1	22.3	103,031
신장장애	4.2	16.1	14.1	39.5	26.2	94,249
심장장애	1.5	17.4	16.1	47.4	17.7	5,122
호흡기장애	1.1	30.8	24.2	34.5	9.4	11,428
간장애	0.0	13.9	15.8	41.6	28.7	13,273
안면장애	3.2	19.3	13.0	39.8	24.8	2,677
장루 · 요루장애	5.8	29.5	20.2	32.1	12.4	15,323
뇌전증장애	2.3	14.9	16.0	45.7	21.1	7,061

주 : 만 7세 이상 기준
출처 : 보건복지부 · 한국보건사회연구원(2020). 2020년 장애인 실태조사, p. 307 재구성.

교육의 기회균등은 자유, 평등을 표방하는 민주주의 국가의 기본 명제이며, 우리나라 헌법 제31조 제1항에 "모든 국민은 능력에 따라 균등하게 교육을 받을 권리를 가진다"고 명시되어 있다. 이는 모든 아동에게 교육을 받을 수 있는 기회를 평등하게 부여하는 데 어떤 한계가 있더라도 그 능력과 한계의 범위 내에서 보상교육을 받을 수 있음을 의미하며, 교육에서 평등한 대우가 각별히 요구되는 아동은 특수아동으로 그들에게도 평등한 대우를 부여하기 위해 특수교육은 필요한 것이라고 할 것이다.

여성장애인은 가정 내 차별 등의 요인으로 교육에의 접근권이 많이 제한되어 왔지만, 여성장애인도 주체적이고 독립적인 생활을 영위하는 데 필요한 교육을 받을 권리를 가지며 국가는 이를 위해 노력하여야 한다. 여성장애인의 교육수준이 남성장애인에 비해서 낮으며, 그 주된 원인으로 장애인 가족과 사회의 인식 부족, 교육받을 사회적 여건의 미비 등을 들 수 있다.

따라서 여성장애인의 교육여건을 개선하기 위한 대책으로 취학을 포기하거나 또는 중도에 학업을 중단하는 경우를 방지하기 위해서 우선적으로 장애아 부모나 가족을 대상으로 장애아 지도에 대한 교육을 강화하여야 한다.

〈표 11-4〉 여성장애인으로서 특히 어려웠던 점(2020년)

(단위 : %, 명)

구 분	연령별		장애 정도		전 체
	18~44세 이하	45~64세 이하	심한 장애	심하지 않은 장애	
성장과정 중 가족으로부터의 따돌림	3.5	2.8	3.1	3.5	3.2
결혼 후 배우자 가족의 학대/차별	3.7	2.2	4.4	1.2	3.3
교육기회 부족	3.1	2.0	3.9	0.6	2.8
사회화 기회 부족	13.3	6.3	14.1	5.6	11.1
친구 등 동료교제의 어려움	8.4	4.5	9.9	2.3	7.2
사회의 편견과 무시, 이중차별	12.9	9.2	10.7	13.6	11.7

취업 등 경제적 자립의 어려움	20.7	26.6	22.8	22.0	22.5
성추행, 성폭행, 강간 등 문제	2.9	3.7	4.8	–	3.1
임신 · 출산의 어려움	5.2	6.6	4.1	8.5	5.7
자녀양육의 어려움	8.6	19.1	5.8	22.9	11.8
전문 프로그램 부족 등 여가시간 활용의 어려움	13.3	10.5	11.4	14.2	12.4
기 타	4.6	6.5	4.9	5.6	5.2
전국 추정 수	104,220	47,030	97,763	53,487	151,250

출처 : 보건복지부 · 한국보건사회연구원(2020). 2020년 장애인 실태조사, p. 640 재구성.

특히 여성장애인의 교육수준 향상을 위해 장애여아의 조기교육, 장애여아 교육회피 시 처벌 등 공교육의 의무화를 강화하며, 정규교육의 기회를 놓친 이들을 위한 교육기회 확대, 사회교육 강화 그리고 평생교육시스템 구축을 통한 각종 교육서비스를 제공하여야 한다. 또한 여성장애인의 자녀에 대한 양육과 교육지원도 강화되어야 한다.

그리고 특수학교 등의 교육시설 확대는 물론 외부활동이 불가능할 경우 재택방문교육 등의 다양한 프로그램의 실시와 함께 이들이 적극적으로 교육받을 수 있도록 하기 위한 부모교육 등으로 미취학 또는 학업중단을 방지해야 할 것이다. 또한 이를 위해 장애인복지관 등에서 이들의 교육수준 및 사회생활기술의 향상을 위한 프로그램을 개발하고 실시하도록 지원해야 한다. 이 과정에서 교통비, 가사보조수당, 아동보호수당, 교육수당 등을 지급하여 교육참여를 유도해야 한다. 또한 강사은행 운영, 여성장애인에게 적절한 교육방법과 교육내용을 제공할 수 있는 강사를 확보, 육성, 지원하는 것이 필요하고, 비록 소수이기는 하나 고학력 여성장애인들을 위한 장학금 제도를 운영하는 것도 효과적일 것이다.

여성장애인은 교육의 기회와 취업을 강력히 원하고 있으므로 여성의 특수성을 살려 임신과 육아와 같은 문제를 동시에 해결할 수 있도록 돕는 기관이 필요하다. 현재 장애인복지관 내에 여성장애인을 위한 독립적인 공간을 마련하여 장애와 여성이라는 이중제약으로 역량강화의 기회를 갖지 못한 여성장애인에게 양질의 맞춤형 서비스를 제공하여 여성장애인의 역량강화를 통한 사회참여 기회 확대 및 삶의 질 향상을 도모하는 것도 하나의 대안이 될 수 있다(보건복지부, 2022).

2) 여성장애인의 취업

여성장애인은 경제활동 등과 관련하여 장애와 여성이라는 특성으로 인해 노동시장에의 진입 자체가 남성에 비해 더욱 어렵다고 할 수 있다. 즉, 신체 · 정신적 기능 중 일부의 손상에 의해 장애를 입게 됨으로써 취업뿐만 아니라 직장 적응과 유지에도 어려움을 겪게 된다. 특히 사회적으로 취업 및 임금이나 정년 등에서의 성차별 요소와 함께 장애에 대한 편견 등으로 인하여 더욱 불리한 처지에 놓일 수밖에 없게 된다. 따라서 여성장애인의 경우에는 경제활동 면에서 일반적으로 남성보다도 낮은 참여율과 높은 실업률을 보이고 있는 실정이다.

국제노동기구(ILO)의 기준을 적용한 2020년 장애인 실태조사에 의하면 만 15세 이상 장애인 중 실업자는 46,232명으로 추정된다. 장애인 인구 대비 취업자 비율(고용률)은 29.5%로 성별로 구분해 보면 남성장애인의 고용률은 38.7%이고 여성장애인은 17.1%로 남성 취업률의 44.19%에 불과해 장애여성의 취업률은 저조하다고 할 수 있다.

〈표 11-5〉 장애인 성별 취업 인구 및 취업률(2020년) (단위 : 명, %)

구 분	15세 이상 인구	경제활동인구			비경제 활동인구	경제활동 참가율	취업률	실업률	인구대비 취업자비율
		계	취업	실업					
남자	1,468,667	597,105	568,934	28,171	871,562	40.7	95.3	4.7	38.7
여자	1,089,228	203,934	185,873	18,061	885,294	18.7	91.1	8.9	17.1
계	2,557,895	801,039	754,807	46,232	1,756,856	31.3	94.2	5.8	29.5

출처 : 보건복지부 · 한국보건사회연구원(2020). 2020년 장애인 실태조사, p. 22.

실업 및 비경제활동 장애인이 현재 일하지 않는 주된 이유는 '장애로 인해 업무를 제대로 수행할 수 없을 것 같아서'가 60.2%로 가장 많았고, '나이가 너무 어리거나 많아서'가 19.3%, '장애 이외의 질병이나 사고로(건강문제)' 6.2%, '이전에 찾아보았을 때 일자리가 없어서' 2.3%, '일하고 싶지 않아서, 일할 필요가 없어서'가 2.1%의 순으로 나타났다.

〈표 11-6〉 현재 일하지 않는 주된 이유(2020년) (단위 : %, 명)

구 분	남 자	여 자	전 체
장애로 인해 업무를 제대로 수행할 수 없을 것 같아서	63.3	57.2	60.2
일하고 싶지 않아서, 일할 필요가 없어서	1.7	2.4	2.1
임금수준, 근로조건에 맞는 일자리가 없을 것 같아서	2.1	1.1	1.6
장애인 차별과 선입견 때문에 취업이 어려울 것 같아서	0.7	0.5	0.6
기초생활보장 수급자격이 박탈당할 것을 우려해서	0.6	0.7	0.7
이전에 찾아보았을 때 일자리가 없어서	3.0	1.6	2.3
현재 취업 준비 중	0.9	0.3	0.6
나이가 너무 어리거나 많아서	16.9	21.7	19.3
교육, 기술, 경험 부족	0.5	0.2	0.4
자영업을 창업할 능력, 상황이 안 되어서	0.1	0.1	0.1
육아 또는 가사	0.1	2.6	1.4
장애 이외의 질병이나 사고로(건강문제)	5.5	6.9	6.2
현재 학교를 다니고 있어서	1.7	1.0	1.4
기 타	2.9	3.6	3.2
전국 추정 수	899,734	903,354	1,803,088

출처 : 보건복지부 · 한국보건사회연구원(2020). 2020년 장애인 실태조사, p. 23.

여성장애인은 대부분 무직이거나 주부 등 비경제활동인구로 분류되고 있다. 이러한 결과로 볼 때, 여성장애인의 취업상태와 종사상의 위치가 매우 열악하고 이로 인해 월평균 수입 역시 매우 낮은 것으로 나타나 경제적으로나 사회적으로 어려움이 크다는 점을 알 수 있다. 특히 남성장애인에 비해서도 큰 차이를 보이고 있어 취업증진을 위한 직업교육과 기능훈련, 취업알선 등의 프로그램이 절실한 실정이다.

여성장애인은 성과 장애로 인한 차별에 맞서 경제적 자립과 자아실현을 이루는 수단인 직업을 가질 권리를 가지며 이를 위한 제도가 마련되어야 한다. 여성장애인이 취업하지 못하는 주된 원인은 사회적 인식의 부족과 취업 여건의 미비뿐만 아니라 낮은 교육수준과 자립능력의 미비라고 볼 수 있다. 여성에 대한 직업훈련의 강화, 적합 직종 개발, 그리고 중증 또는 장애인에 대한 의무고용에서 일정 비율을 여성장애인 또는 취업이 어려운 중증장애인 등에 할당하는 방안에 대한 검토가 필요하다. 그리고 사업체에서 발생하고 있는 여성장애인 차별에 대한 감독강화도 요청된다.

또한 여성장애인의 특성을 감안하여 자영업 또는 재택근로가 적합한 경우 이를 재정적으로 지원하는 방안을 검토하여야 한다. 이와 함께 공무원이나 정부투자기관 등 공공부문에서 장애인고용을 선도하되, 공무원 채용 등과 같이 국가시험에서 장애인에 대한 차별이 없도록 하고 여성장애인 배려 차원에서 일정한 가산점을 주는 방안도 고려할 수 있다.

그리고 개개인에 알맞은 취업이 이루어질 수 있도록 여성장애인 전문 취업상담, 사후관리 프로그램도 개발되어야 할 것이다. 직업훈련의 방식도 단순한 기술교육보다 현장실습 및 직장적응 위주로 실시할 뿐만 아니라 기존 훈련시설의 부족에 따른 접근성 문제와 입소의 어려움을 감안하여 다양한 시설에서 훈련받을 수 있도록 훈련비 및 생계비 지원을 통해 직업교육을 강화하여야 한다. 한편 이동에 극히 제한을 받는 장애인의 경우 통신이나 정보매체를 이용한 원격교육 방식에 의한 교육 프로그램을 개발하여야 할 것이다.

3) 여성장애인의 성폭력 문제

폭력에 관한 문제는 장애 또는 비장애여성들에게 있어서 공통적으로 문제가 되는 사항이다. 특히 장애여성의 경우에는 저항할 수 없는 신체적 조건과 장애인이라는 불리한 조건 때문에 비장애여성보다 가정과 사회에서 폭력에 더욱 취약한 상태이다.

성폭력은 강간, 준강간, 유사강간, 강도강간, 강제추행, 통신매체이용음란죄, 카메라 등 이용 촬영죄, 성희롱, 성추행, 성매매, 성폭행 등 성을 매개로 하는 모든 가해행위를 포괄하는 개념이다.

성폭력은 기본적으로 힘의 관계가 내포되어 있는 문제로 사회적으로 힘이 있는 자에 의해 위력을 갖지 못하거나 약한 자를 대상으로 해서 발생하는 것이다. 성폭력은 우리 사회에서 일반인들이 인식하고 있는 것보다 훨씬 넓은 개념을 가진 용어로, 성을 매개로 하여 인간에게 가해지는 모든 신체적 · 정신적 · 언어적 폭력을 말한다. 따라서 사회적 약자의 위치에 있는 사람이 훨씬 더 성폭력의 위협을 많이 받게 되며 여성이면서 장애인으로서 빈곤의 요소를 안고 있는 우리 사회에서 소외되고 사회적 약자인 여성장애인은 그만큼 성폭력에 쉽게 노출될 수 있고, 그 피해의 정도가 심각하다고 할 수 있다.

여성장애인의 성폭력 문제 중 가장 먼저 제기되기 시작한 것은 시설 거주 여성장애인의 성폭력으로, 시설 내 성폭행 피해자는 대부분 성폭력에 대한 인지능력이 부족한 장애아동 내지는 여성장애인이었다. 대부분 여러 명이 피해 대상이었으며, 피해기간도 일회적인 것이 아니라 장기간 그리고 지속적인 것으로 나타났다. 가해자는 최고운영진과 시설종사자, 시설관련자들로 피해자에 대해 막강한 힘을 가지고 있었기 때문에 사건의 공개가 매우 어려웠고, 주로 자원봉사자들에게 호소하는 형태로 성폭행 사례의 공개가 이루어졌다.

〈표 11-7〉 성폭력 피해 여부(2020년)

(단위 : %, 명)

구 분	있 다	없 다	전국 추정 수
지체장애	0.3	99.7	1,215,914
뇌병변장애	0.7	99.3	250,961
시각장애	0.1	99.9	252,702
청각장애	0.3	99.7	384,668
언어장애	0.4	99.6	21,954
지적장애	3.9	96.1	214,792
자폐성장애	0.7	99.3	29,466
정신장애	2.4	97.6	103,031
신장장애	–	100.0	94,249
심장장애	–	100.0	5,253
호흡기장애	0.8	99.2	11,427
간장애	–	100.0	13,419
안면장애	–	100.0	2,676
장루 · 요루장애	0.2	99.8	15,376
뇌전증장애	1.4	98.6	7,062
전 체	0.7	99.3	2,622,950

출처 : 보건복지부 · 한국보건사회연구원(2020). 2020년 장애인 실태조사, p. 393.

여성장애인에 대한 인권침해는 성범죄로 인식하기보다 시설 내 장애인인권에 대한 복합적이고 심각한 위험으로 간주되었다. 성희롱, 성추행, 성폭력 경험 여부에 대해서는 '없다'는 응답이 99.3%로 나타났다. 전체적인 성희롱, 성추행, 성폭력 경험 비율은 0.7%로 매우 낮으나 지적장애인(3.9%)과 정신장애인(2.4%)은 다른 장애유형에 비해 상대적으로 높은 것으로 나타났다.

성희롱, 성추행, 성폭력 경험이 있는 경우, 그 경험 시기는 '아동기(7~17세)'가

38.7%로 가장 많았고, 다음은 '청년기(25~39세)' 25.9%, '청소년기(18~24세)' 21.4%, '장년기(40~64세)' 8.8%, '영유아기(0~6세)' 5.2%의 순으로 나타났다.

〈표 11-8〉 성폭력 피해 시기(2020년)

(단위 : %, 명)

구 분	영유아기 (0~6세)	아동기 (7~17세)	청소년기 (18~24세)	청년기 (25~39세)	장년기 (40~64세)	전국 추정 수
지체장애	28.4	35.8	12.6	–	23.2	3,213
뇌병변장애	–	40.2	15.7	21.7	22.5	1,787
시각장애	–	–	–	–	100.0	214
청각장애	–	43.3	–	56.7	–	1,042
언어장애	–	–	–	100.0	–	86
지적장애	–	45.8	27.4	26.8	–	8,281
자폐성장애	–	100.0	–	–	–	208
정신장애	–	17.1	32.2	50.7	–	2,487
호흡기장애	–	–	–	–	100.0	87
장루 · 요루장애	–	–	–	–	100.0	28
뇌전증장애	–	39.8	–	–	60.2	98
전 체	5.2	38.7	21.4	25.9	8.8	17,531

주 : 1) 성폭력 경험이 있는 경우로 한정하여 질문함
2) 표기되지 않은 장애는 사례 없음
출처 : 보건복지부 · 한국보건사회연구원(2020). 2020년 장애인 실태조사, p. 394 재구성.

이와 같이 우리 사회에서 가장 취약계층으로서 사회적 약자인 여성장애인에 대한 성폭력의 실상은 신체적 · 정신적 장애로 항거할 수 없거나 신고가 용이하지 않고 신고를 하더라도 장애인의 진술이 증거능력으로 인정받지 못하는 경우가 많다. 또한 경제적 이유 또는 사회의 부정적 인식 등으로 인해 별다른 대응력을 갖지 못하고 있어 여성장애인의 성폭력 실상은 심각한 양상을 띠고 있고 드러난 것보다 심각한 수준일 것으로 추정되나 그 실태파악이 매우 어려워 여성장애인의 성폭력 실태파악을 위한 정부나 민간 차원의 실증적 조사연

구가 필요하다.

특히 장애여성은 비장애여성보다 폭력에 더욱 취약하며, 폭력에 대한 인지 · 대처능력이 현저하게 떨어져 성폭력, 가정폭력 등 각종 폭력에 가장 크게 노출되어 있다. 따라서 이를 근절하기 위해 여성장애인 인권운동이 지속적으로 이루어져야 하며 법과 제도가 보완되어야 한다. 또한 경찰과 검찰의 수사와 법원의 재판과정에서 피해자에 대한 보호장치를 마련해야 하며, 여성장애인 인권침해와 성폭력 · 가정폭력 피해의 심각성을 알리는 대국민 홍보활동을 강화하여야 할 것이다.

〈표 11-9〉 성폭력 대처방법(2020년) (단위 : %, 명)

구 분	①	②	③	④	⑤	⑥	전국 추정 수
지체장애	48.4	23.2	–	–	28.4	–	3,213
뇌병변장애	37.3	–	–	–	19.8	42.9	1,787
시각장애	100.0	–	–	–	–	–	214
청각장애	43.4	–	15.4	41.3	–	–	1,042
언어장애	–	100.0	–	–	–	–	86
지적장애	33.1	20.3	308	7.0	4.9	30.9	8,281
자폐성장애	100.0	–	–	–	–	–	208
정신장애	30.6	20.3	–	17.9	4.9	30.9	2,487
호흡기장애	–	–	100.0	–	–	–	87
장루 · 요루장애	100.0	–	–	–	–	–	28
뇌전증장애	–	–	–	60.2	–	39.8	98
전 체	37.8	17.2	3.2	8.6	13.9	19.2	17,531

주 : 1) 성폭력 경험이 있는 경우로 한정하여 질문함
2) 표기되지 않은 장애는 사례 없음
3) 구분내용 : ① 그냥 있었음, ② 자리를 피하거나 도망침, ③ 그 자리에서 항의함, ④ 주위에 도움을 요청함, ⑤ 몰라서 그냥 넘어감, ⑥ 진정 · 고발 등의 조치를 취함

출처 : 보건복지부 · 한국보건사회연구원(2020). 2020년 장애인 실태조사, p. 396 재구성.

3. 여성장애인과 결혼

1) 장애인과 성

성은 삶의 자연스러운 부분으로 성생활은 많은 여성들이 파트너에게 사랑과 욕구를 표현하며, 원하는 대로 임신할 수 있게 하는 수단이다. 그러나 성생활(sexuality)이란 누군가와 성관계를 갖는 것 이상의 의미를 담는다. 여성이 파트너와 친밀감을 나누는 방식, 자신의 몸을 이해하는 방식, 여성으로서 자기 자신에 대해 생각하는 방식도 모두 여성의 성생활에 포함된다(국립재활원, 2019 : 139).

인간은 누구나 남성 또는 여성의 성(sex)을 지니고 태어난다. 그러므로 장애인 혹은 비장애인이라는 구분을 떠나서 우리 모두는 타고난 성징의 범주에 속하게 되며 성에 대한 욕구는 인간의 기본욕구로 권리인 동시에 인간관계의 결정이라고 할 수 있다. 즉, 성적 표현은 사람과 사람 사이의 관계를 맺어주는 하나의 의사소통 방법이다. 따라서 구체적이고 실질적인 성에 대한 정보와 가치관을 갖는 것은 폭넓고 자유로운 인간관계를 맺을 수 있는 기회를 제공하는 것으로 모든 인간은 동등한 기회를 부여받아야 한다는 것을 의미한다.

그러나 여성장애인은 여자로 태어났음에도 불구하고 성장 과정에서 많은 사회관계를 통해 여성으로서 간주되지 못하고 있다. 이는 아동의 성의식 발달에서도 볼 수 있다. 부모가 자녀를 장애가 있다고 해서 성적인 존재로 보지 않거나 그런 비전을 갖지 않는 만큼 그 장애여아에게 성 정체성을 위해 가해지는 투입원은 감소하게 된다. 그렇다고 해서 장애여아 안에 있는 감정, 환상, 성적 흥분 등이 금지되는 것은 아니다. 다만, 즐거움이나 성생활에 대한 자격부여가

안 된다는 것이다. 발달의 다른 측면들과 마찬가지로 구체적이고 확실한 성의식은 아동이 성적인 존재로서 여겨질 때에 발생한다.

성적 정체감의 형성은 청소년기의 다른 과업을 성취하기 위해서도 필수적인 과정이다. 장차 성장해서 어울리는 배우자를 발견하거나 혹은 독신으로 남아 있기로 결정하기 위해서는 안정된 성 정체감을 형성해야 한다.

2) 여성장애인의 결혼

여성장애인도 성인이 되어 가면서 연애도 하고 결혼도 하게 된다. 이 과정에서 연애 파트너나 배우자와의 친밀한 관계형성은 필수적인데, 여성장애인에 대한 사회적 편견으로 인해 친밀한 관계를 확립하는 데 많은 어려움을 겪게 된다.

연애에 있어서 여성장애인이 겪는 불이익에 관해서는 다음과 같이 설명된다. 첫째, 미학적 측면으로 우리 사회에서 대부분 여성의 가치는 신체적으로 매력이 있는가 하는 협의적 기준에 있다. 따라서 눈에 보이는 장애를 가진 여성은 성 상대로서 결함이 있는 것으로 여겨진다. 둘째, 기능적 측면으로 사회에 의해 그들에게 부여된 전통적 역할과 의무에서 벗어난 여자들은 능력이 없는 배우자로 간주된다. 여성장애인들은 배우자나 자녀를 돌보는 것, 가정 대소사를 돌보는 일을 할 수 없다고 간주된다. 이처럼 여성장애인은 배우자에게 힘을 돋우거나 편안한 휴식처를 만드는 기능을 할 수 없으므로 무용하다고 여겨진다.

또한 장애로 성적인 면이 사라졌다고 생각하는 주변의 인식으로 큰 상처를 받게 되면, 그로 인해 성적 욕구나 관계를 위한 노력에 소극적이고 수동적이게 되며, 결국 고립되는 결과를 가져올 수도 있다. 장애로 인해 그 사회의 지배적인 미의 기준과 멀다고 생각할수록 자기 이미지에 대한 고통도 클 수 있고, 그래서 장애여성은 데이트 경험, 성적 접촉이 적고, 결혼할 수 있을지에 대해서도 불확실한 전망을 갖게 된다.

여성장애인은 비장애 남성과의 결혼이 지배와 피지배의 부정적 관계를 낳을 가능성이 많으므로 남성장애인을 배우자로 선택하는 경우가 많다. 그러나 여성장애인이 남성장애인과 결혼했다고 반드시 행복하지는 않다. 사례를 보면, 여성장애인은 남성장애인이 더 나은 상대의 매력을 끌지 못했다는 무능력감을 포함해 그가 느끼는 사회적 억압과 제한된 선택으로 분노의 대상이 될 수도 있다. 또한 여성장애인은 그 남자의 분노에 공감하기 때문에 오랫동안 그 관계에서 벗어나지 못할 수도 있다. 이처럼 장애여성이 남성과 연애나 결혼을 통해 맺게 되는 사회적 관계에는 부정적이고 심리적인 측면이 있을 수 있다.

한편 여성장애인이 남성과의 관계를 지속시키려 할 때, 가족이나 사회에 의해 주어지는 방해물이 있다. 대부분의 경우 관계지속에 가장 큰 걸림돌은 가족이나 타인 등 외부관찰자들이다. 한 명만 장애를 가진 부부들에게 장애를 갖지 않은 배우자를 그들 관계에서 '주기만 하는 사람'으로 보는 타인의 시각이다. 또한 둘 다 장애를 가진 부부도 가족이나 사회의 편견에서 자유롭지 못하다.

이런 사회적 압력과 더불어 실질적인 문제들이 있다. 첫째, 물리적 측면에서 둘 다 장애를 가진 사람들이 함께 데이트할 수 있을 만큼의 접근성이 좋은 편의시설이 마련되어 있지 않다. 둘째, 정책적 측면에서 장애인들의 결혼이나 가족 형성에 장애가 되는 요인을 제거해 주지 못하고 있다. 즉, 장애인이 결혼하면, 그동안 장애인에게 주던 의료적 급여, 재활장비, 개인적 원조서비스 등을 삭감하고 그 비용을 노동하는 배우자에게 전가한다. 따라서 항상 그들은 금전적인 부분을 걱정한다.

2020년 장애인 실태조사에 의하면 만 18세 이상 장애인의 결혼상태는 유배우자(51.3%), 사별(20.8%), 미혼(17.4%), 이혼(9.7%), 별거(0.7%), 기타(0.1%) 등으로 나타났다. 장애인의 82.5%는 결혼한 경험이 있고, 미혼 남성장애인에 비해 미혼 여성장애인의 비율이 낮은 것을 볼 수 있다.

〈표 11-10〉 장애인 결혼 현황(2020년)

(단위 : %, 명)

구 분	성 별		연령별			장애 정도		전 체
	남 자	여 자	18~44세 이하	45~64세 이하	65세 이상	심한 장애	심하지 않은 장애	
유배우	60.4	39.1	26.1	57.1	53.9	40.1	57.6	51.3
사별	6.6	39.9	0.3	5.6	36.6	13.2	25.1	20.8
이혼	10.5	8.7	3.3	17.1	6.4	10.4	9.4	9.7
별거	0.7	0.7	0.2	0.9	0.7	0.8	0.6	0.7
미혼	21.8	11.5	70.1	19.2	2.4	35.4	7.3	17.4
기타 (미혼모/부)	0.0	0.2	0.1	0.1	0.1	0.1	0.1	0.1
전국 추정수	1,460,460	1,084,561	343,065	893,562	1,308,393	917,170	1,627,850	2,545,020

출처 : 보건복지부 · 한국보건사회연구원(2020). 2020년 장애인 실태조사, p. 623 재구성.

결혼 시 본인의 장애 여부를 살펴보면 장애남성의 경우 76.4%, 장애여성의 경우 81.0%가 비장애 상태에서 결혼한 것으로 나타났다. 또한 결혼 당시 배우자의 장애 여부를 보면 남성의 경우 비장애가 96.8%, 여성의 경우 95.7%로 나타났다. 이로 보건대 결혼 당시 비장애 상태가 상당함에도 현재 배우자 또는 본인이 장애인이 되었다는 것은 그만큼 후천적 장애와 일상생활 속에서 다양한 장애가 발생할 수 있음을 시사한다고 볼 수 있다.

〈표 11-11〉 결혼 시 본인의 장애 여부(2020년)

(단위 : %, 명)

구 분	성 별		연령별			장애 정도		전 체
	남 자	여 자	18~44세 이하	45~64세 이하	65세 이상	심한 장애	심하지 않은 장애	
예	23.6	19.0	66.4	31.1	12.4	30.0	18.2	21.5
아니요	76.4	81.0	33.6	68.9	87.6	70.0	81.8	78.5
전국 추정수	1,141,654	958,158	102,294	721,477	1,276,041	591,396	1,508,416	2,099,812

출처 : 보건복지부 · 한국보건사회연구원(2020). 2020년 장애인 실태조사, p. 623 재구성.

〈표 11-12〉 결혼 시 배우자의 장애 여부(2020년)

(단위 : %, 명)

구 분	성 별		연령별			장애 정도		전 체
	남 자	여 자	18~44세 이하	45~64세 이하	65세 이상	심한 장애	심하지 않은 장애	
예	3.2	4.3	7.8	7.0	1.5	8.0	2.0	3.7
아니요	96.8	95.7	92.2	93.0	98.5	92.0	98.0	96.3
전국 추정수	1,141,654	958,158	102,294	721,477	1,276,041	591,396	1,508,416	2,099,812

출처 : 보건복지부 · 한국보건사회연구원(2020). 2020년 장애인 실태조사, p. 624 재구성.

장애인의 결혼에 있어서 본인과 동일한 유형의 장애를 가진 배우자와 결혼을 할 경우 유사한 문화와 생활양식을 공유한다는 측면에서는 장점이 되지만 동일 장애로 인하여 자녀 양육과 일상생활에서 유사한 제약을 경험하고 상호 보완적 역할을 수행하기 힘든 상황이 발생할 수 있다는 점에 주목할 필요가 있다.

4. 여성장애인과 가족

임신과 출산은 단지 신체적 과정만이 아니라 심리적인 과정이기도 하다. 여성장애인들은 그들의 신체 이미지나 임신이 장애에 가져올 영향 또는 좋은 부모가 될 수 있을까에 대해 많이 걱정한다. 그런데 이 과정에서 의료진들의 부정적이거나 무관심한 태도는 그런 걱정을 강화시키고 심지어 자아존중감을 떨어뜨리기도 한다. 실제로 여성장애인의 임신과 출산에 관련된 의료지식이 부족한 의료요원들이 많을 뿐 아니라 이들은 교과과정에서 장애인의 사회심리적 특성에 대해 배우지 않으므로 민감성을 가지고 이들을 대하지 못한다.

임신과 출산에 접근하는 데 장애요인은 여성장애인은 성적인 존재가 아니라는 고정관념과 여성장애인이 장애아를 낳을 것이라는 우생학적 주장이다. 특정한 피임방법이 여성장애인의 기능손상에 주는 효과에 대한 연구가 거의 없는 것도 문제이며 여성장애인이 부모가 될 자격이 없는 것으로 간주되어 단산의 남용이 벌어지는 사실과 불임에 대해 별다른 조치를 하지 않는 것, 그리고 낙태를 행하는 것도 장애요인이다. 그리고 일단 결혼에 대한 장애가 많은 것도 요인이 된다.

여성장애인은 임신과 출산에 관련하여 다양한 산부인과적 의료서비스를 필요로 한다. 임신과 출산, 피임방법, 완경기에 대한 조치, 성병과 에이즈에 대한 조치, 낙태 및 골반검사, 유방의 건강, 대안적 의료, 성교육과 동료상담 등 욕구의 분야는 매우 다양하다. 이러한 서비스의 욕구는 대체로 비장애여성과 같지만 장애를 가지고 있음으로 인해 세부적으로 다른 점도 많다. 그런데 이 특수한 욕구에 대해 구할 수 있는 자원은 너무 적은 것이 현실이다.

완경기에 관해서 비장애여성의 증상은 잘 알려져 있다. 그러나 여성장애인에게 이 효과는 다를 수 있다. 예를 들면, 이미 온도변화에 민감한 다발성 경화증 장애인은 완경기에 찾아오는 열감에 매우 힘들 수 있다. 그리고 정신장애를 가진 여성들은 완경기에 에스트로겐이 감소함에 따라 항정신제를 더 복용해야 할 수도 있다. 또한 지체장애를 가진 여성들에게 골다공증은 큰 문제이다. 그러나 골다공증에 대한 치료가 여성장애인에게 주는 효과에 대한 연구는 거의 없다. 그리고 골밀집도를 증가시키기 위해 알려져 있는 호르몬제나 비호르몬제의 효과에도 아직 의문이 남아 있다.

여성장애인이 임신했음을 주변에 알리면 전문가들이나 가족들은 그들에게 낙태할 것을 권하거나 강요한다. 여성장애인은 상담을 통해서 임신에 대한 자신의 감정을 확실히 알아야 하며 전문가는 이를 경청하고 함께 각각의 선택에 대한 자원을 탐색하여 결정을 할 수 있도록 도와야 한다.

장애인 어머니의 육아능력을 분석할 때는 장애인 어머니를 둘러싼 가족과 다른 사회체계를 살펴보는 것이 중요하다. 다양한 형태의 가족구성변수가 각각 다르게 고찰되어야 하며 어머니의 고립 정도, 지원의 부족, 무시당하는가의 여부, 또는 경제적 · 성적 착취, 학대, 폭력 등의 스트레스 원천도 고찰되어야 한다. 부부간 역할에 있어서 상호보완성의 이슈도 중요하며, 사회체계를 말할 때는 적절한 사회적 서비스의 존재나 부재도 중요하다. 또한 빈곤의 영향과 어머니의 역할을 지원하기 위한 공공 재원의 부족 등도 고려해야 한다.

여성장애인이 임신 · 출산 · 육아 등에서 겪는 어려움과 욕구에 부응하기 위해서는 여성장애인 전문의 확보 및 여성장애인 전용 병원 설립, 장애인종합복지관, 보건소 및 보건지소에서의 다양한 여성장애인 보건복지서비스 제공 확대가 이루어져야 한다. 아울러 여성장애인을 위한 보건의료체계를 구축하고, 임신한 여성장애인의 정기검진 의무화, 여성장애인을 위한 임신 · 피임 · 출산, 부부간의 성관계 등에 대한 교육 및 책자나 인터넷을 통한 정보제공, 그리고 여성장애인 의료진을 통한 장애여성 임신 및 출산 가이드북 및 비디오 제작 ·

배포 등을 통해 의료인에 대한 교육을 병행해야 할 것이다.

여성장애인의 육아를 지원하기 위하여 육아지원 장·단기 계획안을 마련하고, 보육시설 등에 장애여성자녀 우선입소제를 추진한다. 그리고 양육보조금을 지원하고, 영아양육도우미, 자녀학습도우미, 자녀생활지원도우미 파견 등의 사업을 추진한다. 또한 사춘기 자녀와 관계개선을 위한 프로그램을 개발·운영하고, 부모역할 대행 프로그램을 지역사회에 있는 장애인복지관에서 운영하도록 지원한다. 아울러 장애부모를 둔 비장애아동의 심리·정서적 강화 및 탈선 방지 등을 위해 자녀들과의 관계에서 발생할 수 있는 문제 해결에 도움을 제공하는 상담 및 가족관계 개선을 위한 프로그램 등을 제공할 수 있도록 지원해야 한다.

장애인 실태조사(2020)에 의하면 임신경험이 있는 만 49세 이하의 여성장애인이 임신 기간 중 힘들었던 점은 '본인의 건강 악화'가 12.6%로 가장 많았고, '자녀 양육을 잘 할 수 있을지 두려움'(12.3%), '출산과정에 대한 두려움'(11.8%), '자녀가 장애를 가질까 봐 두려움'(6.8%), '병원비 등 돈이 많이 들어서'(6.0%) 등의 순으로 나타났다.

〈표 11-13〉 임신 기간 중 힘들었던 점(2020년)

(단위 : %, 명)

구 분	18~28세	29~38세	39~49세	전 체
병원비 등 돈이 많이 들어서	–	9.5	5.0	6.0
병원 다니기가 힘들어서	–		5.2	3.9
병원 시설·의료기기 설비 미비	–	–	–	–
의료진의 장애이해 및 인식 부족	–	–	3.0	2.3
출산과정에 대한 두려움	–	16.9	10.5	11.8
자녀가 장애를 가질까 봐 두려움	–	12.5	5.2	6.8
자녀양육을 잘 할 수 있을지 두려움	–	12.9	12.4	12.3
본인의 건강 악화	–	25.2	9.0	12.6

집안일 하기 힘듦	–	–	1.8	1.4
직장 생활에서의 어려움	–	11.5	2.5	4.6
가족들의 출산 반대	–	–	–	–
주위의 시선	–	–	5.4	4.0
임신 · 출산 관련 정보 부족	–	–	3.5	2.6
어려움 없음	100	11.4	36.4	31.8
전국 추정 수	571	7,906	26,124	34,601

출처 : 보건복지부 · 한국보건사회연구원(2020). 2020년 장애인 실태조사, p. 15 재구성.

출산 경험이 있는 여성장애인 중 출산 전 · 후 산후조리의 충분도는 '충분하다' 55.8%, '부족하다' 27.8%, '매우 충분하다' 11.6%, '매우 부족하다' 4.7%의 순으로 나타났다. 산후조리에 만족하는 경우가 67.4%라면 불만족하는 경우가 32.6% 수준임을 알 수 있다.

〈표 11-14〉 출산 전 · 후 산후조리의 충분도(2020년) (단위 : %, 명)

구 분	18~28세	29~38세	39~49세	전 체
매우 충분	100.0	–	12.9	11.6
충 분	–	64.0	54.8	55.8
부 족	–	29.4	28.0	27.8
매우 부족	–	6.5	4.3	4.7
전국 추정 수	571	6,847	24,166	31,584

출처 : 보건복지부 · 한국보건사회연구원(2020). 2020년 장애인 실태조사, p. 16 재구성.

여성장애인이 필요로 하는 서비스는 자녀양육지원 서비스(13.3%), 장애인 활동지원사 지원(11.3%), 출산비용 지원(10.2%), 건강관리 프로그램(10.0%), 임신 · 출산 관련 교육 및 정보제공(8.8%), 장애를 고려한 여성용품 정보 제공(8.7%) 등의 순으로 나타났다.

〈표 11-15〉 여성장애인이 원하는 서비스(2020년)

(단위 : %, 명)

구 분	18~28세	29~38세	39~49세	전 체
임신 · 출산 관련 교육 및 정보제공	12.4	5.4	8.9	8.8
임신 · 출산 · 육아 관련 hot-line서비스	5.3	1.5	1.2	2.2
출산비용 지원	4.8	10.4	12.2	10.2
여성장애인 임신 · 출산 전문병원	3.2	10.3	7.3	7.1
산후조리 서비스	0.2	7.8	5.8	5.1
육아용품 대여	–	–	0.3	0.2
자녀양육지원 서비스	8.5	15.8	14.1	13.3
자녀교육 도우미	3.9	2.3	2.4	2.7
가사도우미	7.3	4.4	9.2	7.7
활동지원사	16.7	12.7	8.7	11.3
건강관리 프로그램	9.2	9.0	10.6	10.0
상담서비스(심리 · 정서)	5.1	5.8	5.2	5.3
자조집단(멘토)	–	–	1.3	0.7
학교교육 이외의 학습 및 재능교육(평생교육) 지원	9.1	0.4	4.4	4.5
장애를 고려한 여성용품 정보 제공	9.4	12.7	6.7	8.7
기 타	4.8	1.4	1.6	2.2
전국 추정 수	32,466	35,570	83,217	151,253

출처 : 보건복지부 · 한국보건사회연구원(2020). 2020년 장애인 실태조사, p. 16 재구성.

Chapter 12

장애인활동지원제도

1. 장애인활동지원제도의 개요
2. 장애인활동지원서비스 내용
3. 장애인활동 지원에 관한 법률
4. 장애등급제 개편 전후 활동지원서비스 비교
5. 장애인활동지원제도 개선점
6. 장애인활동지원사의 윤리적 태도

Chapter 12

장애인활동지원제도

1. 장애인활동지원제도의 개요

1) 장애인활동지원제도의 개념

활동지원이란 신체적 · 정신적인 장애로 인해 어려움을 겪고 있는 대상자들에게 일상생활을 영위할 수 있도록 지원해 주는 데 그 목적이 있다. 또한 수발은 안전한 보호와 생명존중을 통해 정확한 수발방법의 케어기술을 제공하여야 하며, 개인에 맞는 개별화된 수발과 더불어 대상자의 자기결정권과 잔존능력의 향상에 기초하여 서비스를 제공하는 것이 중요하다.

장애인활동지원제도는 신체적 · 정신적 장애 등의 사유로 혼자서 일상생활과 사회생활을 하기 어려운 모든 장애인에게 활동지원급여를 제공함으로써 사회참여를 지원하고, 그 가족의 부담을 줄임으로써 장애인의 삶의 질을 높이기 위한 제도이다.

이 제도는 2007년 4월 장애인복지법에 따라 '장애인활동보조서비스'라는 명칭으로 처음 도입되었다. 1차(2007. 9. 7.~ 2007. 10. 1)와 2차(2007. 10. 9.~2007. 11. 3) 시범사업을 거쳐 마침내 2010년 12월 8일 장애인활동지원에 관한 법률이 제정되어 제도가 정착되었다.

(1) 장애인활동지원서비스의 목적

일상생활 · 사회생활이 어려운 장애인에게 활동지원서비스를 제공하여 자립생활을 지원하고, 가족의 돌봄부담을 경감하고자 한다.

(2) 장애인활동지원서비스의 대상

만 6세 이상 65세 미만 등록 장애인(2019년 7월부터 신청자격 확대) 서비스 지원 종합조사 결과 활동지원등급[1] 판정을 받은 자로, 소득수준이나 장애유형에 관계없이 누구나 신청할 수 있고, 장애인생활시설 등에서 생활하는 장애인, 노인장기요양급여 이용 장애인 등은 신청할 수 없다.

2) 장애인활동지원 수급자 선정방법

〈표 12-1〉 장애인활동지원 신청 및 수급자격

1. 신청	2. 방문조사	3. 수급자격 심의	4. 결과통지
주소지 읍 · 면 · 동 주민센터 또는 가까운 국민연금공단 지사에 신청	국민연금공단 직원이 가정을 방문하여 서비스 지원 종합조사 실시	시 · 군 · 구에 설치된 수급자격심의위원회에서 수급자격 인정 여부 및 활동지원등급 결정	지방자치단체에서 활동지원등급 결정결과 통지

1) 활동지원등급 : 기능상태, 사회활동 가구환경 등 서비스 필요도를 평가한 서비스 지원 종합조사 결과에 따라 산출된 종합점수를 1~15구간으로 구분

수급자격의 인정 및 활동지원등급 결정 결과 등에 대해 이의가 있는 경우에는 결정결과를 통보받은 날로부터 90일 이내에 해당 시·군·구에 신청한다(방문, 우편, 팩스 등).

(1) 장애인활동지원 급여내용

① **활동지원급여** : 서비스 지원 종합조사에 따라 산출된 종합점수에 따라 1~15구간으로 구분

② **특별지원급여** : 출산, 자립준비, 보호자 일시부재 등 사유 발생 시 특별지원급여 지급

③ **가산급여**(중증장애인) : 활동지원사 연계에 어려움을 겪는 최중증 수급자에게 서비스를 제공하는 활동. 지원사에게 가산급여(수당) 지급(시간당 3,000원)

(2) 장애인활동지원 급여종류

활동보조(신체·가사활동·이동지원 등), 방문간호, 방문목욕이 있다.

- 활동지원기관 : 지방자치단체의 장이 기관의 지역적 분포, 수급자 수, 적정 공급규모 등을 고려하여 서비스 종류별로 지정
- 활동지원인력 : 활동보조는 교육(50시간) 이수한 활동지원사에 의해 제공되며, 방문간호는 간호사 등이, 방문목욕은 요양보호사가 제공

(3) 장애인활동지원서비스 시간당 단가

- 활동보조 15,570원/시간(2023년 기준)
- 예산 : 2022년 17,405억 원 → 2023년 19,919억 원

3) 장애인활동지원서비스의 범위

65세 미만으로 치매 · 뇌혈관성 질환 등 관계 법령으로 정하는 노인성 질환 장애인을 대상으로 활동지원 신청이 확대되었다.

(1) 근거

헌법불합치 결정(2020. 12)에 따라 장애인활동법을 개정하여 65세 미만 노인성질환자의 활동급여 신청을 허용할 수 있는 법적 근거가 마련되었다. 65세 미만의 장애인 중 치매 · 뇌혈관성 질환 등 노인성 질환이 있는 사람에 대해 일률적으로 활동지원 신청자격을 제외하는 것은 평등원칙에 위배된다.

(2) 지원방식

65세 미만 장애인 중 노인성 질환으로 장기요양 수급자격 인정되는 자에 대해서는 우선 장기요양급여를 받고, 노인성 질환 중이더라도 사회생활을 위한 지원이 필요한 경우 부가적으로 장애인활동지원서비스를 제공한다.

① 65세 미만 노인성 질환자 활동지원급여 처리 절차

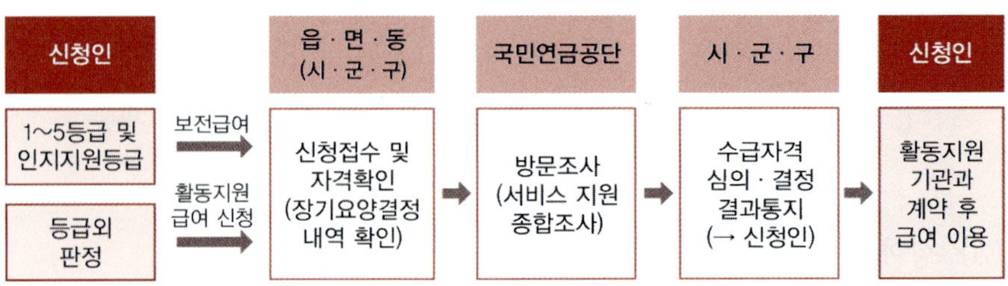

|그림 12-1| 65세 미만 노인성 질환자 활동급여 처리 절차

② 신청접수

관할 지방자치단체에서 신청자격 등 확인 후 공단으로 조사의뢰

㉠ 신청자격 만 6세 이상부터 만 65세 미만의 장애인복지법상 등록 장애인

- 장기요양등급(1~5등급 및 인지지원등급) 판정자 : 보전급여 신청
- 장기요양급여 등급외 판정자 : 일반 활동지원급여 신청

㉡ 신청방법 방문 또는 온라인 신청

- 방문 신청 : 급여 대상 장애인의 주민등록상 주소지 읍 · 면 · 동
- 온라인 신청 : 복지로 홈페이지(www.bokjiro.go.kr)

㉢ 신청서류

사회보장급여(사회서비스이용권) 신청(변경)서

※ 활동지원급여 신청에 대한 자세한 사항은 관할 읍 · 면 · 동에 문의

㉣ 방문조사

관할 국민연금공단 조사원이 자택을 방문하여 급여 대상 장애인의 신체 · 정신 기능 제한 정도 및 생활환경 등을 조사

㉤ 결과통지

관할 시 · 군 · 구에서 신청인에게 활동지원수급자격 결과 통보

※ 신청일로부터 30일(최대 60일) 이내 결과 통지

㉥ 급여이용

수급자가 수급자격결정통지서를 바탕으로 활동지원기관과 활동지원급여 이용(제공) 계약 체결

2. 장애인활동지원서비스 내용

1) 일상생활지원서비스

사람은 누구나 일상생활을 영위할 기본적인 권리와 욕구를 가지고 있다. 일상생활지원서비스는 질환 및 장애로 인해 일상생활에 제한이 있는 대상자에게 기본적인 일상생활 지원을 통해 생활의 불편을 최소화하고 대상자 스스로 생활할 수 있도록 돕는 데 그 목적이 있다. 그러므로 대상자의 자립성과 잔존능력이 감소되지 않도록 스스로 할 수 있는 능력을 파악하여 대상자의 능력을 최대한 활용할 수 있도록 도움을 주어야 한다.

① **위생관리서비스** : 세면, 양치질, 머리감기, 목욕서비스 등

② **신체건강관리서비스** : 식사, 체위변경, 신체기능 유지 서비스 등

③ **생활편의서비스** : 화장실 사용, 옷 갈아입히기, 몸단장 등

④ **취사서비스** : 음식물 조리, 설거지 등

⑤ **청소 및 환경정리 서비스** : 청소, 물품정리 등

⑥ **세탁서비스** : 의복, 속옷, 침구류 세탁 및 일광소독 등

⑦ **외출 동행서비스** : 도보, 차량, 열차, 항공, 선박

2) 정서적 지원 서비스

(1) 상담서비스

상담서비스는 대상자와 처음 만나게 되는 것으로 관계형성이 중요하며, 이를 위해 언어적인 의사소통과 비언어적인 의사소통이 가장 중요하게 작용하게

된다. 부드러운 언어와 몸짓, 태도 등을 가지고 대상자들을 진심으로 대해야 하며, 기관과 대상자의 입장을 고려하는 지혜가 무엇보다도 필요하다. 그리고 상담에 임하면서 습득한 각종 정보에 관련하여서는 기관에 보고하는 것 이외에는 철저히 비밀을 보장하여야 한다.

(2) 말벗서비스

심리적 안정을 위한 말벗서비스 등의 정서적 지원은 포괄적으로 서비스가 이루어져야 한다. 안부확인을 위한 방문, 말벗, 격려 및 위로 등의 정서지원과 생활상의 문제 등 상담 및 조언 등의 생활상담서비스가 있다.

또한 대화, 편지, 전화 등의 방법으로 대상자들의 욕구 파악 등 의사전달 대행으로 의사소통에 도움을 준다.

(3) 여가활동지원서비스

대상자들의 경우 건강 및 개인적인 특성, 독거생활 등의 이유로 많은 소외감과 고독을 느끼게 된다. 그에 따라 정서적으로 우울감과 자살률이 높아지는 경우가 많아져 정서적인 지원서비스를 통해 정서적으로 안정된 삶을 제공한다.

① 여가지원서비스(신나는 노래와 웰빙교실, 영화감상, 음악교실 등)
② 문화체험서비스(나들이 등)
③ 종교활동 지원서비스(종교활동)
④ 특별행사 지원서비스(생신잔치, 작품전시회, 어버이날, 송년회 등)

(4) 장애인활동지원서비스

장애인활동지원서비스에서 제공되는 서비스의 종류로는 활동보조, 방문목욕, 방문간호가 있으며 각각의 수가와 제공인력, 내용이 다르다. 이는 장애인활동지원에 관한 법률 제16조에 의해 구분된다. 활동보조는 장애인활동지원인력(이하 "활동지원인력"이라 한다)인 활동보조인이 수급자의 가정 등을 방문하여 제공하는 서비스로, 신체활동과 가사활동 및 이동보조 등을 지원하며, 상세한 급여의 내용은 다음 〈표 12-2〉와 같다.

〈표 12-2〉 장애인활동지원 활동보조 급여의 내용

구 분		세부내용
신체활동 지원	개인위생 관리	목욕 도움(목욕 준비, 몸씻기 보조 등), 구강 관리(양치질 도움, 틀니 손질 등), 세면 도움(세면 준비, 세면 보조 등)
	신체기능 유지 증진	체위 변경(체위 변경 도움, 일어나 앉기 도움 등), 신체 기능의 증진(관절구축 예방활동, 기구사용운동 보조 등)
	식사 도움	식사 차리기, 식사 보조, 구토물 정리 등
	실내이동 도움	실내에서 휠체어로 옮겨 타기, 집안 내 걷기 도움 등
가사활동 지원	청소 및 주변정돈	수급자가 주로 거주하는 장소(방, 거실) 및 화장실 청소, 쓰레기 분리수거, 내부 정리, 이부자리 정돈, 화장대 · 책장 정리, 옷장 · 서랍장 등 정리 등
	세탁	수급자의 옷, 양말, 수건, 침구류, 걸레 등의 세탁 및 삶기 등
	취사	식재료 준비, 밥 짓기, 국 · 반찬 하기, 식탁 청소, 설거지, 행주 삶기, 음식물 쓰레기 분리수거 등
사회활동 지원	등하교 및 출퇴근지원	출퇴근 및 등하교 보조(부축, 동행 포함), 직장이나 학교 등에서 식사 및 화장실 이용 보조 등 신체활동지원
	외출 시 동행	산책, 물품구매, 종교활동, 복지시설 이용, 은행, 관공서, 병원 등 방문 및 귀가 시 부축 또는 동행, 외출 시의 신체활동지원
그 밖의 제공서비스		수급자 자녀의 양육 보조(만 6세 이하 등 예외적인 경우에 한하며, 반드시 자녀 1인만을 대상으로 서비스를 제공하여야 함), 생활상의 문제 상담 및 의사소통 도움 등 위에 열거되지 않은 서비스 내용 기록 ※ 수급자 외의 가족의 가사활동지원은 포함하지 않음(단, 수급자 또는 수급자의 배우자가 출산 후 6개월 이내에 한하여 예외적으로 인정)

출처 : 보건복지부(2020).

방문목욕은 활동보조인력(요양보호사)이 목욕시설을 갖춘 장비를 이용, 대상자의 가정 등을 방문하여 목욕서비스를 제공한다. 방문간호는 의사, 한의사 또는 치과의사의 지시에 따라 간호사가 수급자가정 등을 방문하여 간호, 진료의 보조, 요양에 관한 상담, 구강위생서비스 등을 제공하며, 이러한 방문간호를 위한 지시서의 경우 추가의 발급비용이 발생한다. 그 밖의 활동지원급여로는 야간보호 등이 있다(보건복지부, 2020). 장애인활동지원 급여종류별 인력기준을 보면 다음의 〈표 12-3〉과 같다(서해정, 2019).

〈표 12-3〉 장애인활동지원 급여종류별 활동지원 인력기준

급여종류	급여내용	구 분
활동보조	수급자의 가정 등을 방문하여 신체활동, 가사활동 및 이동보조 등을 지원	활동지원사 교육기관에서 교육과정(40시간)을 수료하고 활동지원기관에서 현장실습(10시간)을 수행한 자 「노인복지법」에 따른 요양보호사, 「사회복지사업법」에 따른 사회복지사, 「의료법」에 따른 간호사, 간호조무사 및 유사 경력자 중 이론 및 실기(32시간), 현장실습(10시간)을 이수한 자 ※ 관련정보 : http://www.ableservice.or.kr의 정보마당 〉활동보조인 교육기관
방문목욕	목욕설비를 갖춘 차량을 이용하여 수급자의 가정 등을 방문하여 목욕을 제공	「노인복지법」에 따른 요양보호사 중 1급 자격을 가진 자
방문간호	의사 · 한의사 · 치과의사의 '방문간호지시서'에 따라 수급자의 가정 등을 방문하여 간호, 진료보조, 요양상담 또는 구강위생 등을 제공	방문간호사 : 「의료법」에 따른 간호사로서 2년 이상의 간호업무 경력자, 「의료법」에 따른 간호조무사로서 3년 이상의 간호보조업무 경력자 및 「노인장기요양보험법 시행령」 제11조 제3호 나목에 따른 교육이수자, 「의료기사 등에 관한 법률」에 따른 치과위생사

출처 : 보건복지부(2020).

장애인활동지원 급여별 서비스 이용자는 연간 85.9%가 활동보조서비스를 이용하고 있는 것으로 나타났다. 2019년도 기준 활동보조서비스를 이용하고

있는 이용자는 80,329명이며, 방문목욕은 1,596명, 방문간호는 117명으로 활동보조서비스 이용자가 97.3%로 압도적으로 높게 나타났다. 방문목욕과 방문간호 이용자는 매우 적다.

이러한 이용자 현황 추이는 2012년도부터 2019년도까지 거의 유사하며, 서비스 항목 중 대부분의 이용자가 활동보조서비스만 이용하고 있는 것으로 나타났다. 이러한 이유는 방문간호 및 방문목욕의 급여기준이 활동지원급여에 비해 2~5배가량 높기 때문이다. 또한 이러한 현황을 비추어 볼 때 장애인이 활동보조서비스에 대한 욕구가 높다고 볼 수 있지만, 활동지원급여의 협소함을 여실히 보여주고 있어 향후 활동지원급여의 다양성을 강화할 필요가 있음을 시사해 주고 있다(서해정, 2019).

2020년 5월 기준, 장애인활동지원기관은 전국에 1,072개소가 있는 것으로 확인(www.ableservices.or.kr)되고 있으며, 이들 기관 중 활동보조, 방문목욕, 방문간호 급여를 모두 제공하는 기관은 4개소뿐이다. 또한 활동보조만 제공하는 기관은 755개소로 전체의 70.4%를 차지하고 있다. 방문목욕만 제공하는 곳은 144개소, 방문간호만 제공하는 곳은 57개소로 확인되었다. 활동보조와 방문간호를 함께 제공하는 곳은 9개소, 활동보조와 방문목욕을 함께 제공하는 곳은 56개소, 방문목욕과 방문간호를 함께 제공하는 곳은 16개소였다.

3. 장애인활동 지원에 관한 법률

〈장애인활동 지원에 관한 법률〉

제5조(활동지원급여의 신청자격)

① 활동지원급여를 신청할 수 있는 사람은 다음 각 호의 자격을 모두 갖추어야 한다.

1. 혼자서 일상생활과 사회생활을 하기 어려운 장애인
2. 「노인장기요양보험법」 제2조 제1호에 따른 노인등이 아닌 사람으로서 대통령령으로 정하는 연령 이상인 사람. 다만, 다음 각 목의 어느 하나에 해당하는 사람으로서 보건복지부장관이 정하는 기준에 해당하는 사람은 신청자격을 갖는다.
   가. 이 법에 따른 수급자였다가 65세 이후에 혼자서 사회생활을 하기 어려운 사람
   나. 노인성 질병으로 장기요양급여를 수급하는 65세 미만인 사람
3. 〈생 략〉

제16조(활동지원급여의 종류 등) ① 이 법에 따른 활동지원급여의 종류는 다음 각 호와 같다.

1. 활동보조 : 활동지원인력인 제27조에 따른 활동지원사가 수급자의 가정 등을 방문하여 신체활동, 가사활동 및 이동보조 등을 지원하는 활동지원급여
2. 방문목욕 : 활동지원인력이 목욕설비를 갖춘 장비를 이용하여 수급자의 가정 등을 방문하여 목욕을 제공하는 활동지원급여
3. 방문간호 : 활동지원인력인 간호사 등이 의사, 한의사 또는 치과의사의 지시서(이하 "방문간호지시서"라 한다)에 따라 수급자의 가정 등을 방문하여 간호, 진료의 보조, 요양에 관한 상담 또는 구강위생 등을 제공하는 활동지원급여
4. 그 밖의 활동지원급여 : 야간보호 등 대통령령으로 정하는 활동지원급여

② 수급자가 활동지원급여를 받거나 활동지원기관이 활동지원급여를 제공할 때에 다음 각 호의 어느 하나에 해당하는 행위를 요구하거나 제공하여서는 아니 된다.

1. 수급자가 아닌 그 가족을 위한 활동보조(신체활동 지원, 가사활동 지원, 사회활동 지원 등) · 방문목욕 · 방문간호 등의 행위
2. 수급자 또는 그 가족의 직장 등에서 생업을 지원하는 활동보조 행위
3. 수급자의 자립생활에 지장이 없어 지원할 필요가 없다고 인정되는 행위

③ 그 밖에 활동지원급여의 제공 기준 · 절차 · 방법 · 범위 등에 필요한 사항은 보건복지부령으로 정한다.

〈장애인활동 지원에 관한 법률 시행규칙〉

제14조(활동지원급여이용권의 신청 등) ① 법 제17조 제2항에 따라 활동지원급여이용권을 지급받으려는 수급자는 특별자치시장 · 특별자치도지사 · 시장 · 군수 · 구청장에게 활동지원급여이용권 지급신청서를 제출하여야 한다.

② 제1항에서 규정한 사항 외에 활동지원급여이용권의 신청, 지급, 이용 등에 필요한 사항은 보건복지부장관이 정한다.

제15조(활동지원급여 월 한도액의 산정 방법) ①~③ 생략

④ 제1항부터 제3항까지에서 규정한 사항 외에 월 한도액의 산정, 이월 등에 필요한 사항은 보건복지부장관이 정하여 고시한다.

〈장애인활동지원 급여비용 등에 관한 고시〉

제2장 활동지원급여의 월 한도액

3. 월 한도액의 적용

아. 「장애인활동 지원에 관한 법률」 제5조 제2호 단서에 따라 활동지원급여를 받는 사람의 월 한도액에 대한 세부기준은 보건복지부장관이 정한다.

4. 장애등급제 개편 전후 활동지원서비스 비교

〈표 12-4〉 장애등급제 비교

구 분	장애등급제 개편 시행 이전(~2019년 6월)	장애등급제 개편 시행 이후(2019년 7월~)
신청자격	장애 1~3급	모든 등록장애인
조사도구	활동지원 인정조사	서비스 지원 종합조사
급여체계	활동지원 등급 : 1~4등급 추가급여(8종)	활동지원 등급 : 1~15등급 특별지원급여(3종)
긴급활동지원	월 94시간	월 120시간
유효기간	2~3년	3년
본인부담금	기본급여(6, 9, 12, 15%)+추가급여(2, 3, 4, 5%)	활동지원급여(4, 6, 8, 10%)+특별지원급여(면제)
서비스재판정	활동지원 신청 시 공단에서 장애등록심사 실시	폐지
아동/성인연령	15세 미만/이상	19세 미만/이상
지원시간	최대 441시간(월)	최대 480시간(월)

활동지원서비스를 받기 위해서는 활동지원급여를 신청하고, 관련된 일련의 과정을 거쳐야 하는데, 그 과정은 |그림 12-2|와 같다. 서비스 대상자는 각 시·군·구로 서비스를 신청하게 되며, 서비스 지원 종합조사를 통하여 대상자의 신체·정신적 기능상태 및 서비스욕구 등을 객관적으로 파악하여 활동지원에 필요한 정도 등을 조사하고, 시·군·구별 수급자격심의위원회의 심의결과에 따라 활동지원 수급자격 인정 여부 및 활동지원등급이 결정된다.

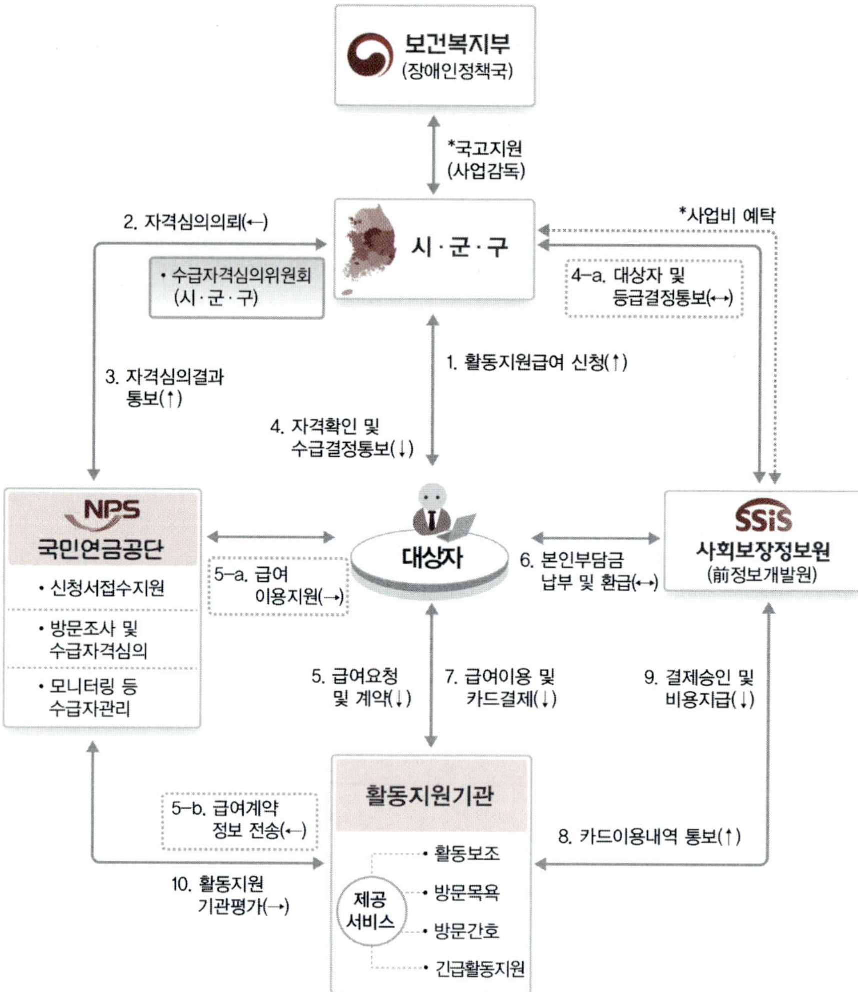

|그림 12-2| 장애인활동지원사업 추진 체계도

출처 : 보건복지부(2020). 2020년 장애인활동지원사업안내.

보건복지부를 중심으로 광역 및 기초자치단체, 국민연금공단, 사회보장정보원 등 공공기관과 활동지원기관과 교육기관 등 민간기관이 역할 분담을 하여 제도를 운영하고 있다. 활동지원서비스 추진을 위한 조직체계는 다음 〈표 12-5〉와 같다

〈표 12-5〉 활동지원서비스 추진을 위한 조직체계

보건복지부	장애인서비스과	• 사업계획 수립, 홍보, 운영 매뉴얼 마련 등 사업총괄
	사회서비스정책과	• 전자바우처 시스템 구축 및 관리
시 · 도	장애인복지담당	• 시, 군, 구 및 읍, 면, 동 사업관리, 감독 • 활동지원사 교육기관 지정, 관리
시 · 군 · 구	장애인복지담당	• 읍, 면, 동 사업관리, 감독 • 활동지원기관 지정, 관리 • 대상자 선정 및 인정등급 결정 • 부당지급 급여에 대한 조사
읍 · 면 · 동	사회복지전담공무원	• 활동지원급여 신청 접수
국민연금공단	장애인지원센터	• 신청의 안내, 신청서 접수 • 활동지원급여 신청 조사 • 수급자격심의위원회 운영지원 • 표준급여운영계획서 작성, 관리 • 이용자 갱신 신청 안내, 접수 지원 • 활동지원기관의 정보 안내, 관리 • 활동지원기관 평가 • 활동지원급여 제공, 관리, 평가 • 부당지급 조사 • 이의신청 조사, 이의신청위원회 운영 • 긴급활동지원 조사 • 활동지원정보시스템 구축, 운영 • 이용자 정보제공, 상담 • 활동지원 관련 조사, 연구, 홍보
사회보장정보원	담당자	• 시, 군, 구 예탁금 관리 • 활동지원급여 비용 지급, 정산
활동지원기관	활동지원인력	• 활동지원사 모집, 교육, 관리 • 활동지원급여 제공
교육기관	담당자	• 활동지원사 교육

5. 장애인활동지원제도 개선점

장애인활동지원서비스 이용 만족도 설문 결과, 전반적으로 활동지원서비스를 통해 당사자의 삶의 질이 향상되었으나 활동지원급여 판정체계, 연령 제한, 본인부담금 폐지 등 정책개선이 필요하다는 목소리가 제기되었다.

장애인활동지원서비스의 가장 좋은 점으로 '부모님에게 의지하지 않고 스스로 삶을 살 수 있음', '지원을 통해 먹고 싶은 것을 먹고 가고 싶은 곳을 갈 수 있음', '활동 시 안전한 이동 및 다양한 프로그램 참여'라고 응답했다. 이를 통해 당사자가 가족에 대한 의존에서 벗어나 주체적인 삶을 영위하는 데 장애인활동지원제도가 장애인 자립생활의 핵심적인 역할을 하고 있음이 확인되었다.

불편한 점으로는 '당사자의 의견을 그대로 받아들이지 않는 활동지원사', '시간이 부족해서 필요할 때 지원을 받지 못함', '시간이 부족해서 가족이 지원하는 점', '심야 · 휴일에 이용하면 시간이 부족함'이라고 말했다. 활동지원서비스 월 이용시간 만족도 문항에 32.3%(30명)가 불만족에 응답했고, 이 중 60%(18명)는 발달장애인 당사자다.

장애인활동지원서비스를 통해 당사자의 삶의 질이 향상되고 있으나, 활동지원제도 개선점으로 활동지원급여 판정체계(31.2%), 연령제한(30.1%), 본인부담금 폐지(19.4%), 활동지원사 처우개선(6.5%), 활동지원사 전문성 강화(4.3%) 순으로 정책적인 변화가 필요하다고 응답했다.

〈표 12-6〉 장애인활동지원제도 개선점

판정체계	연령제한	본인부담금 폐지	활동지원사 처우개선	활동지원사 전문성 강화	기 타	없 다
31.2% (29명)	30.1% (28명)	19.4% (18명)	6.5% (6명)	4.3% (4명)	3.2% (3명)	5.3% (5명)

출처 : 보건복지부(2022).

장애인활동지원제도 개선점 1순위인 활동지원급여 판정체계는 지속적으로 문제가 제기되고 있다. 특히 정신적 장애인의 경우 활동지원제도 판정체계 종합조사 항목이 의학적 판단 중심으로 이루어져 있어 장애유형 및 특성이 반영되지 못하고 있다.

서비스 이용자와의 지속적인 소통을 통해 목소리에 귀 기울이고 장애인의 주체적인 자립생활이 이루어질 수 있도록 지원이 되어야 한다.

6. 장애인활동지원사의 윤리적 태도

활동지원사는 이용자와의 관계에서 기본적인 직업윤리를 준수해야 한다. 이용자의 권리를 이해하고 이용자서비스 제공 시 이용자의 권리를 지켜주고 증진해 주어야 하며, 이용자의 종교를 존중하고 활동지원사 자신의 종교를 선교의 목적으로 강요해서는 안 된다. 또 활동지원사의 판단만으로 서비스를 제공하지 말고 반드시 이용자에게 의견을 물은 후 실행한다. 활동지원사 업무는 이용자의 건강과 일상생활에 직접적인 영향을 미치는 중요한 업무이므로 활동지원사는 성실하고 책임감 있는 태도로 업무를 수행해야 한다. 매사에 약속을 지키며, 책임 있는 언행을 하고, 공공의 일자리로서 자부심을 가지고 업무를 수행한다. 그리고 이용자 가족, 타 직원에 대한 언어적 · 신체적 폭력을 가하지 않아야 하며, 이용자의 재산을 고의적으로 파괴하거나 훔치는 행위를 하지 않는다. 서비스 감독자에 대한 비협조적인 태도를 취하지 않고, 비도덕적이고 정직하지 못한 행위를 하지 않는다. 알코올, 약물 혹은 마약을 복용하고 근무하

지 않아야 하며, 이용자 가족에게 돈을 빌리거나 뇌물 혹은 팁을 받는 행위를 하지 않는다

또한 누군가에 의해 이용자가 학대를 받는다고 의심되는 경우는 보고하거나 신고를 하여야 한다.

Chapter 13

장애인차별금지 및 권리구제 등에 관한 법률(장애인차별금지법)

1. 장애인차별금지법의 개요
2. 장애인차별금지법의 주요 내용
3. 장애인차별금지법 적용 사례
4. 장애인차별금지법 평가 및 향후 과제

Chapter 13

장애인차별금지 및 권리구제 등에 관한 법률(장애인차별금지법)

1. 장애인차별금지법의 개요

1) 장애인차별금지법의 의의

장애인차별금지법의 제정 목적은 전반적인 일상생활에서 발생할 수 있는 장애인의 차별의 범위와 행위를 명확히 규정하고 차별로 인한 평등권을 침해를 예방하고 침해받은 피해자를 위한 구제절차 및 구체적인 방법을 마련하는 데 있다.

장애인차별금지법은 총칙을 포함하여 총 6개 장(차별금지, 장애여성 및 장애아동 등, 장애인차별시정기구 및 권리구제 등, 손해배상, 입증책임 등, 벌칙) 및 50개 조문으로 구성되어 있다. 제1장 총칙은 장애인차별금지법의 목적과 용어의 정의, 국가 및 지방자치단체의 의무에 관한 사항을 규정하고 있다. 제2장 차별금지는 고용, 교육, 재화와 용역의 제공 및 이용, 사법 · 행정절차 및 서비스와 참정권, 모 · 부성권, 가족 · 가정 · 복지시설 · 건강권 각각에 대한 차별금지 및 정당한 편의제공 의무 등의 사항을 규정하고 있다. 제3장 장애여성 및 장애아동은 장애여성, 장애아동 및 정신적 장애를 가진 사람에 대한 차별금지 조항과 국가 및 지방자치단체의 의무에 관한 사항을 규정하고 있다. 제4장 장애인차별시정기구 및 권리구제는 차별행위의 진정, 직권조사, 시정명령 등의 조항을 규정하고 있다. 제5장 손해배상, 입증책임은 차별행위로 인하여 발생한 피해에 대한 손해배상, 입증책임의 배분, 법원의 구제조치에 관한 사항을 규정하고 있다. 제6장 벌칙은 차별행위에 대한 벌칙 및 과태료에 관한 사항을 규정하고 있다.

2) 장애인차별금지법 입법배경

국가인권위원회법(제2조)에서 규정하는 평등권 침해의 차별행위는 "합리적인 이유 없이 성별, 종교, 장애, 나이, 사회적 신분, 출신 지역, 출신 국가, 출신 민족, 용모 등 신체 조건, 기혼 · 미혼 · 별거 · 이혼 · 사별 · 재혼 · 사실혼 등 혼인 여부, 임신 또는 출산, 가족 형태 또는 가족 상황, 인종, 피부색, 사상 또는 정치적 의견, 형의 효력이 실효된 전과(前科), 성적(性的) 지향, 학력, 병력(病歷) 등을 이유로 한" 특정인을 우대하거나 불리하게 대우하여 평등권을 침해하는 행위로 설명할 수 있다.

장애인차별금지 및 권리구제 등에 관한 법률(이하 장애인차별금지법)의 목적은 "모든 생활영역에서 장애를 이유로 한 차별을 금지하고 장애를 이유로 차별받은 사람의 권익을 효과적으로 구제함으로써 장애인의 완전한 사회참여와 평등권 실현을 통하여 인간으로서의 존엄과 가치를 구현"(제1조) 함에 있다. 이와 같은 목적으로 우리나라의 장애인차별금지법은 2007년 4월에 제정되어 2008년

4월부터 시행되고 있다. 이는 아시아에서 홍콩에 이어 두 번째로 도입된 것이다.

당시 한국보건사회연구원의 실태조사 결과 2000년 기준 장애인구는 145만 명(전 국민의 3%)에서 2005년 기준 215만 명(전 국민의 4.59%)으로 5년간 49% 증가하는 등 급속한 증가 양상이 나타났다. 또한 여성장애인 및 고령장애인의 비중 증가와 더불어 중증장애인 수의 증가 등 장애인구 구조의 변화가 나타났다. 또한 장애인의 사회 및 경제적 참여의 욕구가 증가하고 교육권 및 이동권 등의 보장 요구와 자립생활운동의 확산 등 다양한 영역의 수요와 기대수준이 증가하였다. 그러나 장애인의 요구와 수요변화에도 불구하고 20~40세 장애인 중 취업 시 차별을 경험한 장애인이 42%로 나타나 노동시장의 진입의 어려움이 나타났을 뿐 아니라 교통수단의 이용의 어려움이 있는 장애인이 68%로 나타나 일상생활 이동을 위한 접근과 이용이 제한적인 것으로 보고되었다. 또한 장애로 인한 차별관행이 지속되고 있으며, 복지시설 등에서의 장애인 폭행 · 감금 등의 사건발생이 제기되면서 심각한 인권침해 사례가 지속되고 있었으나 극히 일부 사례만이 국가인권위원회에 제소되었을 뿐 장애인 차별 및 인권침해의 대응에 매우 미흡한 실정이었다.

장애인의 일상생활 및 경제적 · 사회적 참여가 제한되고, 다양한 욕구를 충족시키지 못하는 환경적 상황에 대응하기 위하여 정부의 정책적 노력뿐 아니라 민간 부문을 포함한 다양한 영역의 협력이 필요한 상황이었다. 이에 정부가 주도하는 가운데 민간 부문의 협력을 위한 기초적인 제도적 틀을 구축하고 이를 통하여 장애를 사유로 한 차별을 없애고, 장애인의 권리를 구제함으로써 미래에 지속가능한 정책 패러다임 구축의 근간을 다지고자 하였다.

2. 장애인차별금지법의 주요 내용

1) 장애인차별금지법 차별행위

장애인차별금지법에서는 차별행위를 네 가지로 규정하고 있다. 장애인차별금지법 제4조에 따르면 차별행위는 크게 직접차별, 간접차별, 정당한 편의제공 거부, 광고에 의한 차별로 구분된다. 이러한 차별행위 적용은 장애인과 장애인을 보조하기 위해 대리 동행하는 장애인 관련자와 장애인보조기구 또는 보조견에도 인정된다.

장애인차별금지법 차별행위의 유형을 설명하면 다음과 같다.

① **직접차별** : 장애인에 대해 장애를 사유로 정당한 사유 없이 제한 · 배제 · 분리 · 거부 등에 의하여 불리하게 대하는 경우

〈사례〉 뇌병변장애 2급 장애인이 식당을 이용하고자 하였으나 장애인이 들어오면 비장애인 손님이 안 온다고 식당 주인이 거부하는 행위

② **간접차별** : 장애인에 대하여 형식상으로는 제한 · 배제 · 분리 · 거부 등에 의하여 불리하게 대하지 않지만 정당한 사유 없이 장애를 고려하지 아니하는 기준을 적용함으로써 장애인에게 불리한 결과를 초래하는 경우

〈사례〉 서울특별시 교육공무원 시험에 시각장애인이 응시하였으나 시각장애인용 음성시험지를 제공하지 않고 시험시간을 확대하여 제공하지 않은 행위

③ **정당한 편의제공 거부** : 과도한 부담이나 현저히 곤란한 사정과 같은 정당한 이유 없이 장애인에 대하여 정당한 편의제공을 거부하는 경우

여기서 '정당한 편의'는 장애가 없는 사람과 동등하게 활동에 참여할 수 있도록 장애인의 성별, 장애유형 및 정도, 특성 등을 고려한 편의시설, 설비, 도구 및 서비스 등 인적·물적 자원, 수단 및 방법을 제공하는 것을 의미

〈사례〉 OO대학에 전동휠체어를 이용하는 장애인 학생이 면접 시 이동에 대한 편의 및 편의시설 제공을 요구하였으나 엘리베이터가 설치되어 있지 않은 건물의 2층 강의실을 배정받은 경우

④ **광고에 의한 차별** : 정당한 사유 없이 장애인에 대한 제한·배제·분리·거부 등 불리한 대우를 표시하거나 조장하는 광고를 직접 행하거나 그러한 광고를 허용·조장하는 경우

〈사례〉 공중파 방송에서 시각장애인이 착용하는 의안을 '징그럽다', '괴상하다' 등 장애인과 관련된 비하와 편견을 조장하는 말로 표현하는 경우

⑤ **기타**(장애인 돕기 위한 장애인 동행자) : 장애인을 돕기 위한 목적에서 장애인을 대리·동행하는 자, 장애아동의 보호자 또는 후견인, 그 밖에 장애인을 돕기 위한 자 등에 대하여 차별행위를 하는 경우

〈사례〉 장애인과 동반한 수화통역사를 함께 들어오지 못하게 하거나 들어오게 하더라도 장애인과 멀리 떨어져 있게 하는 경우

⑥ **기타**(장애인보조기구 등 사용방해) : 보조견 또는 장애인보조기구 등의 정당한 사용을 방해하거나 보조견 및 장애인보조기구 등을 대상으로 광고를 통해 금지된 차별행위를 하는 경우

〈사례〉 시각장애인 보조견을 동반한 장애인이 식당을 이용하고자 하였으나 식당의 다른 손님에게 피해를 주어 영업에 지장을 준다는 막연한 편견에 의해 보조견과 장애인의 출입을 거부하는 행위

2) 장애인차별금지법 차별영역

장애인차별금지법에서 규정하는 차별금지는 6개 영역으로 고용, 교육, 재화와 용역의 제공 및 이용(토지 매매 · 임대, 시설물 접근 · 이용, 이동 · 교통수단 등), 사법 · 행정절차 및 서비스와 참정권, 모 · 부성권, 성 등, 가족 · 가정 · 복지시설, 건강권 등으로 구분되어 있다.

(1) 고용

고용과 관련된 전 단계에서 차별금지뿐 아니라 노동조합 등과 관련된 사항도 포함하여 장애인의 노동권 보장과 관련된 전반적인 사항이 적용된다. 사용자는 모집 · 채용, 임금 및 복리후생, 교육 · 배치 · 승진 · 전보, 정년 · 퇴직 · 해고에 있어 장애인을 차별하여서는 아니 되며(제10조 차별금지), 사용자는 장애인이 해당 직무를 수행함에 있어서 장애인 아닌 사람과 동등한 근로조건에서 일할 수 있도록 정당한 편의를 제공하여야 한다(제11조 정당한 편의제공 의무). 또한 사용자는 채용 이전에 장애인 여부를 조사하기 위한 의학적 검사를 실시하여서는 아니 된다. 다만, 채용 이후에 직무의 본질상 요구되거나 직무배치 등을 위하여 필요한 경우에는 그러하지 아니하다(제12조 의학적 검사의 금지).

(2) 교육

교육영역에서 차별금지는 장애인 등에 대한 특수교육법 준수와 더불어 교육책임자의 편의제공뿐 아니라 수업 및 활동을 위한 도구 및 정보제공 등에 대한 적극적인 노력을 규정하였다. 장애인차별금지법 제13조(차별금지)에서는 장애인 등에 대한 특수교육법 제17조를 준수하도록 규정하였으며, 모든 교내외활동에 대한 참여 제한 · 배제 · 거부금지 등(제13조), 적절한 편의제공의무를 교육책임자에 부과(제14조)하도록 명시하였다.

(3) 재화와 용역의 제공 및 이용

재화와 용역의 제공 및 이용 영역에서는 제15조부터 제25조까지 차별금지, 국가 및 지방자치단체의 의무 및 편의를 위한 지원 등에 대하여 명시하고 있다. 재화·용역 등의 제공에 있어서의 차별금지(제15조), 토지 및 건물의 매매·임대에 있어서의 차별금지(제16조), 금융상품 및 서비스 제공에 있어서의 차별금지(제17조), 시설물 접근·이용의 차별금지(제18조), 이동 및 교통수단 등에서의 차별금지(제19조), 정보접근에서의 차별금지(제20조), 정보통신·의사소통 등에서의 정당한 편의제공의무(제21조), 개인정보보호(제22조), 정보접근·의사소통에서의 국가 및 지방자치단체의 의무(제23조), 문화·예술활동의 차별금지(제24조), 관광활동의 차별금지(제24조의2), 체육활동의 차별금지(제25조)가 규정되어 있다.

(4) 사법·행정절차 및 서비스와 참정권

사법·행정절차 및 서비스와 참정권 영역에서는 차별금지 및 참정권에 대하여 명시하였다. 사법·행정절차 및 서비스 제공에 있어서의 차별금지(제26조) 및 참정권(제27조)을 규정하여 사법·행정절차 및 서비스 제공에서 차별을 금지하고 그것을 위한 적절한 편의제공의무를 부과하였으며, 형사 사법절차에서 보호자, 변호인, 통역사 및 진술보조인 등의 조력신청 시 거부할 수 없도록 규정하였다. 또한 참정권 행사의 차별금지와 함께 정당한 편의제공을 규정하였다.

(5) 모 · 부성권, 성 등

모 · 부성권, 성 등 영역에서는 모성권과 부성권에 차별금지와 성에 따른 차별금지를 명시하였다. 모 · 부성권의 차별금지(제28조)로 임신, 출산 및 양육 등에서 모 · 부성권의 차별금지, 입양 자격 제한 금지, 임신, 출산 및 양육 등에 있어서 실질적인 평등보장을 위한 지원 및 서비스에 대하여 규정하였다. 또한 성에서의 차별금지(제29조)로 성적 자기결정권, 성생활 향유 기회 제한 또는 박탈 금지 그리고 성을 향유할 권리를 위한 지원에 대하여 규정하였다.

(6) 가족 · 가정 · 복지시설, 건강권 등

가족 · 가정 · 복지시설, 건강권 등 영역에서 가족 · 가정 · 복지시설 등에서의 차별금지(제30조), 건강권에서의 차별금지(제31조), 괴롭힘 등의 금지(제32조)를 명시하였다. 가족 · 가정 · 복지시설 등의 구성원에 속하는 것에 대하여 장애인 자신의 의사에 반하는 과중한 역할을 강요하거나 의사결정과정에서의 배제금지, 정당한 사유 없는 장애인 외모 또는 신체 공개 금지, 취학 및 진학을 등 교육권, 재산권 행사, 사회활동 참여, 이동 및 거주의 자유권 제한 박탈 구속 배제금지를 명시하였다. 또한 자녀 양육권과 친권 지정 및 면접교섭권에 있어서의 차별금지, 시설입소를 조건으로 한 친권포기각서 요구나 면접권 및 외부 소통권 제한을 금지하도록 명시하고 있다. 건강권에서의 차별금지(제31조)에서 의료기관 및 의료인의 장애인에 대한 의료행위의 제한 · 분리 · 거부를 금지하고, 장애인의 개별적 특성을 고려하고 의료행위에 대한 정보제공 의무를 부과하였다. 마지막 괴롭힘 등의 금지(제32조)에서 장애인이 모든 폭력으로부터 자유로울 권리를 명시하였으며, 모욕감을 주거나 비하하는 언어적 표현 및 행동을 금지, 유기, 학대 및 금전적 착취 금지, 성적 자기결정권을 침해하는 언어표현 및 행동을 금지하도록 명시하였다. 괴롭힘 영역을 차별금지에서 해결할 수 있도록 한 것은 차별의 개념 확장에 있어서 큰 의미가 있다.

3) 장애여성과 장애아동 등

장애여성과 장애아동에 대한 차별을 별도의 장으로 두어 이중차별을 대응하기 위한 규정을 명시하였다. 장애여성에 대한 차별금지(제33조), 장애여성에 대한 차별금지를 위한 국가 및 지방자치단체의 의무(제34조), 장애아동에 대한 차별금지(제35조), 장애아동에 대한 차별금지를 위한 국가 및 지방자치단체의 의무(제36조), 정신적 장애를 가진 사람에 대한 차별금지 등(제37조)으로 규정하였다. 장애여성과 장애아동뿐 아니라 정신장애인에 대한 차별금지의 별도규정을 명시하였다는 데 의미가 있다.

4) 장애인차별시정기구 및 권리구제 등

국가인권위원회는 모든 인간의 기본적 인권을 보호하고 인간으로서의 존엄과 가치구현을 목적으로 하는 인권전담 국가기구이다. 장애인차별금지법에 따라 장애인에 대한 차별행위에 대한 조사와 구제업무를 전담하는 장애인차별시정소위원회를 국가인권위원회 산하에 두도록 하였으며, 이에 따라 다양한 차별행위에 의한 피해를 입은 장애인은 국가인권위원회에 그 차별행위에 대해 진정(제38조)하고 국가인권위원회는 권고가 있는 경우 그 내용을 법무부장관에게 통보하며(제42조), 법무부장관은 권고를 받은 자가 정당한 사유 없이 국가인권위원회의 권고를 불이행하는 경우 시정명령을 할 수 있다(제43조).

5) 손해배상, 입증책임 등

장애인차별금지법의 제5장에서 손해배상(제46조), 입증책임의 배분(제47조)과 법원의 구제조치(제48조)를 명시하고 있다. 장애인차별금지법의 규정을 위반하여 타인에게 손해를 가한 자는 그로 인하여 피해를 입은 사람에 대하여 손해배상의 책임(제46조)이 있으며, 차별행위가 있었다는 사실은 차별행위를 당하였다고 주장하는 자가 입증하여야 한다(제47조). 법원은 장애인차별금지법에서 명시한 금지된 차별행위에 관한 소송 제기 전 또는 소송 제기 중에 피해자의 신청으로 피해자에 대한 차별이 소명되는 경우 본안 판결 전까지 차별행위의 중지 등 그 밖의 적절한 임시조치를 명할 수 있다(제48조).

6) 벌 칙

장애인차별금지법의 제6장에서 차별행위(제49조), 과태료(제50조)를 명시하고 있다. 장애인차별금지법에서 금지한 차별행위를 행하고 그 행위가 악의적인 것으로 인정되는 경우 법원은 차별을 한 자에 대하여 3년 이하의 징역 또는 3천만 원 이하의 벌금에 처할 수 있다(제49조).

〈표 13-1〉 장애인차별금지법

제1장 총 칙		• 목적, 장애와 장애인, 용어 정의 • 동법상 차별행위를 ① 직접차별, ② 간접차별, ③ 정당한 편의제공 거부에 의한 차별, ④ 광고에 의한 차별 이상의 네 가지로 유형화
제2장 차별금지	제1절 고용	• 차별금지, 정당한 편의제공 의무, 의학적 검사의 금지
	제2절 교육	• 차별금지, 정당한 편의제공 의무
	제3절 재화와 용역의 제공 및 이용	**차별금지** • 재화 · 용역 등의 제공 • 토지 · 건물 매매 · 임대 • 금융상품 · 서비스 제공 • 시설물 접근 · 이용 • 이동 및 교통수단 • 정보접근 • 문화 · 예술활동 • 관광활동

		• 체육활동 **편의제공의무** • 정보통신 · 의사소통 • 정보접근 · 의사소통에서의 국가 및 지방자치단체의 의무
	제4절 사법 · 행정절차 및 서비스와 참정권	**차별금지** • 사법 · 행정절차 및 서비스 제공 **참정권**
	제5절 모 · 부성권, 성 등	**차별금지** • 모 · 부성권 • 성 – 출산 · 임신 · 입양 시 장애로 인한 차별금지 및 실질적 평등보장
	제6절 가족 · 가정 · 복지시설, 건강권 등	**차별금지** • 가족 · 가정 · 복지시설 등 • 건강권 • 괴롭힘 – 재산권, 양육권, 친권 등에 있어 장애로 인한 불합리한 차별금지 – 복지시설 이용 시 장애로 인한 친권 향유, 가족면접, 외부와의 소통에 있어서의 차별금지 – 의료행위에 있어서 장애를 이유로 제한 · 배제 · 분리 · 거부 금지
제3장 장애여성 및 장애아동 등		**차별금지** • 장애여성, 장애아동, 정신적 장애인 차별금지 – 장애여성, 장애아동, 정신적 장애를 가진 사람에 대한 국가와 지방자치단체의 의무
제4장 장애인차별시정기구 및 권리구제 등		**국가인권위원회** • 진정 • 직권조사 • 장애인차별시정소위원회 • 권고의 통보 • 시정명령 – 국가인권위원회는 진정조사권과 직권조사권 보유 – 국가인권위원회 내 장애인 차별시정 소위원회 설치 – 법무부장관의 시정명령권
제5장 손해배상, 입증책임 등		• 손해배상 – 입증책임 배분 • 법원의 구제조치 – 차별행위로 손해를 가한 자에게 손해배상 책임

제6장 벌 칙	• 차별행위 : 3년 이하 징역 또는 3천만 원 이하 벌금 1. 차별의 고의성 2. 차별의 지속성 및 반복성 3. 차별 피해자에 대한 보복성 4. 차별 피해의 내용 및 규모 • 과태료
부 칙	시행일, 소위원회 설립 준비, 위원임기개시

3. 장애인차별금지법 적용 사례

1) 고용영역 : 장애로 인한 채용 차별

진정인 29세 ○○○는 홍보대행사(피진정인)의 실기 · 면접시험을 통과하고 최종합격하여 첫 출근하였으나, 회사대표(피진정인)은 진정인의 왼손의 지체장애가 회사 이미지에 부정적인 영향을 줄 수 있다고 당일 밤 전화상으로 내일부터 나오지 말라는 통보를 하였다. 이에 국가인권위원회에 진정을 제기했다. 해당 사건에 대하여 국가인권위원회 조사 결과 피진정인은 진정인의 장애가 고객을 대면하는 서비스업 특성상 고객 및 외부 인사과 업무를 수행하기에는 곤란하다고 주장하였다. 그러나 이는 장애인에 대한 차별적 고정관념일 뿐, 진정인이 해당 업무를 수행할 수 없다는 객관적이고 합리적인 근거가 없는 것으로, 피진정인은 진정인이 채용과정에서 왼손의 신체적 장애를 미리 말하지 않은 것이 채용 불합격 사유에 해당한다는 주장에 대해서는 사용자의 모집 · 채용에 있어 장애를 이유로 차별금지를 명시한 장애인차별금지법에 위반되는 것으로 해고의 정당한 사유가 될 수 없어, 진정인을 해고한 피진정인의 행위는 정당한 사유 없이 고용영역에서 장애인 차별한 행위라고 판단했다

국가인권위원회법 제2조 제4호에 따르면 합리적인 이유 없이 장애를 이유로 고용과 관련하여 특정한 사람을 우대 · 배제 · 구별하거나 불리하게 대우하는 행위를

평등권 침해의 차별행위로 규정하고 있다. 장애인차별금지법 제10조 제1항은 사용자는 모집 · 채용, 교육, 배치, 승진, 전보, 정년, 퇴직, 해고 등에 있어 장애인을 차별하여서는 아니 된다고 규정하고 있으므로 차별하여서는 아니 된다고 규정하고 있다. 국가인권위원회는 피진정인 홍보대행사 대표에게 손해배상금 2,400,000원을 지급할 것을 권고하였다.

2) 교육영역 : 장애를 이유로 가족의 교육권 제한

피해자 22세 ○○○은 지적장애 1급이고 국민기초생활수급자이며, 특수학교를 다니고 있으며, 어릴 때부터 친척집에 맡겨져 생활하고 있다. 피해자는 학교 하굣길에 바로 귀가하지 않고 집 주변을 배회하거나 잦은 가출로 고속도로 또는 병원에서, 어떤 날은 일시보호소에서 있다가 친척들이 찾아와 데려온다면서 "학교만 보내면 밖에서 배회하고 자꾸 이런 일이 생기니 학교를 보낼 수 없다"라고 말하고 있다. 친척들은 피해자를 최근 학교에 보내지 않고, 정신적인 문제로 보고 정신병원에 강제입원시켰다. ○○○ 담임선생님은 학교에서는 큰 문제 없이 또래들과 잘 어울리고 즐겁게 학교생활을 잘하는데 가출을 하는 데는 다른 이유가 있다고 생각하였다. 며칠 동안 무단결석한 후 등교한 ○○○의 얼굴과 몸 여기저기에 멍 흔적을 발견하고 물어보니 청소를 깨끗이 하지 않고 말을 듣지 않는다는 이유로 친척들로부터 심하게 맞았다고 들었다. 친척은 매월 정부에서 피해자 ○○○ 앞으로 지급되고 있는 수급비도 장애인 보호하고 관리한다는 명분으로 챙기고 있었다.

○○○은 「장애인차별금지 및 권리구제에 관한 법률」 제30조 제3항 가족 · 가정 및 복지시설 등의 구성원은 장애를 이유로 장애인의 취학 또는 진학 등 교육을 받을 권리와 재산권 행사, 사회활동 참여 이동 및 거주의 자유를 제한 · 박탈 · 구속하거나 권리 등의 행사로부터 배제하여서는 안 된다고 규정하고 있다. 현재 이 사례는 장애차별로 간주, 국가인권위원회에 진정 조사 중이다.

3) 재화와 용역의 제공 및 이용영역 : 장애인의 장애인콜택시 이용 제한

진정인 ○○○는 2022년 어느 날 19:00경부터 장애인콜택시 이용신청을 하여 △△시설공단(피진정기관)에게 장애인콜택시 배차신청을 휴대전화 문자 등으로 받았으나 피진정인 1-4 운전원이 근무시간 내에 다녀올 수 없는 등의 이유로 진정인에게 운행거부를 하게 되었다. 피진정인 운전기사의 운행거부로 결국 22:00까지 기다려서 운전원들이 교대한 후 장애인콜택시를 이용할 수 있었다. 장애인 이동권 차별이니 유사한 사례 재발을 방지하기 위하여 진정을 제기하였다.

「대한민국헌법」 제11조 제1항은 누구든지 성별 · 종교 또는 사회적 신분에 의하여 정치적 · 경제적 · 사회적 · 문화적 생활의 모든 영역에 있어서 차별을 받지 아니한다고 규정하고 있고, 「교통약자의 이동편의 증진법」(이하 '교통약자법'이라 한다) 제16조 제5항은 특별교통수단을 운행하는 자는 교통약자의 거주지를 이유로 이용을 제한하여서는 아니 된다고 규정하고 있다. 「장애인차별금지 및 권리구제 등에 관한 법률」(이하 '장애인차별금지법'이라 한다) 제19조 제1항은 교통사업자 및 교통행정기관은 이동 및 교통수단 등을 접근 · 이용함에 있어서 장애인을 제한 · 배제 · 분리 · 거부하여서는 아니 된다고 규정하고 있다. 국가인권위원회는 콜배정제의 개선뿐 아니라 재발방지대책 마련을 권고하였다.

4) 사법 · 행정절차 및 서비스와 참정권 영역 : 정신 및 지적장애인 대한 경찰의 과도한 뒷수갑 사용 등

정신장애와 지적장애가 있는 피해자 1 ○○○는 진정인이 피해자 1을 제압한 후 112에 신고하였다. 피진정인들과 119구급대원 3명이 도착 당시 피해자 1은 안정된 상태여서 정신병원에 입원시키려고 한다고 얘기하였으나, 피진정인들은 119구급대원은 돌려보낸 후 피해자 1에게 뒷수갑을 채우면서 현행범으로 체포한다고 하였다. 피해자 1은 뒷수갑을 찬 채로 ○○지구대로 연행되어 약 1시간 30분 정도 있어야 했고, 피진정인들이 재판에 동의한다는 내용의 문서에 직접 서명하게 하였으며 그제서야 피해자 1의 수갑을 풀어주었다.

이후 피해자 1을 ○○경찰서(이하 '피진정기관'이라 한다)로 데리고 갔다. 피진정기관 여성청소년2팀 조사실에서 피진정인 5가 피해자 1과 진정인을 앉혀놓고 피해자 2와 3에게 '재판동의서'에 서명을 강요하였다. 피해자 2와 3이 이를 거부하면서 여성청소년2팀장에게 "우리는 병원에 가야 한다, 아들 처벌을 위해 경찰에 신고한 것이 아니다"고 항의하였다.

헌법 제12조 제1항은 모든 국민은 신체의 자유를 가진다고 규정하고 있다. 「경찰관 직무집행법」 제10조의2 제1항은 경찰관은 현행범이나 범인의 체포 또는 도주 방지, 자신이나 다른 사람의 생명 · 신체의 방어 및 보호, 공무집행에 대한 항거 제지 등의 직무를 수행하기 위하여 필요하다고 인정되는 상당한 이유가 있을 때에는 그 사태를 합리적으로 판단하여 필요한 한도에서 경찰장구를 사용할 수 있다고 규정하고 있다. ○○경찰서장에게, 향후 유사사례의 재발방지를 위해 「경찰 물리력 행사의 기준과 방법에 관한 규칙」을 준수해 수갑 사용 시 일시 · 장소 · 사용경위 · 사용방식 · 사용시간 등을 근무일지 또는 수사보고서에 기재하도록 피진정인 1 내지 4를 포함한 소속 경찰관들을 대상으로 관련 직무교육을 실시할 것을 권고하였다.

4. 장애인차별금지법 평가 및 향후 과제

1) 장애인차별금지법의 평가

첫째, 장애인복지법 등 기존의 장애인 관련 법이 장애인을 대상으로 한 시혜적 지원에 초점을 두었다면 장애인차별금지법은 장애인의 권리를 기반으로 두었다는 점에서 장애에 대한 인식전환을 이루는 전환점을 만들었다는 데 그 의의가 있다(박나원, 2021 : 109). 장애인복지에서 장애인은 시혜의 대상으로 한정되어 있는 반면 장애인의 주체적인 권리를 인정하고, 장애인 인권에 대한 인식의 전환을 위하여 명확히 규정하였다는 점이다.

둘째, 장애인차별금지법은 법 제정 절차에서 장애인 당사자 입장을 구체적으로 담은 법안을 만들고, 정부 · 국회 등 관련 주체의 협의와 설득과정을 거쳐 적극적인 입법과정을 통한 결과물이라는 데 의의가 있다(박나원, 2021 : 109). 장애인차별금지법의 내용적 측면에서도 장애인 차별의 보편성과 개별적 특수성을 고려하여 차별의 유형을 상세히 명시하여 장애인 차별내용에 대한 지침을 제시하여 차별판단의 기준을 설정하였다(박나원, 2021 : 109).

마지막으로 장애인차별금지법은 고용, 교육, 재화 · 용역의 제공 및 이용, 괴롭힘 방지 등 포괄적인 영역에서 차별의 유형을 규정하고, 장애인에 대한 '정당한 편의제공'의 최소한의 기준을 제시하여 장애인의 차별해소, 장애인 당사자의 참여를 가능케 하고, 사회적 통합을 확대시키는 데 기여하였다고 볼 수 있다(고명수 외, 2019 : 356).

2) 장애인차별금지법의 한계점

이러한 장애인차별금지법이 우리 사회에 큰 변환점을 가져왔음에도 불구하고 다음과 같은 한계점이 지적되고 있다.

첫째, 장애와 관련된 법에서 정의하는 '장애'에 관한 정의가 내용이 상이하여 일관적으로 정의하는 것이 필요하다는 점이다(박나원, 2021 : 113). 국가인권위원회에서 규정하는 장애는 "신체적 · 정신적 · 사회적 요인으로 장기간에 걸쳐 일상생활 또는 사회생활에 상당한 제약을 받는 상태"라고 정의된 반면, 장애인차별금지법에서는 "신체적 · 정신적 손상 또는 기능상실이 장기간에 걸쳐 개인의 일상 또는 사회생활에 상당한 제약을 초래하는 상태"로 규정하고 있다. 장애차별금지법의 대상은 기본적으로 장애인으로 한정하고 있다. 장애는 그 성

질이 다양하여 모든 장애인을 하나의 동질화된 집단으로서 취급하기가 어렵다는 특성을 가짐에 따라 장애차별금지법의 보호대상인 장애 또는 장애인을 어떻게 정의할 것인지가 문제된다(박나원, 2021 : 113).

둘째, 장애인차별금지법에서 규정하는 장애의 요건은 추상적이고 불분명하다는 것이다. 장애인차별금지법에 따르면, 장애에 해당하기 위해서는 신체적 · 정신적 손상 또는 기능상실이 있을 것, 그 손상 또는 기능상실이 개인의 일상 또는 사회생활에 제약을 초래할 것, 또한 그 제약상태가 장기적이며, 상당할 것 등과 같은 요건을 갖추어야 한다. 이러한 장애의 요건들은 추상적이고 불분명한 것으로 구체적인 해석 적용에 있어 '손상', '기능상실'이 무엇을 의미하는지, '일상 또는 사회생활'의 범주는 무엇인지, '장기' 및 '상당'의 의미의 기준은 무엇인지, 각 요건들의 상호관계를 어떻게 파악할 것인지, 각 요건들은 장애의 정의에서 어떠한 의미와 비중을 가지는지 등이 논란이 될 소지가 있다. 장애인차별금지법에서 제시한 장애의 요건으로 인하여 보호대상이 장애범위에서 제외될 가능성을 배제할 수 없다.

셋째, 장애인차별금지법이 의학적 모델에 근거한 장애정의를 채택하고 있기 때문에 장애인차별금지법의 본래의 목적에 부합하는 데 제한적이라는 비판을 받고 있다(조임영, 2018 : 37). 의학적 모델을 바탕으로 한 장애의 정의는 의학적 상태를 원인으로 하는 손상 또는 기능상실이 존재하고 그로 인해 장기간에 걸쳐 개인의 일상 또는 사회생활에 상당한 제약을 초래하는 상태로 손상의 범주와 성질에 초점을 두고 있다. 장애인차별금지법은 근본적으로 특정한 현금이나 현물을 제공하는 적용대상을 한정하기 위한 것이 아니라 차별에 의하여 영향을 받을 수 있는 모든 사람을 대상으로 하기 때문에 보호의 대상을 좁은 범위로 한정하는 것은 바람직하지 않다. 이러한 장애정의는 의학적 상태를 원인으로 하는 손상 또는 기능상실이 존재하고 그로 인해 장기간에 걸쳐 개인의 일상 또는 사회생활에 상당한 제약을 초래하는 상태라고 하여 손상의 범주와 성질에 초점을 두고 있는 점에서 의학적 모델의 장애정의를 바탕으로 하고 있다. 이러한 의학적 모델의 장애정의에 대해서는 다양한 비판이 있는데 크게 두 가지 문제점을 가지는 것으로 지적되어 왔다. 첫 번째 문제점은 장애정의가 차별행위 자체보다는 의료적 상황에 집중되어 있다(조임영, 2018 : 37). 차별행위에 대한 피해주장자는 법의 보호를 받기 위해서는 개인의 신체적 또는 정신적 상황에서 발생하는 기능적 제한 및 그로 인한 일상생활능력의 제한으로 법에서 적용되는 장애범위에 포함되는 것을 증명하여야 한다. 장애의 개념과 범위의 불명확성으로 인하여 장애 해당 여부 판단에 대하여 복잡하고 기술적인 법적인 논쟁이 불가피하다. 이로 인하여 장애에 대한 의학적 판단에 따른 비용 소요뿐 아니라 장기간의 소송과정으로 인한 부담이 상당하다. 의학적 모델에 기반한 장애정의는 심각한 장애로 인한 일상생활능력의 현저한 제한이 있는 경우에 한하여 좁게 해석되기 때문에 법적인 보호대상에서 제외될 수 있는 위험이 지적된다.

두 번째 문제점은 의학적 모델에 근거한 장애모델은 장애인차별금지법의 본질적인 목적에 부합하지 못하는 것이다(조임영, 2018 : 37). 장애에 대한 법적 정의는 법의 목적에 따라 상이할 수 있다. 예를 들어, 사회복지법에서는 개별적인 급부 제공을 목적으로 사회적 급부의 합리적 배분을 위하여 욕구 기반(needs-base)을 근거로 제한적 접근(targeted approach) 방식으로 적용대상의 범위를 한정하게 된다. 반면 장애인차별금지법은 특정 급부의 제공을 목적으로 하는 것이 아니라 권리로서 차별이 없는 동등한 대우를 목적으로 시행되고 있다. 따라서 욕구가 있는 자에 적용대상을 한정하는 것이 아니라 차별에 의한 영향을 받을 수 있는 모든 자를 대상으로 하는 기본원리를 근간으로 한다. 의학적 모델 근간의 장애정의는 특정한 자격을 가진 집단으로 보호대상을 좁게 한정하는 것이 아니기 때문에 장애차별금지법의 목적부합성에 제한적이다.

넷째, 구제조치의 실효성 부족이 지적된다(박나원, 2021 : 115). 장애인차별금지법의 차별시정은 인권위원회를 통한 진정, 직권조사 및 권고, 심각한 차별에 대한 인권위원회의 권고 불이행 시 법무부장관의 시정명령의 2단계의 구제절차로 이루어져 있다. 법무부장관의 시정명령의 경우 대상자의 권리를 제한하고 행정처분에 대한 불이행 시 과태료를 부과하는 강제사항이 있는 반면, 국가인권위원회의 권고내용과 일관성이 결여되는 경우가 있다. 따라서 구제조치의 체계 자체가 실효적으로 작동되지 못하고 법무부장관의 시정명령과 국가인권위원회의 권고이행사항이 상이해지면서 법무부장관의 시정명령이 사문화되는 경향이 높게 나타났다.

다섯째, 소극적 손해배상제도와 소송지원제도 미비로 인하여 차별행위의 피해에 대한 보상이 제한적이라는 것이다(박나원, 2021 : 115). 차별행위에 대한 정신적인 피해의 경우 특성상 소송절차에서 손해발생으로 인한 보상액수를 증명하는 것이 분명하지 않다. 또한 피해에 대하여 손해를 입증하였더라도 법적 판결에서 적은 금액만 인정받게 되어 소송비용과 소송과정의 노력에 비하여 소송의 실익이 매우 적다. 따라서 장애인차별금지법을 위반하여도 그 제재효과는 크지 않기 때문에 현재의 실효성이 크지 않은 손해배상제도로는 장애인 차별로 인한 피해에 대하여 실질적인 구제효과를 얻는 데 한계점이 있는 것으로 지적되고 있다.

여섯째, 장애인차별금지법 벌칙조항의 엄격한 요건으로 인하여 형벌조항의 기능이 충분하지 않다는 지적이다(박나원, 2021 : 117). 장애인차별금지법 제49조에서는 그 차별행위가 악의적인 의도가 있는 것으로 인정되는 경우 차별을 한 자에게 3년 이하의 징역 또는 3천만 원 이하의 벌금에 처할 수 있도록 하였다. 그러나 차별행위의 '악의성'의 판단에 대해서는 명시적인 규정을 두지 않아 판단의 기준이 모호하다. 또한 악의적인 의도의 '악의성'은 가해자의 의도 등과 관련된 매우 주관적인 요소이므로 입증하는 것은 불가능하다. 결과적으로 '악의성' 요건을 충족하는 것이 매우 어렵기 때문에 차별행위에 가해자는 장애인

차별금지법 제49조에 근거하여 처벌받을 가능성을 현저히 낮아진다. 따라서 동 조항을 선언적이고 추상적이며 실제적인 적용 가능성은 낮아지게 된다.

3) 장애인차별금지법의 실효성 제고방안

장애인차별금지법의 본래의 입법목적에 부합하도록 하고, 기대효과를 제고하기 위하여 다음과 같은 개선점이 필요하다.

첫째, 장애인차별금지법의 목적을 달성하기 위해서 법 조항의 모순 및 불명확성을 개선할 필요성이 있다(이선우 · 이수경, 2023 : 154). 장애인차별법의 한계점으로 지적되어 왔던 장애의 개념, 차별의 범위, 차별인정 제외 사유, 입증책임의 전환 등의 큰 틀은 유지하고 그 내용을 명확화하여 장애인차별금지법에서 법의 실효성을 높일 수 있도록 하여야 한다.

둘째, 장애인차별금지법이 실효성을 확보하기 위해서는 국 · 공립학교 등에서 모범적인 사례가 구현될 수 있도록 환경 개선이 이루어져야 하고, 사업장에서 장애인 근로자를 위한 필요한 정책과 지원제도가 필요하다(이선우 · 이수경, 2023 : 154).

셋째, 장애인에 대한 인식 개선을 위해 정부 및 지방자치단체, 공공기관 종사자뿐 아니라 일반 시민까지 홍보 및 교육 등이 이루어져야 한다. 장애인차별금지법의 취지 및 내용을 자세하게 알리는 동시에 장애인에게는 이를 적절하게 활용하는 방법을 전파하여야 한다(이선우 · 이수경, 2023 : 154). 특히 구체적인 사례에 대한 상담을 통해, 장애인과 관련된 차별 사례들을 발굴해 내고, 이를 집단진정을 통해 해결하려는 노력이 필요하다. 또한 시정명령, 법원을 통한 구제(법원의 임시조치, 손해배상, 처벌 등)가 실제로 작동할 수 있도록 모범적인 사례를 도출해야 한다.

넷째, 장애인차별금지법에는 모니터링 규정이 없어 실제로 장애인차별금지법이 장애인 당사자와 우리 사회에 어떻게 적용되어 효과를 발휘하고 있는지 확인할 수 없다(이선우 · 이수경, 2023 : 154). 모니터링을 수행할 기구를 두어 차별의 실태와 결과뿐만 아니라 국가인권위원회와 사법기관, 입법기관 및 정부의 수행 부분까지 모니터링하여 선순환적으로 한계점을 개선할 수 있는 구조를 설계해야 한다.

마지막으로 장애인차별금지법은 단순히 장애인의 차별과 인권만을 다루는 것이 아니라 장애인의 전반적인 복지를 포함하고 있다(이선우 · 이수경, 2023 : 154). 따라서 장애인차별금지법이 실효성을 확보한다는 것은 장애인연금법, 장애인고용촉진 및 직업재활법 및 장애인 등에 대한 특수교육법 등 장애인 관련 법과 제도를 실행해 나갈 수 있는 인력, 재정 및 전달체계와 직접적인 연관이 있다. 따라서 장애인 당사자주의에 입각하여 총체적으로 실효적인 장애인 관련 제도가 적용될 수 있도록 개선하는 노력이 필요하다.

Chapter

14

장애인 인권

Chapter 14

장애인 인권

1. 장애인 인권

인간의 권리인 인권(human right)은 인간에게 기본적이고 필수적이다. 인권은 국가 혹은 법 등 외부로부터 주어지는 것이 아니라 인간의 당연한 기본적인 권리이다. 인간의 권리는 인권사상을 근간으로 인간이 인간이기 때문에 당연히 누리는 인간의 생태적 · 천부적 권리를 의미하며 기본권은 헌법이 보장하는 국민의 기본적 권리이다(권영성, 2009 : 285).

인권은 누구나 보장받아야 하기 때문에 인권은 어떠한 상황에서도 누구에게나 차별 없이 평등하게 보장되어야 한다(고명수 외, 2019 : 302). 즉, 인권은 성별, 인종, 종교, 장애, 사회적 · 경제적 지위 및 정치적 성향 등에 관계 없이 모든 인간에게 동등하게 부여된 권리이나, 인권을 제한받은 계층은 늘 존재하였다. 예를 들어, 노동자 권리, 여성 권리, 아동 권리, 외국인 노동자 권리, 성소수자 권리 및 장애인 권리 등 주로 스스로 권리를 보호하기 어렵거나, 비권력층에 속해 있는 경우가 다수 있다(고명수 외, 2019 : 302). 주로 사회적 지위 또는 경제적 지위가 낮거나, 권력이 제한적이기 때문에 권리를 보호받기 위하여 인권을 주장하게 된다.

인권의 개념과 범주는 고정적이고, 영속적인 것이 아니라 시대적인 변화와 사회적 환경 속에서 규정되는 것이다. 인권운동의 역사 속에서 인권의 개념이 새롭게 변화되고, 인권의 범위가 확장되며, 역동적인 특징을 가지고 있다. 인권의 개념, 인권의 주체, 인권의 내용과 범위는 그 사회의 지배세력과 피지배세력 간의 갈등과정을 통하여 변화되어 왔으며, 인간의 존엄성과 자유와 평등 등을 구현하는 목적을 달성하려는 노력 속에서 새롭게 개념화되고 발전되었다(고명수 외, 2019 : 302). 장애인 인권은 장애인이 비장애인과 차이가 없이 동등한 대우를 받기 위한 인권의 확장된 개념이라고 볼 수 있다. 장애인도 인간으로서 존엄성을 보장받기 위한 기본적인 권리를 보장받고 요구할 수 있어야 한다.

2. 장애인 인권 관련 역사 및 동향

근대의 인권은 선(先)국가적이고 초(超)국가적인 것으로 국가의 인권 인정 여부 또는 보장범위(수준)를 임의로 결정할 수 없다는 생각에 따라서 자유권만을 인정하였다(박정선, 2014 : 165). 참정권, 절차적 기본권 및 사회적 기본권은 국가의 존재가 전제되어야 보장될 수 있는 것으로 국가의 역할 안에서 존재한다는 점에서 선(先)국가적 내지 초(超)국가적 인권은 아니라고 보았다(장영수, 2013

: 293-294).

미국의 1776년 버지니아권리장전(Virginia Bill of Rights) 및 독립선언(Declaration of Independence)과 프랑스의 1789년 인간과 시민의 권리선언(Declaration des droits de l'homme et du citoyen)은 최초의 인권 관련 선언이라 할 수 있다. 20세기에 접어들면서 인권은 자유권과 더불어 사회권이 중시되었다. 독일의 1919년 바이마르 헌법에서 최초로, 자유권적 기본권 외에 사회적 기본권에 관한 규정을 명시하였다(권영성, 2009 : 292). 1948년 세계인권선언(Universal Declaration of Human Rights)에서 인간의 존엄과 평등 및 불가양의 권리를 선언하였고, 1966년 국제인권규약(International Covenants on Human Rights)은 세계인권선언에 규정된 기본적 인권의 실효성을 갖추도록 뒷받침하였다(오혜경, 2008 : 37). 제2차 세계대전 이후 세계인권선언의 이념은 개별 국가의 헌법으로 연결되었다. 현대 인권의 특징은 국가 안에서 보장 수준에 머물지 아니하고 국제적 차원에서 보편화되고 확산되었다(박정선, 2014 : 166).

우리나라 헌법에서도 모든 기본권 보장을 궁극적인 목적으로 규정하고 있다. 헌법 제10조의 '인간의 존엄과 가치 및 행복추구권'은 모든 기본권 보장의 목적이자 방향이라고 볼 수 있다. 인간의 존엄성은 모든 인간은 인간 그 자체로서 그리고 그 자체인 이유로 가치 있는 존재인 것이다(정극원, 2010 : 165-166). 헌법 제34조 제1항의 '인간다운 생활을 할 권리'를 포함하여 제2항 '사회보장·사회복지의 증진에 노력할 국가의 의무'를 명시하였다. 헌법 제34조 제5항에는 "신체장애자 및 질병·노령 기타의 사유로 생활능력이 없는 국민은 법률이 정하는 바에 의하여 국가의 보호를 받는다"라고 지침을 제시하였다.

장애인 인권 영역에서 헌법의 기본권 보장을 구체적으로 실현하고자 한 법제를 살펴보면 다음과 같다. 1971년 제26차 UN 총회 이후 정신지체장애인권리선언(Declaration of the Rights of Mentally Retarded Person)을 통하여 정신지체장애인의 권리를 보장하도록 하였다. 1975년 제30차 UN 총회에서 채택된 장애인권리선언(Declaration on the Rights of Disables Persons)에서 장애인 권리를 결의하였다. 장애인권리선언을 통해 '장애인 10년 계획'과 더불어 1993년부터 2003년까지 「아시아-태평양 장애인 10년」을 선포하였다(신은경 · 이익섭, 2009 : 275). 2006년 장애인권리협약(Convention on the Rights of Persons with Disabilities)에서는 장애인 문제를 장애인의 기본적 권리를 근간으로 접근하여 제도 및 서비스하여 해결해야 한다는 이념의 전환이 있었다.

우리나라 헌법의 정신을 구체적으로 실현하고자 한 장애인 인권 관련 입법을 살펴보면, 심신장애자복지법(1981), 1990년 장애인고용촉진 등에 관한 법률(1990), 한국장애인인권헌장(1999), 장애인기업활동촉진법(2005), 장애인차별금지 및 권리구제 등에 관한 법률(2007), 장애인특수교육법(2007), 중증장애인생산품우선구매특별법(2008), 장애인연금법(2010), 장애인활동지원에 관한 법률(2011), 장애인 · 고령자 등 주거약자 지원에 관한 법률(2012) 등의 제정을 들 수 있다.

장애인인권헌장은 장애인의 권리 존중에 관한 것으로 총 13장으로 구성되어 있으며, 완전한 사회참여와 평등을 이루는 더불어 살아가는 사회를 위한 상황과 환경을 조성하는 것을 강조하고 있다. 장애인인권헌장의 1장은 장애인은 생활의 모든 영역에서 차별받아서는 안 된다고 명시하였다. UN 총회에서 채택된 장애인인권선언을 바탕으로 한국의 특수적인 상황을 고려하여 한국 장애인인권헌장을 선포하였다.

우리나라 사회복지 전달체계는 2000년을 기점으로 큰 전환점을 이루었다. 사회복지서비스의 개인화로 개별적인 지원으로 변화하였고, 이는 노인장기요양보험제도의 실시와 장애인복지 분야의 '사회서비스 바우처제도'의 도입을 가져왔다. 장애인복지에서도 시혜나 동정의 차원이 아니라 개인의 권리로서 생애주기별 복지서비스가 점차 확대되고 있다.

2002년 10월 UN 아시아태평양경제사회이사회(UNESCAP) 회의에서 제2차 아태장애인 10년(2003~2012) 행동계획안인 아태 지역의 장애인을 위한 통합적, 장벽 없는 그리고 권리에 근거한 사회를 향한 '비와코 새천년 행동계획안'을 선언하였다. 이 행동계획안은 '통합적, 장벽이 없는, 권리에 근거한' 세 가지 요소를 강조하였으며, 기존의 장애인에 대한 '동정에 근거한' 관점에서 벗어나 장애인 문제를 인권의 차원에서 접근의 시대적 상황을 요구하였다.

한국보건사회연구원의 '2020년 장애인 실태조사' 결과 우리나라 장애인에 대한 차별 정도에 대한 물음에 대하여 '약간 있다'는 응답이 53.8%로 가장 많았고 '매우 있다'고 응답한 비율은 9.8%로, 63.6%가 장애인에 대한 차별이 있다고 응답한 것으로 나타났다. 장애를 이유로 본인이 차별받는다고 느끼는지에 대한 물음에 대하여 '가끔 느낀다'와 '항상 느낀다'는 응답은 지적장애는 52.3%, 자폐성장애는 49.9%, 안면장애는 48.3%로 여전히 장애로 인한 차별이 있다고 느끼고 있으며, 장애유형별로 다소 차이가 있다. 장애인 인권은 복지제도적인 노력뿐 아니라 인권이라는 사회인식의 변화도 함께 이루어져야 한다. 장애인 인권헌장은 장애를 이유로 사회에서 여러 영역에서 차별받는 대우에 대해 비장애인과 동등한 대우를 요구하는 선언문이다.

3. 장애인 인권 관련 국제규정

1948년 12월 10일 UN 총회에서 선포된 세계인권선언문은 최초로 인간으로서의 기본권에 대하여 문서화하고 선포함으로써 효력을 발휘하게 되었다. 세계인권선언문은 모든 사람들의 존엄성과 권리를 보장하여야 하며, 지역별 문화적 전통이나 가치를 존중하는 데 국제사회가 동의하는 계기가 되었다. 세계인권선언문을 계기로 인권에 관한 수많은 국제협약들이 만들어졌으며, 인간의 기본권 수호는 국제사회의 공동의 책임이라는 인식이 확산되기 시작하였다. 세계인권선언을 시작으로 만들어진 장애인 인권 관련 국제규정은 다음과 같다(고명수 외, 2019 : 302).

1) 세계인권선언

1948년 12월 10일 UN 총회에서 세계인권선언(Universal Declaration of Human Rights)을 채택하였다. 세계인권선언문은 최초로 개인의 권리와 자유를 상세하게 명시하여 모든 국가에서 적용되는 인권의 보편성을 담기 위하여 인권과 기본적 자유가 모든 개인에게 지역의 제한 없이 적용되는 것으로 명시하였다. 세계인권선언문은 모든 인종과 사상을 포괄할 수 있는 인권의 존엄성을 명확하게 알렸다. 세계인권선언문의 본문은 UN인권위원회가 처음으로 국제인권조약을 준비했던 1947년 1월부터 총회가 인권선언문을 도입한 1948년 12월까지 약 2년간 작성되었다. 전 미국 대통령의 부인 엘레노어 루즈벨트(Eleanor Roosevelt)가 의장인 UN인권위원회는 사회적 · 정치적 권리, 문화적 · 경제적 권리 차별 없는 세상을 목표로 전 세계적으로 인권과 자유 존중의 중요성에 대한 인식을 끌어내었다. UN인권위원회는 총회제출 전 모든 회원국들의 요구에 따라 선언문 초안을 수정과정을 거쳤다.

UN 가입국 58개국이 선언문의 모든 단어와 조항에 대해 총 1,400번이나 투표를 거쳤다. 이슬람 국가 일부는 동등한 부부관계 권리와 개종할 권리에 대한 조항에 동의하지 않았으며, 유럽 국가에서는 경제적 · 사회적 및 문화적 권리를 세계인권선언 조항에 삽입하는 것에 대하여 비판했다. 세계인권선언문은 1948

년 12월 10일 UN 총회에서 당시 58개 가입국 중 50개국이 찬성하여 채택되었다. 세계인권선언문은 인간의 생활과 법률 제정에 영향을 미치고 인권운동을 고취시키는 계기가 되었으며, 실질적으로 전 세계에서 선언문을 수락한 데에서 그 영향력을 알 수 있다. 세계인권선언문은 360여 개 언어로 번역되었으며 이는 가장 많이 번역된 UN 총회 문건이다. 1946년 인권장전 초안, 1948년 세계인권선언과 1966년 국제인권규약을 합쳐 국제인권장전이라고 부르기도 한다.

세계인권선언은 국제연합의 결의의 성격으로 직접적인 법적 구속력은 없으나 국제 인권법의 시초로서 인권선언과 관련된 국제 조약과 선언의 근간이 되고 있으며, 다수 국가의 헌법 또는 기본법에 반영되어 개별국가의 시민의 보편적인 삶의 영향을 미치고 있다. 1966년 국제인권규약은 세계 최초의 법적 구속력을 가진 인권 관련 국제법이다. 세계인권선언문의 채택은 다양하지만 갈등요소가 되는 정치제도, 종교적 체계 그리고 문화적 전통을 초월하여 포괄하게 되었다. 세계인권선언문의 성과를 기념하기 위하여 매년 12월 10일을 인권의 날로 지정하게 되었다.

세계인권선언문은 제1조부터 제30조까지로 구성되어 있으며, 장애인은 사회의 구성원이며 사회의 한 구성원의 인간으로서 존엄성을 보장받아야 한다는 것을 강조하고 있다. 세계인권선언은 장애인과 비장애인의 구별 없이 모든 인간은 태어난 순간부터 자유를 가지고 있으며 인간의 존엄과 권리에서 모든 인간이 평등하다는 자유와 평등의 원칙을 강조하였다는 점에서 매우 중요한 의미가 있다.

2) 장애인권리선언

1975년 12월 9일 제30차 UN 총회에서 정신장애인 및 신체장애인을 포함한 모든 장애인에 대한 장애인권리선언을 채택하였다. 장애인권리선언문은 신체적·정신적 장애를 예방하고 장애인의 능력을 최대한 제고할 수 있도록 지원하고 가능한 한 모든 일상 생활에서 사회통합이 가능하도록 촉진할 것을 명시하고 있다.

장애인권리선언문에서 정의한 장애인이란 "선천적으로나 후천적으로나 신체적 능력이나 정신적 능력에 결함이 발생함으로써, 자신 스스로 개인생활이나 사회생활을 정상적으로 영위할 수 있는 필요조건을 전혀 갖출 수 없거나 부분적으로 갖출 수밖에 없는 모든 사람을 의미한다"로 명시하였다. 장애인권리선언에서 장애인은 모든 권리를 누릴 수 있어야 하며, 장애인 스스로 또는 장애인 가족의 상황적 환경에 따라 차별받아서는 안 되며 이는 모든 장애인에게 적용되어야 한다. 장애인은 인간으로서 존엄이 존중되는 권리와 모든 사람의 기본적 권리를 동등하게 가진다. 장애인은 자신의 능력에 따라 보장받고, 노동시장에서 고용되며, 또한 생산적이고 보상을 받는 직업에 종사할 뿐 아니라 노동단체에 참여할 권리가 있다. 장애인의 가족 및 지역사회는 장애인권리선언에 포함한 권리에 대해서 모든 적절한 수단과 방법을 통하여 충분히 인식되어야 한다.

장애인권리선언

- 장애인은 인간의 존업과 가치를 가지며 행복을 추구할 권리를 가진다.
- 장애인은 건전한 사회구성원으로 책임 있는 삶을 살아가며 자신의 능력을 개발하여 자립하도록 노력하여야 한다.
- 국가와 사회는 헌법과 국제연합의 장애인 권리선언의 정신에 따라 장애인의 인권을 보호하고 완전한 사회참여와 평등을 이루어 더불어 살아가는 사회를 만들기 위한 여건과 환경을 조성하여야 한다.
- 장애인은 장애를 이유로 정치, 경제, 사회, 교육 및 문화생활의 모든 영역에서

차별을 받지 아니한다.
- 장애인은 인간다운 삶을 영위할 수 있도록 소득, 주거, 의료 및 사회복지서비스 등을 보장받을 권리를 가진다.
- 장애인은 다른 모든 사람과 동등한 시민권과 정치적 권리를 가진다.
- 장애인은 자유로운 이동과 시설 이용에 필요한 편의를 제공받아야 하며, 의사표현과 정보 이용에 필요한 통신, 수화통역, 자막, 점자 및 음성도서 등 모든 서비스를 제공받을 권리를 가진다.
- 장애인은 자신의 능력을 개발하기 위하여 장애유형과 정도에 따라 필요한 권리를 가진다.
- 장애인은 능력에 따라 직업을 선택하고 그에 따른 정당한 보수를 받을 권리를 가지며, 직업을 갖기 어려운 장애인은 국가의 특별한 지원을 받아 일하고 인간다운 생활을 보장받을 권리를 가진다.
- 장애인은 문화, 예술, 체육 및 여가활동에 참여할 권리를 가진다.
- 장애인은 가족과 함께 생활할 권리를 가진다. 장애인이 전문시설에서 생활하는 것이 필요한 경우에도 환경이나 생활조건은 같은 나이 사람의 생활과 가능한 한 같아야 한다.
- 장애인은 사회로부터 분리, 학대 및 멸시받지 않을 권리를 가지며, 누구든지 장애인을 이용하여 부당한 이익을 취하여서는 안 된다.
- 장애인은 자신의 인격과 재산의 보호를 위하여 필요한 법률상의 도움을 받을 권리를 가진다.
- 여성장애인은 임신, 출산, 육아 및 가사 등에 있어서 생활에 필요한 보호와 지원을 받을 권리를 가진다.
- 혼자 힘으로 의사결정을 하기 힘든 장애인과 그 가족은 인간다운 삶을 영위하기 위하여 필요한 지원을 받을 권리를 가진다.
- 장애인의 특수한 욕구는 국가정책의 계획단계에서부터 우선 고려되어야 하며, 장애인과 가족은 복지증진을 위한 정책결정에 민주적 절차에 따라 참여할 권리를 가진다.

3) 장애인인권헌장

1981년 '세계장애인의 해'를 계기로 국제사회에서는 장애인 문제에 대한 구체적인 실천방안에 대하여 논의하기 시작하였다. 기존의 6대 권리협약을 비롯하여 1971년 정신지체장애인의 권리선언(The Declaration of the Rights of Mentally Retarded Persons), 1975년 장애인권리선언(The Declaration of the Rights of Disabled Persons)이 채택되었지만 선언적 의미의 한계점이 있고 장애인에 대한 차별과 배제는 사라지지 않았다. 1982년 세계행동계획(WPA : World Programma of Action Concerning Disabled Persons)은 현실적인 장애인 차별과 배제문제 대응을 위하여 채택되었고 이어서 세계장애인 10년(Decade of Disabled Persons, 1983-1992)을 선포하였다. 구체적인 실천 방안이 수립된 이후에도 장애인 문제가 실제적으로 개선될 가능성이 보이지 않자 국제장애인단체들은 법적 효력이 있는 협약 제정의 필요성을 국제사회에 지속적으로 알리게 되었다. 1987년 이탈리아 정부가 장애인 인권에 관한 국제협약을 제안하고, 1989년 Standard Rules의 특별보고위원에게 협약 제안을 재요청하게 되었다. 2000년 중국 정부는 UN 사회개발위원회에 국제협약을 위한 제안서를 제출하였다. 2000년 베이징 선언에 이어 2001년 56차 UN 총회 국제장애인권리협약 제안을 위한 특별위원회를 설치하고 2002년 1차 특별위원회 개최 등의 과정을 거쳐 2006년 8월 25일 제8차 UN 특별위원회 결의문이 채택되었다.

장애인인권헌장은 총 13장으로 구성되어 있으며, 장애인의 권리를 존중해 주어야 한다는 내용을 상세하게 규정하고 있다. 장애인인권헌장의 1장 장애인은 생활의 모든 영역에서 차별받아서는 안 된다는 것을 명시하고 있다. 2장 인간다운 삶에 대한 권리, 3장 시민권 및 정치적 권리, 4장 장애인의 자유로운 이동과 시설 이용 및 의사소통을 위한 편의 제공의 권리, 5장은 교육받을 권리 및 6장 노동의 권리이다. 7장 문화, 예술, 체육 및 여가활동에 참여할 권리, 8장 가족과 함께 생활할 권리, 9장 분리, 하대 및 멸시받지 않을 권리 및 10장 스스로 인격과 재산을 보호하기 위하여 필요한 법률상의 도움을 받을 권리를 명시하였다. 11장 여성장애인의 임신, 출산, 육아 및 가사 등에 대한 보호와 지원을 받을 권리, 12장 스스로 의사결정을 하기 어려운 장애인과 그 가족은 인간다운 삶을 영위하기 위하여 필요한 지원을 받을 권리 및 13장 장애인의 개별적 욕구에 대한 국가적 차원의 지원, 장애인 및 장애인 가족은 복지수준 제고를 위하여 정책적 결정에 참여할 수 있는 권리를 명시하였다. 우리나라에서도 장애인인권선언을 바탕으로 한국적 특성을 고려하여 한국 장애인인권헌장을 선포하였다.

4) 국제인권조약

국제인권조약(1976)은 세계인권선언의 내용을 보다 구체적으로 명시하고 구속력을 갖도록 국제적 조약 형태로 제정한 것이다. 일반적으로 승인된 국제법규와 헌법에 의하여 체결·공포된 조약은 국내법과 동일한 효력을 가진다(대한민국 헌법 제6조 제1항), 국제인권규약(A, B)에서 UN의 인권보호를 위한 장치는 UN헌장을 근거로 한 기구 또는 국제인권조약을 근거로 한 기구로 나눌 수 있다. 두 인권기구와는 별도로 UN난민고등판무관(UNHCR) 및 국제노동기구(ILO) 등 UN의 전문기관과 국제형사재판소(ICC)도 중요한 인권보호의 기구로 작동하고 있다. 국제인권규약은 1966년 12월 16일 제21차 국제연합(UN) 총회에서 인권의 존엄성이 국제적으로 보장되도록 하기 위해 제정한 조약이다. 국제인권규약 A는 경제적·사회적 문화적 권리에 관한 규약으로서 법적인 구속력을 포함하고 있다(1976년 3월 발효).

세계인권선언이 개인과 국가가 달성해야 할 공통의 기준으로서 선언적인 의미가 있으나 법적 구속력이 없는 반면, 국제인권규약은 당사국을 법적으로 구속하는 조약이다. 국제인권규약 A·B는 공통적으로 제1조에 자결권을 가지며, 부와 자원 처분의 자유 및 권리에 대하여서 규정한 것이 특징이다.

5) 장애인권리협약

UN의 예측치에 따르면 2015년부터 2030년 사이에 전 세계적으로 고령자(60세 이상)가 9억 명에서 14억 명으로 증가할 것이며, 기대수명이 급격하게 증가할 것으로 예상된다(Campbell & Putnam, 2017). WHO(World Health Organization; 세계보건기구)는 고령자의 증가와 더불어 만성질환, 심혈관계 질환 및 정신건강과 연관된 만성질환의 증가로 인하여 장애인의 수가 지속적으로 증가할 것으로 예측하였다(Campbell & Putnam, 2017 : 1). 전 세계에서 6억 5천 명이 넘는 사람들이 여러 유형의 장애를 가지고 있을 뿐 아니라 인구증가 및 기대수명 증가, 의학의 발전, 전쟁 및 각종 산업재해 등으로 장애인의 수는 더욱 늘어날 전망이다. 장애인은 오랜 기간 신체적 · 정신적 무능력자라는 편견으로 완전한 사회적 역할을 수행하는 데 부적합한 집단으로 인식되어 왔다. 장애를 이유로 가정과 사회에서 격리되어 생활하거나 부당한 대우를 받아 왔으며 의료, 고용 및 교육 등 다양한 영역에서 비장애인과 동등한 수준의 권리를 향유하거나 기회를 제공받는 데 제한을 받았다. 장애인 당사자의 동의 없이 시설 등에 구금되어 차별과 폭력을 경험하면서 비장애인과 동등한 위치에서 인간으로서 누려야 할 기본적 권리와 자유가 제한당하는 차별을 경험하였다. 장애인과 인권활동가들은 장애인의 인권의 열악한 수준을 제고하기 위하여 끊임없이 투쟁한 결과 UN은 1980년 1월 13일에 '세계장애인의 해 행동계획'을 채택하였다. 이는 '장애인의 완전한 참여와 평등'을 목표로 이듬해인 1981년을 '세계장애인의 해'로 선언하였다. 이어서 1983년부터 1992년까지 10년 동안을 '세계장애인 10년'으로 선포하는 등 장애인에 대한 관심을 불러일으키고, 장애에 대한 부정적인 인식 전환 및 개선을 위한 노력을 시도하였다. 모든 장애인의 인간으로서 존엄과 가치를 재확인하고 장애인들이 직면하고 있는 불공평과 차별을 없애기 위한 효과적인 법적 · 제도적 장치로서 장애인권리협약을 제정하였다. 장애인권리협약은 장애인의 실질적인 참여와 기회균등을 보장하는 권리 보장을 목표로 권리의 소유자이자 주체자로서 장애인 당사자의 참여를 적극 도모하고 있다. 장애인권리협약은 모든 장애인이 기본적인 인권과 자유를 누릴 수 있는 기본적 권리를 보호·촉진하기 위한 협약으로서 기존의 국제인권조약의 보충적 성격을 가지고 있다. 전문과 본문, 선택의정서로 구성된 장애인권리협약은 장애인에 대한 인식 제고를 위한 방법부터 교육, 건강, 고용 및 문화생활 등 장애인의 모든 생활영역에서의 권익보장을 위한 내용을 포함하고 있다. 또한 모든 장애인의 인권에 대한 국가의 의무와 법적 책임을 명확하게 확인하였다.

제2차 세계대전으로 인간존엄성이 말살되는 경험을 통하여 국제사회는 인간의 존엄성을 지키고 기본적 인권을 보장하며 취약 계층의 인권을 수호하기 위한 국제조약들을 성안하고 채택하는 데 관심을 기울이게 되었다. 구체적으로 살펴보면 '시민권 및 정치적 권리에 관한 국제규약', '경제적·사회적 및 문화적 권리에 관한 국제규약', '여성에 대한 모든 형태의 차별철폐에 관한 협약', '고문 및 그 밖의 잔혹한 비인도적인 또 굴욕적인 대우나 처벌의 방지에 관한 협약', '아동의 권리에 관한 협약', '모든 형태의 인종차별 철폐에 관한 국제협약', '모든 이주노동자와 그 가족의 권리보호에 관한 국제협약'이 있다. 그러나 협약의 조항의 내용에서 장애인의 인권은 충분히 반영되거나 규정되지 못하였다는 비판이 제기되었다. 여성차별철폐협약에는 장애여성에 대한 별도 또는 일부 규정이 없으며, 아동권리협약에는 장애아동과 관련하여 별도 또는 일부조항의 규정이 없어 현실적으로 장애아동의 권리를 보장하기 위한 구속력은 제한적이다. 이와 같은 문제의식에 따라서 장애인의 인권보장을 목적으로 국제인권조약을 별도로 제정할 필요성이 있다는 논의가 시작되었다. 1987년에 개최된 UN 총회에서 이탈리아 정부가 36개 조항의 장애인의 인권에 관한 국제협약을 제안하면서부터 본격적인 논의가 시작되었다. 그러나 호주, 일본 및 영국 등의 국가에서는 당사국의 재정적인 부담을 이유로, 북유럽 등의 국가에서는 기존의 유사한 국제인권조약이 존재하고 있다는 이유로 새로운 국제협약의 제정은 불필요하다는 의견으로 채택되지 못하였다. 그 후 1989년에 스웨덴, 2000년에는 중국 정부가 장애인 인권협약 제정을 재차 제안하였으나 미국 등 일부 선진국들의 반대로 인해 무산되었다. 2000년 세계장애인단체는 중국 북경에서 개최된 '장애인의 참여 및 평등권을 위한 신세기 전략을 개발하기 위한 장애인 세계 비정부기구의 정상회담'에서 장애인의 인권을 보호하기 위한 법적 구속력이 있는 국제협약을 제정할 것을 요청하였다. 2003년 11월에는 중국 북경에서 아시아·태평양경제사회이사회(UNESCAP) 지역회의에서 장애인의 권리와 인간으로서 존엄성 보호 등을 위한 국제조약의 조항을 상세화하자는 북경선언을 제시하였다. 장애인 당사자에 의한 장애인의 인권보장을 위한 국제인권협약의 제정 필요성을 재차 강조하였다.

2001년 제56차 UN 총회에서 멕시코의 빈센트 폭스(Vincent Fox) 대통령은 기조연설에서 국제장애인권리협약의 성안을 위한 특별위원회의 설치를 제안하였는데, 이 제안이 채택되는 동시에 '장애인의 권리와 존엄을 보호하고 촉진하기 위한 총체적이고 통합적인 국제협약에 관한 특별위원회'를 설립하는 것으로 결정하였다. 그 결정에 따라 2002년 8월부터 8차례의 특별위원회가 회의가 열려 협약의 형태, 성격, 구조, (비)차별 및 장애인의 실질적 권리 등 협약에 포함될 주요한 쟁점사항을 집중적으로 토의하였다. 협약에 대한 당사자국의 합의를 이끌어 내기 위하여 회의장 안팎에서는 각 당사국과 장애인단체들의 지속적인 논의와 토론이 이루어졌다. 2006년 8월 제8차 특별위원회에서 장애인권리협약안이 완성되었으며, 동년 12월에 개최된 UN 총회에서 192개국의 만장일치로 채택되었다. 4년간 각 당사자국 정부 및 장애인 당사자들의 공동노력의 성과로서 장애인의 인권보장을 천명한 여덟 번째 인권협약이 만들어졌다.

장애인권리협약(2006)은 UN본부에서의 당사자국 서명 이후 협약에 대한 각 당사자국의 국회의 비준동의를 거쳐 UN본부에 비준서의 기탁이 완료된 후 30

일이 지난 시점에서 국제법적인 효력을 갖게 된다. 장애인권리협약은 전문, 본문 50개 조항 및 선택의정서로 구성되어 있다. 전문은 총 25개 호로 구성되었으며, 협약을 제정배경, 취지, 목적, 기본원칙 등을 선언적 형식으로 문구로 정리되었으며, 전문도 독자적인 규범적 효력을 가지고 있다. 본문은 총 50개 조항으로 여성장애인과 장애아동의 권리 보호, 장애인의 이동권과 문화활동 향유 및 접근권 보장, 교육권과 건강권 및 근로 권리 등 장애인의 모든 생활영역에서의 권익을 보장하는 내용을 규정하고 있다. 선택의정서는 총 18개 조항으로 구성되어 있는데 협약의 절차적인 법적 효력을 확보하기 위하여 제정되었다.

한국정부의 보건복지부장관은 2007년 3월 30일 서명개방식협약을 하였다(2008. 6. 18). 협약비준 정부안을 국회에 제출하였고, 생명보험 가입 관련 상법 제732조의 충돌로 인한 권리협약 제25조의 1개 조항과 선택의정서를 제외한 완전하지 못한 비준 상태로(2008. 12. 2) 국회 본회의를 통과하였으며(2008. 12. 12) 협약비준서를 UN사무국에 기탁하였다. 우리나라는 2009년 1월 10일 동 협약을 발효하면서 장애인의 모든 인권과 기본적인 자유를 보장하는 기틀을 마련하여 장애인 인권 수준을 한 단계 발전시키는 전환점을 마련하였다. 장애인권리협약(2006)은 개인이 아닌 당사자국에 일방적으로 협약 이행의무를 부과하고 있는 것이 특징이다.

4. 국내법과 기타 관련 규정

1) 헌 법

우리나라 헌법은 인간의 존엄과 가치를 모든 기본권 보장의 궁극적인 목적으로 보장하고 있다. 헌법상 기본권은 사회적 공동체 안에서 개인의 존엄성에 맞게 자유롭게 인격이 발현되어야 한다는 원칙의 규정이다(김명연, 2011 : 160-161). 헌법 제10조인 '인간의 존엄과 가치 및 행복추구권'은 모든 기본권 보장의 궁극적인 지향점이자 목적이다. 구체적으로 살펴보면, 헌법 제34조 제1항에 '인간다운 생활을 할 권리' 총칙을 바탕으로, 제2항 '사회보장 · 사회복지의 증진에 노력할 국가의 의무'를 규정하고 있다. 제34조 제5항에 "신체장애자 및 질병 · 노령 기타의 사유로 생활능력이 없는 국민은 법률이 정하는 바에 의하여 국가의 보호를 받는다"라는 특수조항을 규정하였다.

2) 장애인복지법

장애인복지법은 1981년 UN이 정한 '세계장애인의 해'를 맞이하여 '심신장애자복지법'으로 출발하였으며 1989년 심신장애자복지법을 장애인복지법으로 개칭하면서 전면 개정하였다. 장애인복지법은 장애인은 인간으로서 존엄과 가치를 존중받으며 이에 상응하는 처우를 받아야 한다고 규정하고 있고, 최초로 국가와 지방자치단체가 장애인복지에 대한 책임성 등을 규정하였다는 데 의의가 있다.

모든 장애인은 국가와 사회의 구성원으로서 정치 · 경제 · 사회 · 문화 및 기타 모든 분야의 활동에 참여할 기회를 보장함으로써 헌법에서 보장하는 기본적 인권이 장애인도 동등하게 보장되고 있음을 천명하고 있다. 동법 제4조에 따르면 복지라는 개념은 기초적 의식주의 생계만 지원하는 국가의 시혜적 행위에서 벗어나 장애인복지란 장애인의 인권을 구체적으로 보장하는 것을 의미한다. 장애인복지법 제8조(차별금지 등) 제1항에 따르면, "누구든지 장애를 이유로 정치 · 경제 · 사회 · 문화생활의 모든 영역에서 차별을 받지 아니하고, 누구든지 장애를 이유로 정치 · 경제 · 사회 · 문화생활의 모든 영역에서 장애인을 차별하여서는 아니 된다"라고 명시하고 있다. 또한 제2항에서는 "누구든지 장애인을 비하 · 모욕하거나 장애인을 이용하여 부당한 영리행위를 하여서는 아니 되며, 장애인의 장애를 이해하기 위하여 노력하여야 한다"로 규정하고 있다.

3) 국가인권위원회법

국가인권위원회법은 인권을 정의하고 권리를 침해하거나 침해받았을 경우 어떻게 구제받을 수 있는지 규정하고 있는 법률이다. 국가인권위원회법 제2조 제1항에서는 "인권이란 헌법 및 법률에서 보장하거나 대한민국이 가입 비준한 국제인권조약 및 국제관습법에서 인정하는 인간으로서의 존엄과 가치 및 자유와 권리를 말한다"라고 규정하고 있다. 규정에 따르면 인권은 국내법에 근거한 법적 권리뿐 아니라 자연권 측면의 인간으로서의 권리를 폭넓게 포함하고 있다고 할 수 있다. 헌법은 인간으로서의 존엄과 가치를 실현하기 위해 몇 가지 국민의 기본적인 권리로서 기초적 · 기본적인 최소한 법적인 권리를 명시하였다. 즉, 자유권, 평등권, 참정권, 교육권 및 노동권 등의 5개 기본권에 대하여 인권의 일부를 법적인 형태로 갖춘 것이다.

4) 한국장애인인권헌장

한국장애인인권헌장은 1998년 12월 9일 전문과 14개 조항으로 구성된 형태로 공포되었다. 한국장애인인권헌장 전문에서는 '장애인이 인간의 존엄과 가치를 가지며 행복을 추구할 권리'를 갖는 주체임을 천명하고, 국가와 사회는 장애인의 인권보호뿐 아니라 사회참여 및 평등을 위한 사회적 여건과 환경을 조성하여야 하는 당위성을 선언하였다. 장애인 인권은 장애인이 비장애인과 동등한 대우를 받는 인권보다 더욱 확장된 개념이다. 장애인도 인간의 존엄성을 지니고 있으므로 기본적인 권리를 주장하고 대우받을 수 있어야 한다. 하지만 건강권, 거주이주에 관한 권리, 접근권 또는 생활권, 노동권, 교육권, 이동권 및 보행권, 문화향유권, 선거권 등 기본적인 권리조차 제대로 인정받지 못하고 있는 것이 현실이다.

한국장애인인권헌장은 장애를 이유로 사회의 여러 영역에서 차별행위에 대하여 비장애인과 동등한 대우를 요청하는 선언문이다. 한국장애인인권헌장은 총 13장으로 장애인들의 권리 존중의 내용이 상세하게 규정되어 있다. UN총회에서 채택된 장애인인권선언을 바탕으로 한국의 특수성을 고려하여 한국장애인인권헌장을 선포하기도 하였다.

한국장애인인권헌장

- 장애인은 인간의 존엄과 가치를 가지며 행복을 추구할 권리를 가진다.
- 장애인은 건전한 사회 구성원으로 책임 있는 삶을 살아가며 자신의 능력을 개발하여 자립하도록 노력하여야 한다.
- 국가와 사회는 헌법과 국제연합의 장애인권리선언의 정신에 따라 장애인의 인권을 보호하고 완전한 사회참여와 평등을 이루어 더불어 살아가는 사회를 만들기 위한 여건과 환경을 조성하여야 한다.

① 장애인은 장애를 이유로 정치 · 경제 · 사회 · 교육 및 문화생활의 모든 영역에서 차별을 받지 아니한다.
② 장애인은 인간다운 삶을 영위할 수 있도록 소득 · 주거 · 의료 및 사회복지서비스 등을 보장받을 권리를 가진다.
③ 장애인은 다른 모든 사람과 동등한 시민권과 정치적 권리를 가진다.
④ 장애인은 자유로운 이동과 시설이용에 필요한 편의를 제공받아야 하며, 의사표현과 정보 이용에 필요한 통신 · 수화통역 · 자막 · 점자 및 음성도서 등 모든 서비스를 제공받을 권리를 가진다.
⑤ 장애인을 자신의 능력을 개발하기 위하여 장애 유형과 정도에 따라 필요한 교육을 받을 권리를 가진다.
⑥ 장애인은 능력에 따라 직업을 선택하고 그에 따른 정당한 보수를 받을 권리를 가지며, 직업을 갖기 어려운 장애인은 국가의 특별한 지원을 받아 일하고 인간다운 생활을 보장받을 권리를 가진다.
⑦ 장애인은 문화, 예술, 체육 및 여가활동에 참여할 권리를 가진다.
⑧ 장애인은 가족과 함께 생활할 권리를 가진다. 장애인이 전문시설에서 생활하는 것이 필요한 경우에도 환경이나 생활조건은 같은 나이 사람의 생활과 가능한 한 같아야 한다.
⑨ 장애인은 사회로부터 분리, 학대 및 멸시받지 않을 권리를 가지며, 누구든지 장애인을 이용하여 부당한 이익을 취하여서는 안 된다.
⑩ 장애인은 자신의 인격과 재산의 보호를 위하여 필요한 법률상의 도움을 받을 권리를 가진다.
⑪ 여성장애인은 임신, 출산, 육아 및 가사 등에 있어서 생활에 필요한 보호와 지원을 받을 권리를 가진다.
⑫ 혼자 힘으로 의사결정을 하기 힘든 장애인과 그 가족은 인간다운 삶을 영위하기 위하여 필요한 지원을 받을 권리를 가진다.
⑬ 장애인의 특수한 욕구는 국가정책의 계획단계부터 우선 고려되어야 하며, 장애인과 가족은 복지증진을 위한 정책결정에 민주적 절차에 따라 참여할 권리를 가진다.

5. 장애인권리협약의 경과와 의의

1) 장애인권리협약

2006년 12월 13일 미국 뉴욕 UN본부에서 개최된 제61차 총회에서는 장애인이 인간으로서 가지는 존엄성을 재차 확인하고 장애인의 인권보장을 위해 노력할 의무를 선언하는 장애인권리협약이 회원국 192개국의 만장일치의 결의로 통과되었다. 2001년 제56차 UN 총회에서 장애인권리협약을 추진하기 위한 특별위원회를 설치하고, 장애인의 인권보장을 위한 각 당사국들의 동의를 이끌어 내고자 한 장애인 인권운동가들의 헌신적인 노력과 국제사회의 협력을 통하여 이루어진 협약이다. WHO는 고령자의 증가와 더불어 만성질환, 심혈관계 질환 및 정신건강과 연관된 만성질환의 증가, 인구증가 및 기대수명 증가, 의학의 발전, 전쟁 및 각종 산업재해 등으로 인하여 장애인의 수가 지속적으로 증가할 것으로 예측하였다(Campbell & Putnam, 2017 : 1). 장애인은 장애를 이유로 사회적인 차별과 불이익이 여전히 존재하고 있으므로 국제사회 차원에서 장애인의 인간으로서 존엄과 가치를 재확인하고 장애인들이 직면하고 있는 차별 및 불평등 등에 대응하기 위한 효과적인 법적 · 제도적 장치로서 협약을 제정하였다. 본 협약을 통하여 장애인 문제는 개인의 문제이거나 시혜적인 복지 접근이 아니라 장애인의 실질적인 참여와 기회균등을 보장하는 권리에 기초하여 접근하고 있다. 장애인이 권리의 정당한 소유자이자 주체자로서 장애인 당사자의 참여를 적극 도모하고자 하고 있다.

우리나라는 2009년 1월 10일 기준으로 동 협약을 발효함으로써 장애인의 모든 인권과 자유를 보장하는 장애인 인권 수준을 한 단계 성숙시키는 전환점을 만들었다. 장애인권리협약은 지금까지의 주요한 국제인권조약인 '시민적 및 정치적 권리에 관한 국제규약', '경제적, 사회적 및 문화적 권리에 관한 국제규약', '여성에 대한 모든 형태의 차별철폐에 관한 협약', '고문 및 그 밖의 잔혹하고 비인도적이거나 굴욕적인 대우 · 처벌의 방지에 관한 협약', '아동의 권리에 관한 협약', '모든 형태의 인종 차별 철폐에 관한 국제협약', '모든 이주노동자와 그 가족의 권리보호에 관한 국제협약'이 장애인 인권의 보호와 향상 측면에서 충분하지 못하다는 비판과 문제의식에 근거하여 탄생하였다.

2) 장애인권리협약 내용

장애인권리협약은 전문과 50개 조항의 본문으로 구성되어 있으며, 장애인의 접근성, 이동권, 고용, 교육, 여성장애인 및 장애아동의 권리보호 등 모든 생활 영역에서 장애인의 권리보장에 관한 내용을 담고 있다. 전문에서는 제정 배경, 목적 및 기본원칙 등에 관한 사항을 규정하고 있으며, 본문 제1~4조는 목적 · 정의 · 일반원칙 · 의무적 조항 등, 제5~32조는 평등 · 차별금지 · 교육 · 건강 · 근로 · 문화생활 등 장애인의 모든 생활영역에서 권익보장에 관한 사항을 규정하고 있다. 제33~40조는 협약 이행을 위한 전담기구 및 독립기구 설립, 당사국의 정부보고서 제출 의무 및 장애인권리위원회의 정부보고서 심의 등에 대하여 명시하였다. 제41~50조는 협약의 발효, 유보 및 개정 등 협약의 효력에 관한 절차적 사항을 규정하고 있다. 개인이 아닌 당사국에만 일방적으로 협약 이행 의무를 부과하고 있는 것이 특징이다.

3) 제정과정이 갖는 의의

장애인권리협약은 제정과정에서 몇 가지 의의를 가지고 있다.

첫째, 장애인권리협약은 최초 요구부터 8차례에 걸친 특별위원회 회의를 통하여 장애인 당사자의 의견을 최대한 수렴하였다. 공식적인 특별위원회 회의에서 장애인 당사자 및 장애인단체가 협약의 내용을 제시하여 시민단체와 당사국 정부가 함께 논의할 수 있도록 하였다. 다수의 당사국은 장애인 당사자와 관련 단체에서 제시한 안을 수용하는 방향으로 장애인권리협약의 협약문을 구성하였다. 협약의 이용자이자 주체자인 장애인 당사자와 협약의 의무 이행자인 각 당사국 정부가 공동으로 협약을 완성하였다고 볼 수 있다.

둘째, 한국정부의 제정과정의 적극적인 참여를 들 수 있다. 한국은 이전 6대 국제인권조약에 가입은 하였으나 적극적인 참여는 매우 제한되었다. 한국정부 대표단은 장애시민단체가 특별위원회 회의에 참여할 수 있도록 적극적으로 지원하였다. 제3차 특별위원회 회의에서는 여성장애인, 이동권, 자립생활과 관련한 별도조항과 관련된 의견을 제안하였으며 각각 제6조(여성장애인), 제20조(개인의 이동) 및 제9조(자립적인 생활과 지역사회통합)가 채택되는 성과를 거두었다.

셋째, 제5차 특별위원회에서는 여성장애인의 인권과 관련하여 별도의 조항을 두는 것에 여성장애인 인권보장의 중요성을 강조하여 여성장애인을 위한 별도의 조항을 둘 수 있도록 기여하였다. 동시에 장애여성 문제가 심각하거나 취약한 조항에서 추가적으로 규정하는 병렬식 접근방식(twin track approach)이 채택되도록 하였다.

넷째, 우리나라 장애인단체에서는 이동권과 자립생활에 대하여 적극적으로 강조하여 이동권(제20조)과 접근성(제9조)을 별도의 조항으로 구분하여 개인의 이동권을 보장할 수 있도록 하였다. 지역사회에서 장애인이 자립적으로 생활하는 것이 장애인의 완전한 사회참여와 사회통합을 위한 전제로 중요성이 강조되어 별도의 조항으로 남게 되었다. 본 협약의 시행 이후 한국 정부의 새로 탄생한 장애인권리협약의 이행과 성과에 대해서도 주목할 필요가 있다.

4) 장애인권리협약의 경과와 우리나라의 이행사항

(1) 장애인권리협약의 경과

우리나라는 2008년 12월 2일 제278회 정기국회 본회의에서 출석의원 250명 만장일치로 '장애인의 권리에 관한 협약' 비준 동의안이 통과되었으며, 2009년 1월 10일 자로 국내 발효되었다. 우리나라를 비롯하여 전 세계 4개국이 가입했고 선택의정서를 포함하여 가입한 나라는 22개국이다. 2006년 12월 13일 UN 총회에서 "장애인의 모든 인권과 기본적인 자유를 완전하고 동등하게 향유할 수 있도록 보장하고, 장애인의 천부적 존엄성에 대한 존중을 촉진하는 것을 목적으로 하는" 장애인권리협약이 채택된 지 2년 만에 한국정부도 가입국이 되었다.

국제사회의 장애인권리협약 채택에 대한 경과를 살펴보면 다음과 같다.

- 1987년 이탈리아 정부가 UN 총회에서 장애인권리협약을 제안하였으나. 호주, 일본, 영국 및 북유럽 국가들의 반대로 무산되었다.
- 1989년 스웨덴 정부, 2000년 중국 정부가 장애인권리협약 제정을 재차 주장하였으나, 미국을 비롯한 일부 선진국들의 반대로 무산되었다.
- 2000년 중국 베이징에서 개최된 장애인의 참여와 평등을 목적으로 하는 전략 개발 국제 장애인 NGO 대회에서 법적 구속력을 갖는 국제협약 제정을 결의하는 '베이징 선언'이 채택되었다.
- 2001년 제56차 UN 총회에서 빈센트 폭스 멕시코 대통령이 기조연설에서 장애인권리협약 제정을 위한 UN 산하 특별위원회 설치를 제안하고 채택되었다.
- 2002년 8월부터 2006년 8월까지, 여덟 차례에 걸쳐 UN에서 특별위원회 회의를 통하여 장애인권리협약 초안을 마련하였다.
- 2003년 중국 베이징에서 개최된 UNESCAP 지역회의에서 장애인국제협약

상세화를 위한 '베이징 선언'이 채택되었다.

- 2006년 12월 13일, UN 총회에서 192개국 만장일치로 장애인권리협약이 채택되었다.
- 2007년 3월 30일부터 당사자국들이 자국에서 비준할 수 있게 되었으며, 20개국 이상, 그리고 선택의정서는 107개국 이상이 이준한 후 그날로부터 30일 경과 후 국제법으로서 효력이 발생하였다.
- 2008년 4월 3일 20개국 이상이 비준하여 2008년 5일 3일부터 발표되었다.

(2) 우리나라의 이행사항

우리나라 장애인 인권과 관련 복지정책의 변화과정을 살펴보면 다음과 같다. 1980년대 이전에는 단순구호에서 시설수용보호로 변화하게 되었고 1981년 이후 장애인복지법 제정 등 법적·제도적 장치를 마련하는 제도적 시기로 구분될 수 있다. 1990년대에 접어들어서 제1차 장애인복지발전 5개년 계획 등 기반을 구축하는 장기적 계획적인 틀의 토대로 1998년 장애인차별금지법 제정 및 인권복지에 대한 인식 확대 및 정책적 변화가 이끌어졌다. 실질적인 우리나라 장애인복지정책의 기본 틀이라고 할 수 있는 장애인정책발전 5개년 계획이 제2차 장애인복지발전 5개년 계획(2003~2007)에서의 기본방향이 '장애인이 독립된 주체로서 지역사회에서 스스로 자립적 삶을 영위'하는 것이다. 제3차 장애인정책발전 5개년 계획(2008~2012)의 기본방향은 '장애인의 권리에 기반한 참여 확대와 사회통합 구현'을 비전으로 제시하였다. 제4차 장애인정책발전 5개년 계획(2013~2017)은 장애인과 비장애인 더불어 행복한 사회를 구현하는 것을 목적으로 제3차 장애인정책종합계획(2008~2012)의 4개 분야(복지, 교육·문화, 경제활동, 사회참여)의 추진 현황과 문제점을 검토하고 이에 근거한 평가를 실시하고, 이에 따른 발전방안을 제시하였다. 제5차 장애인정책종합계획(2018~2022)

은 '장애인의 자립생활이 이루어지는 포용사회'라는 비전으로 5개 분야, 22개 중점과제, 70개 세부과제로 구성되어 있다. 장애등급제 폐지와 장애인 당사자의 참여보장을 위한 장애인의 목소리가 실제로 반영된 성과가 있었던 반면, 장애인에 대한 실질적인 주거지원책이 설계되지 못하였고, 장애인의 경제적 자립 분야에서 장애인의 자립생활체계를 달성하는 목표를 추진하는 데 한계점이 드러났다. 2023년 제6차 장애인정책종합계획(2023~2027)은 공급자 중심의 급여 및 서비스 지원체계, ICT 기술 발전에 대응한 정책 미흡 등 제5차 장애인정책종합계획의 한계점과 더불어 장애노인 비중의 증가, 1인 가구의 증가, 발달장애 인구의 증가 및 국제적인 장애인 정책 패러다임 변화 등의 정책 환경에 직면한 상황에서 제시되었다. 스스로 선택하고 이용할 수 있는 장애인개인예산제가 2023년 모의적용을 거쳐 2026년부터 시행된다. 최중증 발달장애인 통합돌봄서비스가 시행(2024년 6월)과 맞춤형 통합지원 · 자립 주거결정권 강화와 지역사회 기반의 장애인보건의료체계 강화 등이 주요한 특징이다.

2007년에는 특수교육진흥법이 폐지되고 장애인 등에 대한 특수교육법(2008. 2)이 제정되었다. 이 법의 제정은 헌법에서 보장된 국민의 의무교육에서조차도 배제되었던 장애아동의 교육권을 일부 확보했다는 데 의의가 있다.

장애인권리협약 후 한국 정부가 국제사회에 선도적인 모습을 보여준 점은 높이 평가되지만, 아직도 한국의 장애인 인권은 열악한 상황이다. 2007년 3월 30일부터 장애인권리협약을 20개국 이상이 비준하였고 비준일로부터 30일이 지난 후 국내법과 동일한 효력을 갖게 되었다. 선택의정서의 경우도 동일한 날짜에 서명개방이 되어 10개국 이상이 비준하는 경우 해당일로부터 30일 경과 후 국내법과 같은 효력을 갖게 되었다. 장애의 특성상 본 협약의 다수 조항이 장애인의 경제적 · 사회적 · 문화적 권리와 밀접한 관련성이 있다. 장애인권리협약의 채택 · 비준과 장애인차별금지법 시행으로 한 단계 인권수준을 향상시키고 사각지대를 보완하였다.

- 2009년 1월 10일 장애인권리협약이 국내에서 발효(45번째 가입국)
- 장애인의 실질적인 권익증진을 위하여 장애 관련 법령의 지속적 정비
- 장애인차별금지 및 권리구제 등에 관한 법률 시행(2008. 4)
  - 장애인차별금지법 아시아에서 홍콩 다음으로 도입
- 장애인복지법 일부개정(2008. 2)
- 장애인 등에 대한 특수교육법 시행(2008. 2)
- 장애인, 노인, 임산부 등의 편의증진 보장에 관한 법률 시행령 개정(2008. 3)
- 장애인연금법 시행(2010. 7)
- 장애인 활동지원에 관한 법률 제정(2011. 1) 및 시행(2011. 10)
- 장애아동 복지지원법 제정(2011. 8) 및 시행(2012. 9)
- 제1차 장애인정책발전 5개년 계획(1998~2002) 시행
- 제2차 장애인정책발전 5개년 계획(2003~2007) 시행
- 제3차 장애인정책발전 5개년 계획(2008~2012) 시행
  - 장애인복지서비스 선진화 구현
  - 장애인 생애주기별 교육지원체계 구축 및 문화활동 확대
  - 장애인이 일할 수 있는 사회 실현
  - 통합적 장애 접근으로의 사회참여 확대와 장애인 권익증진
- UN 및 국제 장애단체 등과 국제협력 강화
- 장애 관련 국제기구 및 단체의 활동 지원을 위해 각종 국제대회 개최 적극 지원
  - 2011년 제20차 아시아지적장애인대회 개최
  - 2012년 UNESCAP 정부 간 고위급 회의(제2차 아태장애인 10년 최종평가 및 제2차 아태장애인10년 행동계획 제안)
  - 2012년 재활협회(RI) 세계대회

- 2012년 아태장애포럼(APDF) 총회
- 2012년 아시아태평양장애인대회(DP1-AP)

• 협약 이행에 대한 정부보고서 작성 및 UN 장애인권리위원회 제출

6. 한국 사회의 장애인 인권의 현재와 향후 과제

우리나라 현재 장애인 인권복지정책의 수립과 시행상의 특징을 살펴보면 다음과 같다.

첫째, 장애인 당사자의 참여와 요구로 정책의 제안이 시작되고 실현되었다는 긍정적인 측면이 있다. 둘째, 과거 경증장애인에 국한되었으나, 중증장애인의 권리와 삶의 문제로 무게 중심이 점차적으로 전환되었다. 셋째, 장애인 문제의 접근이 복지적인 지원의 관점에서 인간으로서의 권리인 인권의 관점으로 전환되었다.

그러나 한국 사회에서 벌어지는 장애인 인권침해와 관련된 사건을 들여다보면 장애인 인권은 장애인과 비장애인이라는 이분법적 상황에서 비장애인과 비교한 차별의 수준이 아니라 공동체적 생활에서 배제와 배척의 문제로까지 연결되어, 장애인의 인간으로서 존엄과 가치의 훼손으로까지 이어진다. 향후 한국 사회 장애인의 인권과 모든 일상생활의 권리보호를 위한 과제를 살펴보고자 한다(조경진, 2015 : 175).

첫째, 헌법 및 헌법의 구체화 단계에서 실질적으로 장애인의 기본권이 보장되도록 법 조항을 수정해야 한다. 장애인의 권리보장에 관해 명문화한 규정은

헌법 제11조 조항과 헌법 제34조 제5항의 조항이다. 제11조 제1항의 "모든 국민은 법 앞에 평등하다. 누구든지 성별 · 종교 또는 사회적 신분에 의하여 정치적 · 경제적 · 사회적 · 문화적 생활의 모든 영역에 있어서 차별을 받지 아니한다"는 규정에서 평등권의 보호범위는 장애인만을 한정하는 것이 아니다. 따라서 헌법에서 장애인에 대한 차별금지를 명문화할 필요성이 제기된다. 헌법 제11조의 평등조항에 "그 누구도 장애를 이유로 불이익을 받거나 차별을 받지 않아야 한다"라고 장애인에 대한 규범내용을 명문화하여 장애인의 권리를 보호하고 장애인이 동등한 사회의 구성원으로서의 지위를 보장받도록 하여야 한다. 헌법 제34조 제5항의 "신체장애자 및 질병 · 노령 기타의 사유로 생활능력이 없는 국민은 법률이 정하는 바에 의하여 국가의 보호를 받는다"는 규정에서 '장애자'는 장애인을 보호의 대상으로 비하하는 의미가 포함되어 있다. '신체장애자'를 질병 · 노령 등과 포괄적인 범위에 포함하여 장애인을 '비정상적인' 상태로 인식하게 하여 동등한 사회 구성원으로서 인정하지 않는 의미가 포함되어 있다. 따라서 "장애인은 모든 생활영역에서 동등하게 참여할 권리를 가지며, 국가와 국민은 통합적 사회실현을 위하여 노력하여야 한다"는 장애인의 차별금지를 명문화할 필요성이 있다.

둘째, 장애인 인권 관련 규범이 실효적으로 시행되기 위해서는 기본권 관련 규범을 정비하고 국제규약이 국내 장애인 인권 관련 법령과 규범에 적용될 수 있도록 하여야 한다. 기본권 관련 규범의 정비를 위해 장애인차별금지법 등 관련법령에서 국내법적 체계성을 확립하고 정당한 편의제공의무를 실현하고 권리구제의 규범성 강화와 더불어 진정제도가 실제적으로 작동할 수 있도록 개선하는 것이 필요하다.

셋째, 장애인의 인권은 헌법상 보장되는 기본적 성격을 가지고 있지만 현실적으로 제도적 · 비제도적으로 차별을 받고 있는 실정이다. 장애를 이유로 한 차별은 헌법상 보호되어야 하는 장애인의 기본권 및 인권문제로 연결된다. 장애인 인권은 장애를 이유로 차별받지 않고 모든 영역에서 동등하게 생활할 수 있도록 보장하기 위함이다. 또한 장애인의 완전한 사회참여와 평등실현을 목적으로 장애인 인권 관련 규범이 존재한다. 법령과 규범이 실제적으로 작동하기 위해서는 관련법령을 정비하는 것뿐 아니라 동등한 사회 구성원으로서의 참여를 위한 모든 구성원의 인식개선 및 물리적·제도적 환경조성을 위한 노력이 필요하다.

참고문헌

고명수 · 나혜숙 · 이승현 · 서진숙 · 박연희 · 신경희(2019). **장애인복지론**. 정민사.

국립재활원(2019). **세계 장애인 여성의 건강 핸드북**. ㈜경향신문사.

국립재활원. http://nrc.go.kr

권건보(2012). 장애인권리협약의 국내적 이행상황 검토. **법학논고**, **39**, 517-542.

권도용(1996). 장애인고용 전달체계, 한국장애인복지변천사.

______(1998). **현대장애인복지개론**. 홍익재.

권선진(2005). **장애인복지론**. 청목출판사.

권영성(2009). **헌법학원론**. 법문사.

권육상(2005). **장애인복지론**. 유풍출판사.

김명연(2011). 장애인탈시설권리. **민주법학**, **45**, 149-178.

김용득 · 유동철(2005). **한국장애인복지의 이해**. 인간과복지.

남상만 외(2002). **장애인복지개론**. 홍익재.

문선화 외(2005). **장애인복지론**. 양서원.

문선화 · 정민숙 · 김종윤 · 이상호 · 장수한 · 김현주(2008). **장애인복지론**. 양서원.

박나원(2021). 장애인차별금지법의 한계와 개정방향 : 포괄적 '차별금지법안'의 비교를 중심으로. **홍익법학**, **22**(3), 105-128.

박연주 · 김정우(2015). 장애인 권리보호와 관련된 판례분석연구- 헌법재판소판례와 UN 장애인권리협약과의 비교. **한국장애인복지학**, **27**, 5-23.

박옥희(1998). **장애인복지의 이론과 실제**. 학문사.

박정선(2014). 장애인거주시설의 관리감독과 인권 보장. **한국가족복지학**, **6**, 163-190.

배광웅 · 송상천(1985). 장애아동 부모와 일반아동 부모의 스트레스 비교연구. **성지재활연구**, **3**.

보건복지부(2005). 장애인복지사업 안내.

________(2011). 장애인복지사업 안내.

________(2021). 활동지원사 양성교육과정.

________(2022). 2022년 여성장애인지원사업안내.

________(2022). 2022년 장애인현황. '전국 연령별 등록장애인 수'.

________(2022). 장래인구추계. '성 및 연령별 추계인구'.

________(2022). 장애인복지사업 안내.

________(2023). 2023년 장애인복지시설 사업안내.

________(2023). 장애인복지사업 안내.

________(2023). 장애정도판정기준.

보건복지부 · 한국보건사회연구원. 장애인 실태조사, 각년도.

서해정(2019). 장애인 주간보호시설 종사자의 직무분석 연구.

서혜영(1991). 장애자 어머니의 적응과 사회적 지원에 관한 연구. 대구가톨릭대학교 대학원 석사학위논문.

손광훈(2005). **장애인복지론**. 학현사.

숭실대학교 장애인복지연구회(2004). **현대장애인복지론**. 현학사.

신섭중 외(1987). **각국의 사회보장**. 유풍출판사.

신은경 · 이익섭(2009). 시민사회발전과 장애인 인권 : 아시아태평양 장애인 10년 행동계획을 중심으로. **한국동북아논총**, 52, 271-291.

신현석(2014). **장애인복지론**. 공동체.

양옥경(1996). **지역사회 정신건강**. 나남출판.

양점도 · 김녹현 · 박선하 외(2015). **장애인복지론**. 양서원.

오정화 · 조완신(2022). **장애인복지론**. 양서원.

오혜경(1997). **장애인복지학입문**. 아시아미디어리서치.

유동철(1998). 우리나라 장애인복지의 현황과 과제. **한국 사회복지의 현황과 쟁점**. 인간과 복지.

이규태(1981). 장애자복지에 대한 한국인의 의식구조. **현대사회와 장애자복지**. 아산사회복지사업재단.

이선우 · 이수경(2023). **장애인복지론**. 공동체.

이성규(2001). **장애인복지정책과 노말라이제이션**. 홍익재.

이성기(1996). **OECD국가의 사회보장제도 비교연구**. 한국보건사회연구원.

장애우권익문제연구소(2001). **장애우복지개론**. 나눔의집.

장영수(2013). 장애인 인권의 접근방법. **안암법학**, 40, 293-321.

정극원(2010). 헌법상 장애인과 아동의 기본권 보장과 그 개정방안. **세계헌법연구**, 16(3),

159-182.

정순민(1999). **장애인의 재활 · 복지**. (주)중앙경제.

정영숙 · 이현지(2003). **장애인복지론**. 현학사.

정일교 · 김만호(2005). **장애인복지론**. 양서원.

조경진(2015). 장애인 인권관련 규범에 대한 헌법적 고찰. 경북대학교 법학전문대학원 박사학위논문.

조임영(2018). 「장애인차별금지 및 권리구제 등에 관한 법률」의 '장애'정의에 대한 입법론 연구. **노동법논총, 44**, 33-69.

한국보건사회연구원(2002). 장애인자립을 위한 장애인복지정책의 현황과 중장기발전방안.

______________(2003). 2002년 장애인실태조사 보고서.

______________(2021). 2020년 장애인실태조사 보고서.

한국여성장애인연합회(2022). 여성장애인성폭력상담소 개소 1주년 기념토론회.

Campbell M. L., & Putnam M.(2017). Reducing the shared burden of chronic conditions among persons aging with disability and older adults in the United States through bridging Aging and Disability. *Healthcare*, *5*(3), 56.

Duckworth, D.(1983). The Classification & Measurement of Disablement. HMSO.

Gallagher, S.(1994). Doing their share : Comparing Patterns of Help Given by Older and Younger Adults. *Journal of Marriage and the Family*.

Heward, W. L.(1995). Introduction to the Topical Issue for the 21st Century. *Teacher Education and Special Education*.

McGowan & Porter(1967). *An Introduction to the Vocational Rehabilitation Process*. Washington. D.C : Government Printing Office.

S. Gallagher(1994). Doing their share : Comparing Patterns of Help Given by Older and Younger Adults. *Journal of Marriage and the Family, 56*, 567-578.

Scherer, M.(1995). A Model of Rehabilitation Assessment. In L. A. Cushman & M. J. Scherer(Eds), *Psychological Assessment in Medical Rehabilitation*. Washington : British Library Cataloging-in Publication Data.

W. L. Heward(1995). Introduction to the Topical Issue for the 21st Century. *Teacher Education and Special Education, 18*(3).

찾아보기

저자소개

강용규 삼육보건대학교 노인복지과 교수
김수림 세경대학교 사회복지과 교수
박선혜 서정대학교 사회복지과 교수
이태희 경북전문대학교 사회복지과 교수
조미정 대구공업대학교 사회복지경영계열 교수

장애인복지론

|공저자| 강용규 · 김수림 · 박선혜 · 이태희 · 조미정

|1판 1쇄| 2024년 2월 5일
|1판 2쇄| 2024년 9월 20일

|발행인| 김 동 훈
|발행처| **공 동 체**

|주소| 경기도 고양시 일산동구 호수로 358-39, 동문타워1차 905호(백석동)
|전화| 031) 814-3000(대표)
|팩스| 031) 814-3100
|전자우편| compub@naver.com
|홈페이지| http://www.compub.co.kr
|출판등록| 2005년 10월 6일
|등록번호| 제396-2005-36호

|ISBN| 979-11-6725-489-4
정가 22,000원